第4章 ちょっとの「違い」でアピール度が2倍に。ES・6つの技術

第5章 強い志望動機に磨き上げるための9つのアドバイス

第6章 頭ひとつ抜きん出るES・履歴書にする9つのチェックポイント

第7章 業界別ES・徹底攻略

エントリーシート 実例集INDEX

就職活動の9割は、ESで勝負がついている

就活生の多くが、選考で一番大切なのは「面接」だと思っている。「ESは足切りの道具、面接でがんばればいい」という考え方だ。

これは大きな誤解だ。それでは内定は難しい。

今まで1万人以上の就職活動を指導してきて確信していることがある。それは**「ESを徹底的に準備することこそ、内定への近道である」**ということだ。

面接では、面接官の手元にESがあり、そこに書いてあることをもとに選考が進む。もし、きみが締め切りに間に合わせるために、いいかげんなESを書いていたとしよう。その内容をもとにされる質問に、面接でちゃんと答えられるだろうか。「当社で実現したいことは具体的に何か」「なぜ競合他社ではないのか」「自分のどんな強みが活かせると思うか」など、30分以上の質問攻めに、採用担当者を納得させられるだけの回答ができるだろうか。

一度提出してしまったESの内容は、当然ながら修正できない。最終面接まで、ずっとついて回る。ぜひとも、面接でのいかなる質問にも答えられるよう、考え抜いたESを完成させてほしい。

敗因の９割は、面接ではなく いいかげんなESにある！

締め切りギリギリに
エントリーした
「とりあえず」のES
間に合った！
ES
通過
しかし…
御社を
志望した
理由は…
書いてあることと
言ってることが
違うぞ！
手抜き ES＝
第一志望では
ないのか？
ここでせっかく
がんばって練り直しても
マイナスの印象に…

だから、考え抜かれたESを書くことは重要なのだ！

学歴の高い人が陥る落とし穴。ESの通過率と、内定数に関係はない！

早慶や名門国公立大学の人に多い失敗例がある。それは**ESの通過率の高さに、油断する人たち**だ。

確かに、有名大学の学生のES通過率は高い。面接以上に、限られた時間で判断される書類選考だ。スペックが高いことで有利に働くことは間違いない。しかし、**学歴が通用するのは「書類選考まで」**と思ってほしい。

実際に、人気企業の面接は高学歴の学生が集中する。特に人気企業は学歴だけで内定できるほど甘くない。さらに面接では、学歴よりも語る内容のほうが、はるかに重視される。もはや、早慶レベルでも差別化にはならない。

この事実に気づかずに、ESが「通過している」だけで油断をする学生が多い。「これだけ持ち駒があればどこか内定するでしょ」と楽観的になる。そういう人は、深く突っ込まれる面接の終盤で、すべて落ちてしまっている。ある程度選考が通過してから落とされまくるのは実につらい。この本を読んでいるきみたちには、絶対にそうなってほしくない。

「面接で何を聞かれてもこわくないES」をゴールにしよう。

ESは「絶対内定」するために書く！

ESはとりあえず通過すればいい
学校名で通過したとしても
「中身のないES」を出した学生は、
「一次面接で落とす候補」になってしまう…
御社を
志望した…
やっぱり
ダメだ
ESと言って
いることが
違うぞ
ふりだしに戻る

「とりあえず通過」のESは、面接であっさり
落とされる可能性大！
しっかり「内定するES」を書こう

2025年卒 こういうESを書いた学生は通過した

ESは最終面接で威力を発揮する。極言すれば、**ESに書かれている内容はその人が内定する理由**である。そこまで根を詰めて書けているかどうか。

なお、**インターンシップに参加した就活生は仕事内容の理解を深めた上で志望動機が書けていた**。

実務を通して企業と学生が相互に相性を判断するというのが世界的な標準であり、日本でもインターンシップ参加からの採用が増えている。インターンシップには極力参加すべきである。ただし、3年生の夏休みに夢を追いかけてビッグチャレンジをすることでESが充実したものになり、他者と差別化できるのも事実。

いずれにしても、自分が手足、頭を使って何かをしたという実感を得られたかどうかが重要だ。インターンシップとは別の実体験でも、そのような体験をインターンシップですることでも構わない。

また、企業側は、成功体験に限らず、難しいことに挑戦して失敗した経験を価値あるものと認識している。要は**どんな人で、何をしたくて、その企業を受けるのかをESで言語化することが重要**なのだ。

大手商社では、入社までに日商簿記検定2級とTOEIC®900点を課すところもある。1、2年生で点数を上げるのはいいが、もし海外を考えていないなら、選考のタイミングで点数を上げる努力をするよりは本選考の対策に力を入れるべきだ。大手企業で意味を持つのは730点以上。それ未満で点数を聞かれたときは800点を目指しているというニュアンスで答えるといい。

なおインターンシップのESは本選考のESとは異なり、志望度の高さを求めていない。インターンシップの参加理由なのに、入社したいという思いを書いたり、インターンシップでなくても情報収集できるような会社のことを知りたいという内容を書いたりすると、企業が聞いていることとずれる。質問の意味を理解して回答することが重要。

この本の使い方

ESについて、この本だけでしっかり対策が練られるよう、
自己PRや志望動機の磨き方、内容以外で気をつけたいこと、
各業界で評価される方法まで、1冊にまとめた。
まずは各章に何が書いてあるか、全体像を理解しよう。

第1章

ES完成までの4つのステップ

内定者に共通する書き方とは。どこから手をつけていいのか分からないという人は必読だ。

第2章

提出直前でも大丈夫。1時間で書けるES

急ぎ提出しなければならない人は、ここから読もう。
各30分で自己PRと志望動機が書ける。

第3章

採用担当者に評価される自己PRのつくり方

企業が求める力を把握し、「ガクチカ」などに反映する。
経験に自信のない人は確認しよう。

第4章

ちょっとの「違い」でアピール度が2倍に。ES・6つの技術

表現力が足りないと思っている人は押さえておこう。
書き出し、数字、効果的な切り口などを収録。

第5章

強い志望動機に磨き上げるための9つのアドバイス

ありきたりな内容になってしまうと悩む人に。本章のアドバイス通りに書くだけで他の人とは一味違うESが完成する!

第6章

頭ひとつ抜きん出るES・履歴書にする9つのチェックポイント

提出直前の人はぜひ一読を。より印象的なESに仕上げるために活用したいアイデアが満載。

第7章

業界別ES・徹底攻略

人気・難関企業を志望する人は要チェック。
実際にESを通過した学生のサンプルも参考になる。

第1章

ES完成までの4つのステップ

ESは、いきなり書き始めてはいけない。
次の４つのステップで、「全体像」を描いてからだ。
内定者に共通するやり方なので、急がば回れでチェックしよう。

ES完成までの4つのステップ

今まで1万人以上を指導してきて、**内定者には共通点がある**ことが分かった。
左の図のステップを踏みながら、ESを書き進めていることだ。
まず我究（自己分析）をして、自分の「やりたいこと」と「強み・弱み」など、自分の価値観や能力を一つひとつ言語化していく。「これだな」と、自分が心から納得できる結論を出していく。
それをもとに、ESを書き始める。書きながら、提出先の企業について疑問や不明なことが見えてくる。そこから、社究（業界・企業研究）を深めていく。
あとは、文章を磨く。どう書けば、採用担当者に伝わるのか工夫をする。1行目のインパクトや、文章構成力、エピソードの具体性など、その会社の一員となってどうしたいかが伝わるように文章を磨いていくのだ。
この本は、順に読んでいくと、この4ステップが自然とできるようになる。早速始めよう。

ES完成までの
4つのステップ

ステップ1

我究（自己分析）をする　やりたいこと、強み・弱みを知る

⇩

ステップ2

とにかく書き始める　実際に書いてみると分かっていない点が見えてくる

⇩

ステップ3

社究（業界・企業研究）をする　企業のことを知り志望動機と自己PRを再考する

⇩

ステップ4

文章を磨く　文章作成スキルを磨く

ステップ

1 我究（自己分析）をする

「自己ＰＲ」も「志望動機」も我究なしには書けない。本心から出てきた言葉で書かなければ、すべてが「とりあえず」になってしまう。

きみが今回の就職活動を心から納得したものにしたいのであれば、その**「とりあえず」のループからいち早く抜け出そう**。「現段階での本音」を最優先しながら、自分が心からやりたいことを明確にする。効率・成果を優先するのであれば、むしろこれが近道だ。心からやりたいことを明確にするための詳しい方法は、『絶対内定２０２６　自己分析とキャリアデザインの描き方』に書いてある。

左の図をよく見てほしい。我究はただＥＳを書くための手段ではない。選考が進んでいる間も、入社先を決めるタイミングにおいても、社会に出た後も、何度もおこなう大事なプロセスだ。自分の本音を把握し、行動と成果につなげることは人生において重要だからだ。

我究しながら、自分の理想を実現するための本気・本音のＥＳを書いていこう。

自分の本音を把握し、心からやりたいことを明確にする

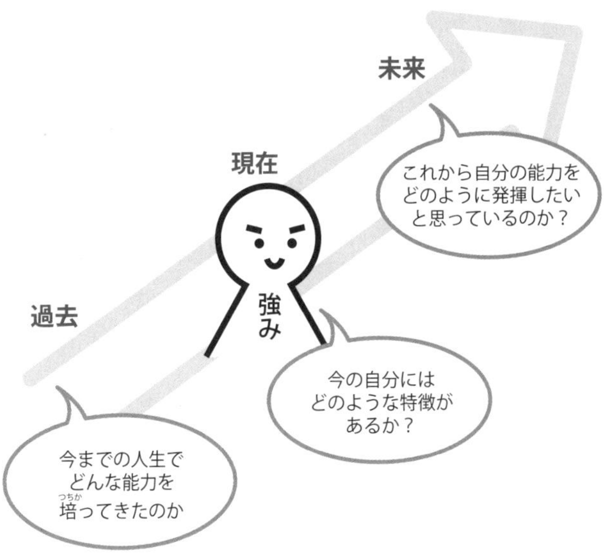

等身大の自分と向き合い、過去、現在、未来における自分の「軸」を探そう

ステップ

2 とにかく書き始める

考えを深めるためにも、まず書く。書きながら、自分が曖昧（あいまい）にしている部分に気づく。調べられていない点に気づく。考えが浅い部分や、書いてることの矛盾に気づくことができる。感覚的なことが少しずつ言葉になっていき、最終的には整理されていくだろう。

自己分析（我究）も企業研究（社究）も、**実際に手を動かし、書くことによって見えていなかった点に気づくことがほとんど。**書くことのパワーをぜひ体感してほしい。

まだ志望企業のESが公開されていない場合には、昨年の設問を調べ、書いてみよう。書きながら不明点を明確にして、業界研究や企業研究、社会人訪問をしていくのだ。

大事なのは、**ある程度我究に納得がいったら、そこからESに落とし込んでしまう**ことだ。

頭の中で考えただけでは、「何が見えていないのか」が分からないままのことも多い。「まだ整っていない」「まだ明確に見えていない」と書き出せずにいる人もいる。

「だからこそ、書いてみよ」と言いたいのだ。

第一志望から内定をもらった先輩たちの取り組み

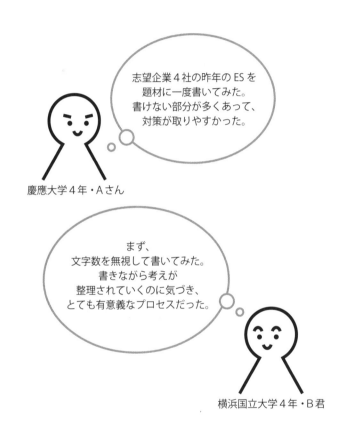

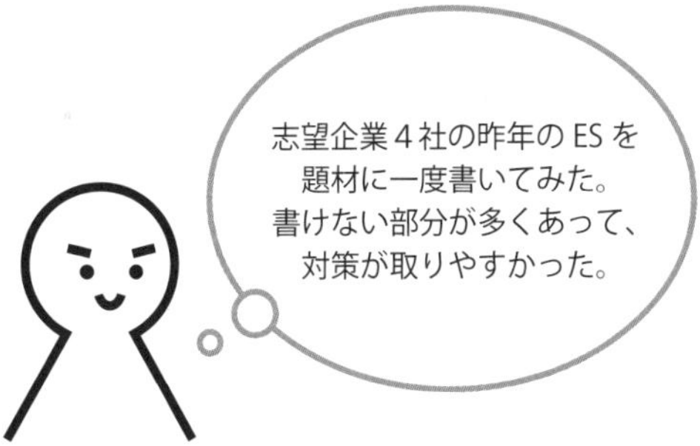

志望企業４社の昨年のESを
題材に一度書いてみた。
書けない部分が多くあって、
対策が取りやすかった。

慶應大学４年・Aさん

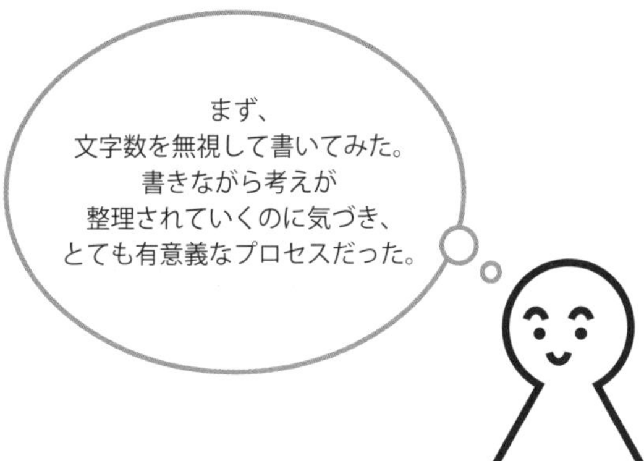

まず、
文字数を無視して書いてみた。
書きながら考えが
整理されていくのに気づき、
とても有意義なプロセスだった。

横浜国立大学４年・B君

とにかく書くことで、不明点が見えてくる！

ステップ3 業界・企業研究（社究）をする

通常であれば、ステップ2でするべき業界・企業研究（社究）を、あえてステップ3にした。なぜなら、このステップにはかなり時間がかかるため、**「書きながら」**研究を進めてほしいからだ。**「研究がすべて終わってからES作成」では提出に間に合わない。**

左下の図に書いたが、大まかな**業界研究や企業研究はすぐにできる。**ネットや新聞、業界地図などを通して理解することができる。これは一般の学生レベルだ。

しかし、企業が内定者に期待するレベルはもっと複雑なものになる。その企業の「どの事業部」で「どの職種」で「どんな仕事」をしたいのか、また、なぜきみはそれをできると思うのかを聞いてくる。このためには、実際に商品やサービスを使ってみたり、社会人訪問を通して生の声を聞いたり、進みたい事業部のマーケット環境を分析したりする必要が出てくる。

また、**分析だけでは足りない。**その事業部への提案も求められる。**「あなたは、当社でどんなことに挑戦したいですか」**とESでよく聞かれる。この回答で、きみの情報収集能力やその仕事への本気度がチェックされるのだ。

きみの強みは、その企業で活かせるか？

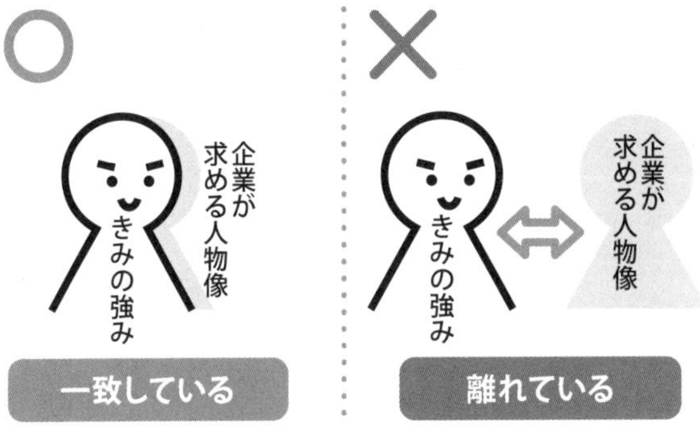

やりたいことはその企業で実現するのか？

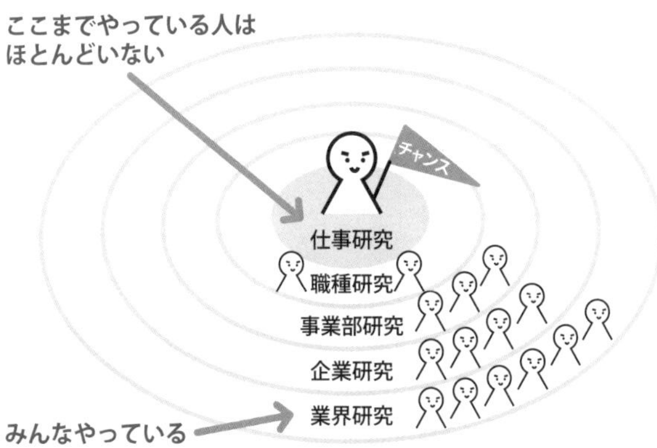

ステップ

4 文章を磨く（みがく）

優秀だとしても、優秀さが伝わる文章でなければ落とされてしまう。当たり前のことを書いているようだが、実は多くの学生が理解をしていない。

今まで、学生団体の代表や、学園祭の実行委員長、サークルの代表、アルバイト先の責任者など、それなりに力を発揮した大学生を多く見てきた。それにもかかわらず、**伝え方を間違えてしまったために、就職活動に失敗する人がいるのだ。**

同様に、素晴らしい経験があるからといって選考に通るわけではない。

その**経験のどのシーンを見せるのが効果的か**を理解していなければいけない。リーダーシップを発揮したシーンなのか、みんなを支えたシーンなのか。ひとつの経験には複数のシーンがあるのだ。採用担当者が知りたいことを理解し、それを的確に伝える力が必要になる。

伝える力を手に入れるためにすべきこと。それは、**文章を磨くこと**だ。

本書にも、主要な技術をまとめた。ここに書かれていることはすべて、「知っている」ではなく「できる」レベルになるよう、習得してみよう。

ESだって伝え方で９割決まる！

Before（やや客観性に欠ける）

知り合いの経営者から参加の依頼があり、学生時代に、ビジネスプランコンテストに参加しました。内容は「アミューズメント施設の集客施策」のプランを競うものでした。私は、施設の魅力を知る機会がないことと、最近よく見る「ゆるキャラ」のようなアイコンがないことに課題を感じていました。そのため、キャラクターをつくることを通して親しみやすさや、施設の楽しさを伝えることを提案しました。知人にもデザインの案などを出してもらい、当日はポスターにして配布をしました。結果的に、優勝することができました。また、実際にその施策が採用され、集客に貢献することができています。

せっかく採用された話なのに
もったいない！

⇩

After（数字を入れ、客観的な表現に）

「ビジネスプランコンテストで100人の頂点に」

アミューズメント施設の集客施策を競う、ビジネスプランコンテストに参加しました。参加者は100名、3次選抜、審査員30名の大掛かりなものでした。私は、施設が持つ魅力を伝えきれていない理由を「アイコン的なキャラクターの不在と魅力の説明不足」としました。美術大学に通う友人3人に力を借り、30種類のキャラクターを準備。施設の魅力も短い文章にまとめ、キャラクターと一緒にポスターに掲載し、当日、審査員に配布しました。結果、実現性の高さを評価され最優秀賞を受賞。実際に、そのポスターは現在も使われ、集客増に貢献しています。

タイトルをつけ、数字や結果を
明確にすることで「伝わる」内容に！

コラム 1

書くことがまったく思いつかない、きみへ

ES 完成までの 4 つのステップの、ステップ 1 に「我究（自己分析）」と書いた。しかし、現時点で、自分が何をやりたいのか分からない、ES に何を書いていいのか分からないという人は多いと思う。
そんな時は、先にも書いたが、『絶対内定 2026　自己分析とキャリアデザインの描き方』のワークシートをすべてやってみてほしい（やり直してみてほしい）。

1 枚 10 分で書き、94 枚、1 日 3 時間かければ 1 週間ほどで終わる量だ。一見、遠回りに見えるかもしれないし、不安を感じることもあるかもしれない。でも、この「本気の 1 週間」がその後の就職活動を決める。

最後のワークシートの記入が終わる頃には、志望企業への自己 PR や志望動機が見えてくるようになっているはずだ。
そうなれば、ES の記入は大変ではない。むしろ楽しい。
急がば回れだ。すでに面接が進んでいる人も、やるべきだ。

我究ができている学生にとって ES を書くことは、考えや思いを書き出す作業のようなものだ。スラスラと書けてしまう。自分でも驚くほどだ。
書類の準備は何かとあせってしまいがちだが、あせりや不安を感じているときこそ、自分と向き合うためにいったん立ち止まる勇気も持ってほしい。

第2章

提出直前でも大丈夫。1時間で書けるES

ESの提出まで時間がない！
そんなときこそ、この章から読んでほしい。
1時間で仕上げるためのポイントを伝授する。

まずは「学生時代に力を入れたこと（＝ガクチカ）」と「志望動機」から！

さあ、いよいよESを書いてみよう。

「まだ書けるか自信がない」「もう少し考えをまとめたい」などと、不安な声が聞こえてきそうだが、大丈夫。最初からクオリティの高いESを書ける人は一人もいない。例外なく最初はメチャクチャな文章に仕上がる。だからきみも心配することはない。まずは「書いてみること」に挑戦してみよう。書くことで見えてくるものが必ずある。

まずはこの2つ。

「学生時代に力を入れたこと」

「志望動機」

ほとんどの企業が、この2つをメインに聞いてくる。

裏を返せば、この2つさえ納得のいくものが準備できたら、ES作成は一気に楽になる。

企業によって文字数が異なる（200〜600文字）が、そこは微調整を加えるだけで対応できる。

さっそく次のページからスタートだ。1時間で書き上げてみよう。

ESはこの2つを最初に準備しよう

1　**学生時代に力を入れたこと**

＋

2　**志望動機**

ほとんどの企業が
この2つをメインに聞いてくる

ガクチカは、「主体性」を聞いている

企業は、ガクチカを通して、**きみの「主体性」を見ている**。

主体性とは、自分の意志や判断で行動しようとする力のことである。

つまり、受け身でない状態。誰かに言われたからやるのではない。自分で目的や目標を決め、プロセスを考え、実行することだ。

社会人にはこれらが求められている。言われたことは当然やる。それに加えて、付加価値を生み出す仕事が期待される。既存の業務をさらに発展させてくれる人、課題を見つけ、それを解決してくれる人、いずれにしても、会社を発展させてくれる人を求めている。

それができるのが主体性のある人だ。

左の質問例は、実際に企業から出されたものだ。言葉は変わっているが、「ガクチカ」を聞いている。そして、**明確に「主体性」を確認している**ことが分かる。

実際に出された質問例を見てみよう

・自ら考え、学び、行動した経験を教えて下さい。（三井住友海上）
・あなたがグループの中でリーダーシップをとって、方向性を示し、グループメンバーから協力を得て優れた結果を出した経験について、説明して下さい。（P＆G）
・より高い目標に向かってあなたが率先して他の人を巻き込み、チームで目標を達成した経験について述べて下さい。（ユニリーバ・ジャパン）

「自分に主体性なんてない」「自分なりにがんばってきたけど、どのように表現したらいいか分からない」と思っている人もいるだろうが、心配はいらない。

規模の大きさは無視してもいい。「自分の意志をもって行動」をした経験は誰にでもある。

サークルの雰囲気をよくしようと努力した話、アルバイト先の顧客満足度の改善に力を入れた話、勉強をコツコツ努力した話、弱かった自分を変えようとした話、勝てないチームを鼓舞（こぶ）して、みんなで乗り越えた話、苦手な人とのコミュニケーションをがんばった話……きっと何かあるはずだ。

さあ、それでは次のページにあるフレームに当てはめて、書いてみよう。

ガクチカは4つのフレームで考える

1.行動事実

何をがんばったのか。結論を書いてみよう。「○○をしたこと」や「○○への挑戦」など。具体的に何をしたのかが、一読して分かるように。

2.価値観やコア

なぜそれに取り組もうと思ったのか、動機を書いてみよう。「○○が悔しかったから」「○○な性格なので」「○○という思いから」など。自分の価値観や信念が伝わるように書くといい。

3.PRポイント

中でも特に力を入れたシーンや事実を書く。何人で取り組んだのか。どれくらいの時間をがんばったのか。どれくらい困難だったのか。数値化できるものは具体的な数も入れよう。読み手がカラーの映像を思い浮かべられるように書く。

4.結果

結果が出ていなくてもいい。その過程から学んだこと、今活かせていること、反省点や、今後の抱負などを書いていく。

ガクチカは
4つのフレームに当てはめて書こう

私が学生時代に力を入れたことは…

1	**行動事実** 主体性をもって取り組んだこと 〈100文字〉

＋

2	**価値観やコア** それに取り組んだ背景や動機 〈100文字〉

＋

3	**PRポイント** 取り組みの中で特にがんばったこと 〈100文字〉

＋

4	**結　果** 実績、得たもの、学び、今後の抱負 〈100文字〉

1〜4、それぞれ100文字。合計400文字を目安に書いてみよう

実際のESサンプル（学生はこう書いた）

左のサンプルを見て、1～4の書き方を参考にしてみよう。

1．行動事実

コンパクトに結果が書かれている。一読して何をしたのかが分かる。（1）

2．価値観やコア

「ただの一員ではなく、部のキーパーソンとして」という点に、強いこだわりを感じる。「やるなら徹底的にやる」という性格が伝わってくる。（2）

3．PRポイント

「50時間」「毎朝7時」「練習ノート」という具体的な記述により、努力した姿が想像できる。努力量も工夫も、ともに素晴らしい。（3）

4．結果

4年時に全国3位。素晴らしい。

「たとえ0からのスタートであっても、努力の継続が後に大きな成果を生み、自信につながることを実感できた」という記述から、ひとつの経験を次に活かせる人物であることが伝わる。（4）

ユニリーバ・ジャパンの実際の設問と学生の回答

より高い目標に向かってあなたが率先して他の人を巻き込み、チームで目標を達成した経験について述べて下さい。〈400文字〉

1	「目標達成能力」 全国大会常連の体育会系創作ダンス部内で、3人の初心者男子と小チームを作り、「我々が部のキーパーソンになる」という目標を定め、達成した。
2	私は大学時代、ダンス経験0から日本一を目指す創作ダンス部に入部、同じ未経験者の同期3人と意気投合した。そこで私は、「ただの一員ではなく、部のキーパーソンとして日本一を目指そう」という目標を発起し、彼らと4人でチームを結成した。
3	入部当初、先輩や経験者用のメニューに参加できず、毎日悔しい思いをしたが、週50時間の練習に加え、毎朝7時から自主練習をこなした。先輩方の表現力や技術から学び吸収したことを4人で共有し合ったことや、人によっては感性や表現方法が異なるので、各自練習ノートに整理してまとめたことも、上達につながったと思っている。
4	結果として、3年時には定期公演の一作品を4人で任されるまで成長することができ、部としても4年時には全国3位の結果を手にすることができた。このように、たとえ0からのスタートであっても、努力の継続が後に大きな成果を生み、自信につながることを実感できたので、この経験はまたとないチャレンジングなものであったと考えている。

さあ、ここまでの内容を参考にし、
「ガクチカ」を書いてみよう。
制限時間は30分。最初は粗くても大丈夫。
スマホでも構わない。「今すぐ」書き出そう

志望動機は「社会に与えたい影響」を明確に

企業が志望動機で知りたがっているのは、きみの未来、そして**「社会に与えたい影響（Giving）」についてだ。**つまり、その組織を通してきみが社会にどんな価値を提供しようとしているか、ということだ。**自分が手に入れたいことや、経験したいことではない。**

例えば、「（海外に）駐在したい」「優秀な人に囲まれたい」「充実した研修制度が魅力」などは正直、企業にとってほとんど興味のない話だ。社会に出ることは給料をもらって価値を提供することだ。きみが何を得られるかではなく、きみが何を提供したいのかを問われている。**社会に与えたい影響とは、きみが社会にどんな貢献をしたいのか、ということ。**

「世界の格差をなくしたい」「日本の技術力を世界に届けたい」「日本の中小企業を元気にしたい」「老人が笑顔で暮らせる社会を作りたい」「日本のプレゼンスを世界で高めたい」などだ。

きみの「社会に与えたい影響」と「企業の事業内容」が一致していれば、採用される可能性はグッと高くなる。この思いは、強ければ強いほどよい。採用担当者はきみの活躍を予感するだろう。

具体的な書き方は次のとおりだ。

志望動機作成のための5つの質問

1. 社会に与えたい影響は何ですか？
2. それが実現できる業界や企業はどこですか？
3. その業界や企業は現在どのような状況ですか？
4. 入社後、具体的にやりたいことは何ですか？
5. そのために学生時代にどんなことを身につけてきましたか？

これら5つの質問の答えが、志望動機につながっていく。
1と**2**は我究の成果になる。**3**と**4**は企業研究、**5**は自己PRが関係してくる。
なお、我究に関しては『絶対内定2026　自己分析とキャリアデザインの描き方』のワークシートに挑戦してみてほしい。企業研究に関しては、後ろのページで言及する。
作成前の準備としてこれらのすべての質問に5～10分程度で答え、紙に書き出してみよう。
文字数や誤字脱字はひとまず気にせず、思うがままに書いてみる。
そこからスタートしよう。

志望動機作成4つのフレームワーク

まず、次の4つのフレームに当てはめて書こう。

1. 社会に与えたい影響
社会のどの部分へ向けて（誰のために、何のために）働きたいと思っているのか。

2. 価値観やコア
そのように思うのはなぜか。
どんな生い立ちや、人生経験から、その思いが生まれたのか。

3. 自己PR・強み
「自分にできる」と思っている理由は何か。どんな「強み」や「経験」をもって、志望企業に貢献できると思っているのだろうか。

4. その企業でやりたいこと
具体的に挑戦したいことは何か。どんな事業で、どんな職種で、どんな仕事で、その思いを叶えようと思っているのだろうか。文字数によっては、具体的に書くことに限界があるかもしれない。その場合でも、面接では語れるようにしておこう。この準備の差が内定獲得を左右する。

「志望動機」は
4つのフレームに当てはめて書こう

私が貴社を志望する理由は…

1　社会に与えたい影響
何のために働きたいか？
〈100文字〉

＋

2　価値観やコア
それをやりたい理由と思い
〈100文字〉

＋

3　自己PR・強み
それができると思っている理由
〈100文字〉

＋

4　その企業でやりたいこと
やりたい仕事、部署
〈100文字〉

1～4、それぞれ100文字。合計400文字を目安に書いてみよう

実際のESサンプル（学生はこう書いた）

左のサンプルを見て、1〜4の書き方を参考にしてみよう。

1. 社会に与えたい影響

設問に対してシンプルに回答しており、とても分かりやすい（1）。

2. 価値観やコア

留学経験からその思いを育んだのが分かる。また、ES作成時のマーケット状況を踏まえて書かれている。旅行の際に自分の肌で感じている点も評価できる（2）。

3. 自己PR・強み＋4. その企業でやりたいこと

「英語の勉強」「海外インターン」の2つのアクションがとてもよい（3）。

その後に続く「海外での営業やマーケティング」という言葉も違和感なく読める（4）。

文字数の関係で、やりたい仕事の具体的な説明は、ここまでに留まっている。300文字以内の場合はこれが限界だろう。

パナソニックの
実際の設問と学生の回答

パナソニックで仕事を通じてどんな夢を成し遂げたいか、その理由と、夢を成し遂げるために取り組んでいる、もしくは取り組もうと思っていることをお書き下さい。〈300字以内〉

1 〈世界における、貴社商品のシェアを拡大したい〉

2 イギリスに留学中、各国のイメージを語り合うことがあった。その際に、日本は世界に、技術力や製品の品質において認められていることをあらためて認識した。しかし近年、日本のメーカーは、韓国を代表とする海外の競合に、その両方を押されていることを、海外を旅行するたびに感じる。

3 その状況下で、日本を代表する企業の、日本人代表として海外での営業やマーケティングをしたいと思い、英語の勉強はもちろんのこと、海外でのインターンに挑戦してきた。

4 幼少期からの海外経験や、大学生活で学んだビジネス経験を通して貴社で活躍したいと考えている。

ターゲット企業をひとつ決めて、
志望動機を書いてみよう。書き始めると、
知らないことや曖昧なことが見えてくる。
最初はそれでいい。
そこからステップ３の業界・企業研究が始まるのだ

コラム 2

自分を「普通の大学生」だと思っている、きみへ

「普通じゃない」大学生などいない。
僕の知る限り99%以上の大学生は「普通」である。

学生同士の語り合いの中では「スゴイ」と言われていても
社会人からしたら、失礼ながら大したことはない。

例えば規模の大小の話。大きいほどスゴイという価値観がある。
だが、「10人のサークル」も「200人のサークル」も同じ。
大切なのは規模よりも、その中できみがどんな役割や影響を持ったのかだ。

学生団体の立ち上げも長期留学も、インターンシップでの実績も、
中身を聞いてみないと分からない。
その事実だけで「スゴイ」「普通じゃない」「語ることがある」と
学生の間では言われるが、そんなことはない。
たった4人のサークルで活躍して総合商社に入ったU君も、
ケガのリハビリをコツコツ続けてキー局に内定したM君も、
家庭教師で1人の生徒を合格させて国家公務員総合職に内定したI君も、
一見するとごく普通のエピソードしか持たない大学生だった。

安心してほしい。きみが、自分なりに「学生時代がんばったこと」が
あるのであれば、ESは書ける。面接も突破できる。

本書に書いてあるやり方で書き始めれば、
「自分にも語れることがある」ことに気づけるはずだ。

第3章

採用担当者に評価される自己ＰＲのつくり方

これまで自分が経験したことを、この章にある
「６つの力」に照らし合わせて自己ＰＲをつくることで、
採用されるESが完成する。

ESが通過した学生に共通する6つの力

この章ではESが通過した学生に共通した6つの力（左図）について説明しよう。

人の能力や魅力を6つに分類するのは大胆かもしれないが、採用担当者から聞く情報や、実際に通過した学生のESを見ると、これらの能力に集約される。「自己PR」や「ガクチカ」などを書く際の目安になるだろう。

次のページから、それぞれの能力について説明する。各ページの最後には、それらの力が備わっているか確認するための質問も記した。

これまでの経験や自身の強みは、6つのどの力をアピールすることにつながるのか、つなげていけるのかを、チェックするのだ。

6つの力すべてを備えている必要はない。商社、金融など業界によって求められる力は異なる。大切なのは、「志望業界で求められている力をきみが持っている」ことを、ESでしっかりと伝えることだ。

詳しくは、第7章の「業界別ES・徹底攻略」にまとめたので、あわせて読んでほしい。

ESが通過した学生に共通する6つの力

1. 自己変革力
自分の至らない点を自覚し、変化させる力

2. 人間関係力
人との接し方を工夫することにより、
良好な人間関係を築く力

3. コミットメント力
目標や成果に対して、徹底的に努力する力

4. 創造力
0から1を生み出す力。
新しい価値を生み出す力

5. 課題解決力
組織の課題に対して、解決策を提案し、
実行する力

6. チームワーク力
仲間と協力し、失敗や困難を乗り越える力。
一人では成し遂げられないことを実現する力

きみはどの力を持っているだろうか。
ESでしっかり伝えられるよう、チェックしておこう

1 自己変革力

自分の至らない点を自覚し、変化させる力

こんな経験をした人が書ける。

・**挫折や失敗を乗り越え、結果を出したことがある人**（人間関係、スポーツ、受験など）
・**新しい環境に適応するために、自分を変化させたことがある人**（留学、ゼミ、アルバイトなど）
・**目標を達成するために、自分を成長させたことがある人**（TOEIC®、資格取得、スポーツなど）

新入社員は、失敗や挫折を多く経験する。入社時の人間性のままで通用する人はいない。自分を変化させる必要がある。自己変革力があることを伝えることができれば、採用担当者にも、入社後どんな壁にぶつかっても、変化・成長し続けられる人物であると、印象づけることができる。今現在優秀であるよりも、**今後の成長を感じさせられることのほうが重要なのだ。**

「自己変革力」を見極める切り口

①できないことを克服して成長し、成果を出した経験はあるか
②自らの至らなさを突き付けられたときに、どう感じ、行動することが多いか。その理由は？

自己変革力とは
変化・成長し続ける力

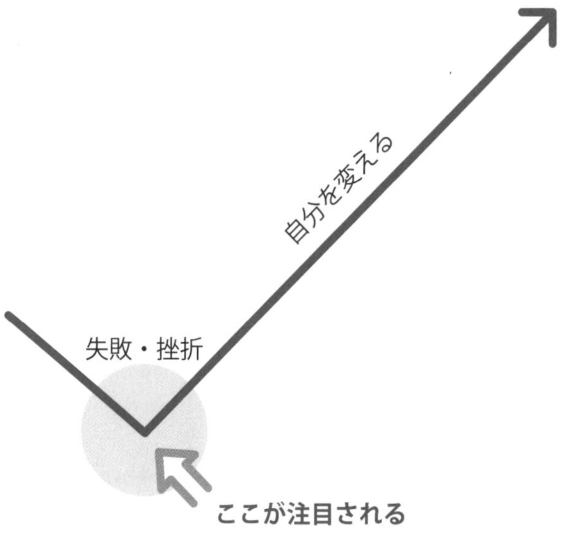

［キーワード］
柔軟性、成長力、学び続ける力など

こんな学生がいた

自己変革力

リーダーとしてのあり方を変えたT君

音楽サークルの代表を務めていたT君。音楽の才能も、細部にこだわるプロ意識も、練習量も、サークル内でダントツだった。彼は、全国大会に出場するのが夢だった。そのため、全メンバーに、自分と同じレベルのがんばりを期待した。しかし、メンバーには「押しつけ」に感じられてしまった。その結果、同時期に主要メンバーのほとんどが退会。よかれと思ってやっていた分、ショックは大きかった。

それ以降、自分の至らなさと真剣に向き合った。「仲間の声を聞けなかったこと」「成長の仕方には多様性があること」「自分の中のごう慢さ」に気づき猛省をした。そして、退会したメンバー全員に自分の至らなさを謝った。どう変わろうとしているのかを行動を通して証明した。そのためにも、全員に戻ってきてほしいと話した。その結果、メンバーは戻ってきてくれた。それからは、メンバーがやりがいを感じることに耳を傾け、成長シナリオを一緒に描きながら運営を進めた。変わりゆくT君を見て、みんなはT君のことを信じるようになった。そして、ついてくるようになった。最終的には全国大会に出ることができたのだ。

T君が実際に書いた「学生時代に力を入れたこと」

【リーダー失格の烙印と、サークルの再建】
「俺たちサークル辞めるね」サークルの幹部全員から退会の報告。音楽サークルの代表をしている私にとって、「リーダー失格」を突きつけられた瞬間だった。「自分に問題がある」そう思った私は、メンバー30人、一人ひとりに自分の課題を聞いた。すると「何でも一人で決めすぎ」「自分のストイックさを周囲にも押しつけすぎ」と率直な意見をくれた。自分のやり方を押しつける、ごう慢な自分に気づいた。そこから、退会をした幹部に謝罪をし、戻って来てもらった。練習の方針や全体の意思決定も、まずは仲間の声を聞いてから最終決定をすることにした。その後は退会者が出てない。この経験から、自分を変えることで、組織に貢献できることを学ぶことができた。（326文字）

コメント

T君が、自分の至らなさを、メンバー全員からのヒアリングを通して向き合ったことが伝わる。そして、自分を変えることによって、まったく違うリーダーに育っている。

2 人間関係力

人との接し方を工夫することにより、良好な人間関係を築く力

こんな経験をした人が書ける。

・**組織の中で、対立意見を調整したことがある人**（ゼミ、サークル、アルバイト、学生団体など）

・**立場の違う人たちとの間に立ち、利害関係を調整したことがある人**（社員とアルバイト、教授とゼミ生、学祭実行委員とサークルなど）

・**国籍や文化の違う人と、人間関係を構築した経験がある人**（留学、旅行、インターンシップなど）

仕事とは、人と人とが関わり合いながら進めていくものだ。苦手な人や、価値観が違う人、立場を超えて人間関係を構築する力があるか。自分の力によって、それを調整できるか。また、発展させることができるか。それらが見られている。

「人間関係力」を見極める切り口

①自分と異なる意見の人とともに、成功体験を味わったことがあるか

②良好な人間関係を築くために大切にしていることは何か。それはなぜか

人間関係力は、良好な関係を築く力

［キーワード］
調整力、傾聴力、協調性など

こんな学生がいた

人間関係力

中国留学中に、日本舞踊サークルをつくったZ君

「日本のいいものを世界に広めたい」という強い思いから中国留学中に日本舞踊サークルをつくったZ君。積極的な広報活動もあり、中国人と日本人の30人が集まってくれた。メンバーは集まったものの、運営は困難の連続。学生生活の目標がそれぞれ違うので、時間の使い方も多様。そのため、練習に人がほとんど集まらなくなった。

取り組みへの本気度もバラバラなため、喧嘩や意見の衝突が日常に。状況を打破するためにZ君は、メンバー一人ひとりと話した。サークルへの思いや、彼らの留学の目的、なぜサークルに参加できないのかを。そして、メンバー間の意見の衝突は、落としどころ見つけ説得して回った。

また、サークル「参加の障壁」を一緒に解決した。例えば、英語圏への大学院進学を考えているメンバーには、イギリス人の友人を紹介した。英語の勉強効率を上げて、余裕の出た時間でサークルに参加してもらった。また、中国人と日本人の価値観や考え方の違いを、お互いが理解できるように、何度も話し合いの場を設けた。結果的に、学園祭で発表できるまでにクオリティを高めることができた。発表後、メンバー全員で歓喜したことは、今でも大切な思い出になっているそうだ。

Z君が実際に書いた「学生時代に力を入れたこと」

【北京大学での日本舞踊サークルの設立】
留学先の北京大学で、中国人と日本人の計30名で、日本舞踊サークルを設立しました。日本のいいものを世界に広めたいとの思いからです。練習過程では中国人学生が練習に来なくなるという問題が発生しました。離脱者を出したくないと思いから、彼らと話す場を設けました。理由を聞く中で、1.海外の大学院進学に向けて英語に力を入れて勉強している 2.大学の宿題が多い、という2点からサークルに参加する時間がないことが分かりました。私はこの問題に対し、1.英語圏から留学に来ていた友人を紹介し、2.彼らの宿題を手伝うようにする、ということで対処しました。この結果、練習に参加できるようになり、無事に文化祭で発表することができました。私はこの経験から相手に一方的にこちらの要望を伝えるのではなく、まずは相手の問題を考え、対処することで信頼関係を築くことを学びました。（368文字）

コメント

サークルを運営する中で、Z君が多様な考え方や課題に対処していく姿が見て取れる。Z君は「日本のいいものを世界に広めたい」と言っているようにグローバルに活躍したいと思っている。それだけに、多様な人たちの中でリーダーシップをとっているこのエピソードがあると、説得力が増す。

3 コミットメント力

目標や成果に対して、徹底的に努力する力

こんな経験をした人が書ける

・組織の中で、自分に与えられた目標を、徹底して追いかけた経験がある人（ゼミ、サークル、アルバイト、学生団体、インターンシップなど）

・自分の決めた目標に対して、結果が出るまで努力し続けた経験がある人（留学、TOEIC®のスコア、資格取得、スポーツ、研究活動、論文作成など）

すべての仕事には目標がある。それに対して、どれだけ執着し、結果を出せるか。それが社会人として求められる（もちろんそれだけではないが）。学生時代にこの能力を発揮している人は、社会に出ても同様に努力する可能性が高い。**コミットメント力がある人は評価が高いのだ。**

「コミットメント力」を見極める切り口

①自分で目標を設定し、達成した経験はあるか

②目標達成した時の共通点はあるか。目標に向けてがんばれる理由は何か

「やり遂げる」力、
「最後まであきらめずがんばる」力

個人でも
チームでも
TOEIC®、資格、
論文発表、
自己ベスト…
共同論文、
バイト先の売り上げ、
学生団体の
集客 etc.…

［キーワード］
目標設定力、継続力、行動力など

こんな学生がいた

コミットメント力 講義形式のゼミをディスカッション形式のゼミへと変革したKさん

Kさんは落胆していた。経済学部でも人気の高いゼミにやっと入れたにもかかわらず、ゼミの内容は教授による一方的な講義形式だった。優秀な学生が多く集まっていたので、時々教授に不満の声を上げるのだが、教授から厳しく叱責されるなど、ゼミを変えることは困難を極めた。

Kさんもゼミの変革を求めて教授に直談判した一人だが、あっけなく玉砕。それでも、Kさんは諦めなかった。とにかく、ゼミ終了後に教授に張りつき、質問攻めにしたのだ。最初は質問のレベルの低さに怒られ、相手にしてもらえないこともあった。しかし、勉強を怠らず、質問の精度を上げる努力を続け、数カ月後にはすっかり「質問する学生」の地位を得た。

さらには、友人と一緒に質問にいき、少しずつ教授と学生で「ディスカッション」ができるように仕向けていく。気がつけば、ゼミのあとは教授と学生が集まり、「皆でディスカッションする時間」が習慣になった。時間が許す限りゼミ生たちは教授に食らいつくようになった。徐々に教授の態度も軟化し、ゼミが始まって半年過ぎる頃には、ゼミの後半に30分間のディスカッションの時間を設けることに。ディスカッションは、内容の濃い刺激的な時間になった。

Kさんが実際に書いた「学生時代に力を入れたこと」

【教授と仲間を巻き込んだゼミの変革】
ゼミ生から不満の多かった講義形式を、ディスカッション形式に変えた。学部内でも人気の高いゼミに入ったが、教授からの一方的な講義形式のゼミに不満を持つ生徒が多かった。私もその一人だった。直談判をしたが、聞く耳を持ってもらえなかった。「なぜなのか」を考えた。ただやりたいという「想い」だけを押し通していた自分に気づいた。そこから私は「姿勢」を見てもらおうと、まずはゼミ後に教授に張りつき、質問攻めにした。教授が受け入れてくれるようになると、徐々に人数を増やし、仲間と2、3人で質問した。継続するうちに、ゼミ終了後は教授への質問タイムとなり、自然とディスカッションに発展するようになった。半年が過ぎた頃、ゼミの後半に30分のディスカッションタイムを設けることが正式に決まった。役職についてなくとも、組織のために何ができるか。考え、徹底的に行動することの意義を学んだ。（393文字）

コメント

Kさんが、自分と相手の納得いくまで、努力をし続ける人であることが伝わる。周囲や権力者の圧迫に流されることなく、目標に向けて徹底的に努力をしている。

4 創造力

0から1を生み出す力。新しい価値を生み出す力

こんな経験をした人が書ける

・自分で考えたアイデアをもとに、組織やイベントを立ち上げた経験がある人
（学生団体、イベント開催、コンテンツ制作など）

・新規事業を企画した経験がある人（インターンシップ、NPO法人、起業など）

どの業界でも、新しい価値を生み出す力が求められている。アイデアや事業を生み出すことで、ビジネスが成立する。それだけに、どれだけ新しい価値を生み出す人材を確保できるかが、組織の命運を分ける。学生時代に規模は小さくても、そのような経験を積んでいる人は評価される。

「創造力」を見極める切り口

①自分のアイデアを形にした経験はあるか。その成果物は今も残っているか
②アイデアを形にする上で大事なことは何か。また、その理由

「まだない」もの(0)を、形(1)にする力

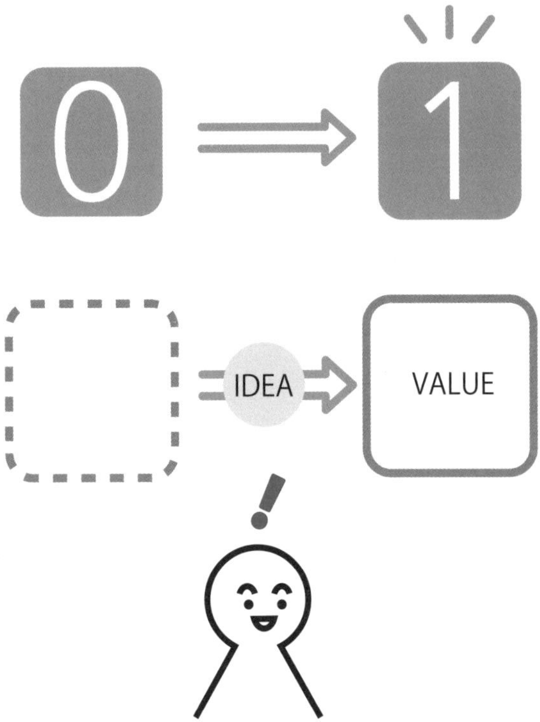

[キーワード]
企画力、実行力、発想力など

こんな学生がいた

創造力 起業体験をしたK君

学生時代は挫折の連続だったK君。学生団体に入り渉外担当をするも、まったく結果が出せなかった。例年協賛してくる企業からも、続々辞退された。結局、居心地が悪くなり、辞めることに。その後も、ボランティア活動など、思いつくことを始めてみるが、やはり結果を出すことができなかった。「自分は本当にダメなヤツだ」と半年ほどふさぎ込み、時間だけを持て余していた。「このままじゃダメだ」そう思ったK君。「最後に1回だけ挑戦してみよう」と決めた。

彼が選んだのは、今まで一番興味があったが逃げていた「起業」。日本の伝統工芸品をつくる友人に連絡。彼の製品を日本や世界に流通させることを考えた。「次は結果が出るまで、絶対に逃げない」そう決心した。今までの反動だったのだろう。相当な気合いで動いた。広報活動も、世界中の30を超えるメディアに対しおこない、4カ国5つの媒体に取り上げてもらった。

やがて海外からも注文が取れるようになり、国内の一部の量販店にも流通できるようになった。K君は、契約書の作成や交渉、販路開拓のすべてを一人でおこなった。このビジネスは現在も継続している。売上規模こそ大きくはないが、K君は、新たなマーケットを開拓することができた。

K君が実際に書いた「学生時代に力を入れたこと」

【日本の伝統工芸品を世界に。0からの事業スタート】
「日本には世界に通用する素晴らしいものがある」
幼少期を能登半島で過ごした。衣食住のすべてに歴史と伝統があり、そこに住む人はそれらに誇りを持っていた。しかし、近年、すべての産業が衰退してくのを肌で感じて育った。日本の伝統工芸の衰退。そこに問題意識を持ちながら大学生になった。そんな中、伝統工芸の職人になった友人から、「これを世界に広めたい」と相談をもらった。自分の思いを果たすチャンスだと思い、全面協力をした。世界の30を超えるメディアに広報活動をし、4カ国5つのメディアに取り上げられた。海外からも発注があった。英文契約書の作成、各国の弁護士とのやり取り、交渉、販路開拓、すべてを担った。最終的には日本国内の量販店にも流通した。決して大きなビジネスとは言えないが、ビジネスを立ち上げ、価値あるモノを人に届けることの楽しさと意義を感じることができた。（400文字）

コメント

K君が、「自ら0から1を生み出す力」を持っていることが伝わる。日本の伝統工芸で、まだ知られていないものを、地道な努力で世界中に広めている。学生ながら、手探りで販路開拓とビジネスモデル構築をしたところに、彼の事業を生み出す「創造力」が感じられる。

5 課題解決力

組織の課題に対して、解決策を提案し、実行する力

こんな経験をした人が書ける

・所属している組織で、自分の担当業務の課題を発見し、解決した人

・所属している組織の、仕組みやルールを改善し、課題を解決した人

（ゼミ、サークル、アルバイト、学生団体、インターンシップなど）

課題や問題を抱えていない組織は存在しない。それに対して立ち向かえる人が常に求められている。いわゆるPDCA（Plan 計画→Do 実行→Check 検証→Action 改善）サイクルを回せる人材のことだ。学生時代から、これを繰り返している人は、思考力や実行力を鍛えられている可能性が高い。よって評価されるのだ。

「課題解決力」を見極める切り口

①チームや組織の課題を発見し、解決した経験はあるか。その際、誰かと協力したか

②組織の課題を解決するのに大事だと思うことは何か。また、その理由

課題解決ができる人は、
実行力のある人

✕ **問題点を指摘するだけの批評家**

「ここが悪い」
「こうすべきだ」
「いかがなものか」

○ **自ら考え、自ら動く（人を動かす）**

「だったらこうしよう」
「こうしませんか？」

［キーワード］
ロジカルシンキング、論点抽出力、分析力など

こんな学生がいた

課題解決力　歴史あるスキーサークルで会計係を務めたYさん

100名のサークルメンバーの会費や合宿運営費、大会参加費などの会計を後輩と2人で担っていたYさんは、サークルが抱える「ある課題」に悩まされていた。それは、歴代の会計係の仕事がいい加減であったこと。不明瞭な会費の使い道にたびたびメンバーからクレームが入った。一番の問題として、幹部たちの打ち合わせの食事代を会費から出すなどの悪しき慣習があった。前任の先輩に相談するも「これがウチの伝統だから」と嫌な顔で一蹴された。最初は「伝統なら仕方がない」と引き下がったが、やはり我慢ができなくなった。

Yさんは、後輩と相談を重ね、会計の仕組みを抜本的に見直すことにした。おこなったことは2つ。第一に、物品購入時に領収書の提出と内容の確認を徹底した。最初はメンバーも面倒くさがり文句が出たが、次第に賛同してくれるメンバーが増えた。次に、幹部たちの打ち合わせを食事の場でおこなうことを廃止し、会費から食事代を出すことをやめた。これには幹部から相当な反発を受けた。まずは穏健な幹部から一人ずつ説得して回り、最終的には全員からの合意を取りつけた。これらの取り組みによりお金の流れが明確になり、クレームがなくなったという。

Yさんが実際に書いた「学生時代に力を入れたこと」

【伝統に屈せず現状を改善】
50年の歴史を持つスキーサークルで会計係を務めた。仕事をする中でサークルのずさんな会計事情が見えてきた。使途不明な領収書だけでなく、幹部の打ち合わせの食事代を会費で賄っている状態にも、違和感を覚えた。「これがウチの伝統だから」と、相談した前任の言葉に納得がいかず、後輩と2人で会計の仕組みの見直しを図った。①領収書と内容の確認を徹底すること。②幹部の打ち合わせを食事の場でおこなうことを廃止すること。の2点に取り組んだ。最初はメンバーや幹部から反発され、伝統に口を出すなと非難された。しかし、間違った伝統に屈してはならないと思い、幹部一人ひとりを説得して回ることで、最終的には全員の合意を得られることができた。「サークルにとって一番何がいいか」を考え行動できた経験である。(348文字)

コメント

Yさんが、組織をよりよくするために尽力したことが伝わってくる。場合によっては、自分の立場が悪くなる行動にもかかわらず、組織にとって意義あることを優先し、粘り強く行動できたところが素晴らしい。派手さはないが、所属している組織に確実に貢献しようとする姿勢が見てとれる。

6 チームワーク力

仲間と協力し、失敗や困難を乗り越える力。一人ではできないことを実現する力

こんな経験をした人が書ける

・チームで、失敗や困難を乗り越えた経験がある人

・個人では実現できないことを、仲間と協力しながら成し遂げた経験がある人

（ゼミ、サークル、アルバイト、学生団体、インターンシップなど）

企業に入ることとは、チームに入ることだ。お互いの能力を掛け合わせて、一人では実現できないことを実現するのが、組織のよさであり強みでもある。日本の組織では、チームプレーが求められる。ゆえに、協力する力、協働する力が重視される。学生時代に、**チームワーク力を発揮した経験がある人は、組織の戦力になることが期待できる**のだ。

「チームワーク力」を見極める切り口

①チームをまとめた経験はあるか

②仲間との接し方で意識していることは何か。また、その理由

一人ではなく、仲間と協力し、何かを成し遂げる力

［キーワード］
リーダーシップ、人を巻き込む力、マネジメント力など

こんな学生がいた

チームワーク力

不可能と言われたイベントを、チームで実現したT君

二浪して大学に入ったT君。時間をかけて大学生になった分、学生生活に対して強い憧れがあった。大学生は、誰もが何かに夢中になって取り組んでいるのだろうと。しかし、実際は予想していたものとは逆の世界が広がっていた。やる気のない友人が多く、がんばっている人をバカにする風潮すらあった。そのことに憤慨し、大学の友人5名を集めて「学生の心に火をつける」イベントを提案し、動き出した。

500人の集客を目指し、大規模な会場を探した。実績のない学生。人が来るのかどうかも分からないイベント。T君を信じてくれる会場担当者は誰もいなかった。ことごとく門前払いだった。あったのは熱意と仲間だけ。5人の仲間と、毎日徹夜でミーティングをおこなった。企画書も20回以上書き直した。集客戦略も考え抜き「500人はいける」と思えるところまで描いた。友人の多いメンバーに頼み、集客の手伝いをしてもらった。会場には10回以上足を運んだ。イベント会場に頭を下げ、企画内容、集客戦略、収支について、6人全員でプレゼンし許可をもらえた。

結果、当日は800人を集客することができた。

T君が実際に書いた「学生時代に力を入れたこと」

【800人に届けた仲間との思い】
「学生生活をもっと全力で過ごしてほしい」との思いから、友人5名とイベントを企画した。時間がある一方で、持て余している学生が多いと感じていたからだ。一人でも多くの人に来てほしいと、500人を収容できる会場を探したが、実績もなく、集客力に心配のある私たちを信頼してくれる会場は皆無。10カ所に問い合わせるも、すべて門前払い。「このままでは開催できない」と思った。それから、思いつくことはすべておこなった。企画書は20回以上書き直した。集客戦略を何度も立て直し、500人集められるイメージも持てた。10回以上会場に足を運び、イベントの開催意義と集客ができる理由を繰り返し説明した。最終的に「ここまでやるとは思わなかった。やってみるか」とある会場担当者に言っていただき、無事開催できた。当日は800名が集まり、参加者から「やる気になった」「がんばろうと思った」と言ってもらえた。(400文字)

コメント

開催自体が危ぶまれる中、仲間と力を合わせて乗り越えたことが伝わってくる。
このように仲間と目標に向かって、課題を一つひとつ乗り越えていく力は、どのような業界でも求められる。

コラム 3

「がんばったこと」がないと思っている、きみへ

もし、きみが本当に学生時代にがんばったことがないとしたら。
解決策はひとつ、「今から始める」ことだ。

「今からでも間に合いますか」と聞かれそうだが、大丈夫。
間に合う。いや、間に合わせるためにがんばろう。
行動した量と成長の幅は比例する。
これから、全力で挑めばいい。

採用担当者はESで、きみの「今の実力」だけを見ているわけではない。
これからの「成長幅」を見ている。

実績を残しているが、天狗になっているA君。
実績はないが、今、全力で努力して成長しているB君。
A君のほうが現時点では実力がある。どちらが採用されるだろうか。
意外にも、いや当然ながらB君である。

採用担当者は、入社後のきみを見ている。
であるならば、今の成長曲線上にいる「未来のきみ」を見る。
きみが今、「しまった!」と反省しているのならチャンスだ。

本気のインターンでも、サークルへの貢献でも、アルバイトの改革でも、ゼミの発表でも、1週間の旅でも、なんでもいい。この先、絶対後悔しないよう、自分がほしいものを手に入れるために全力で始めよう。

第4章

ちょっとの「違い」でアピール度が2倍に。ES・6つの技術

通るESの要諦は①一行目でどんな人物かが分かる
②経験を数値化して具体的に説明する
③企業が必要としている能力を盛り込む。
この３点を踏まえていれば、「会ってみたい学生」のESに進化する。

技術 1

「ガクチカ」は一行目が勝負

学生時代に力を入れたことの設問に、2人の学生が答えたとしよう。

A君は「学生時代に力を入れたことはサークルです」と書き出した。

B君は「サークル『全員』で勝ち取った初勝利」と書き出した。

どちらの書き出しのほうが、続きを読みたくなるだろうか。そう、B君だ。

採用担当者は、1日に数百枚のESを読む。**1枚にかける時間は、たった数分**だそうだ。精神的にも、肉体的にもヘトヘトな状況だ。書き出しで、いかにひきつけられるかが勝負。読んでもらえなければ、当然落とされる。少しでも**続きを読みたくなるESを書こう。**

では、どう工夫すればいいのか。僕が指導してきたESの中で、書き出しが工夫されているものを次のページに記載しておく。参考にしてみよう。

一行目で読ませるESの書き出し

1. 力を入れたことの「全体像」を伝える

「母校の水泳部のコーチとして、30 名の指導に当たった」
「スノーボードサークルの環境改善を行った」
「人事コンサルティング会社で６カ月間の法人営業」

2.出した「結果」から伝える

「全員で勝ち取った 100 バンドの頂点」
「観客の半数が泣いてくれた学生最後の舞台」

3.組織の中の「役割」から伝える

「サークルの合宿責任者として企画と運営をおこなう。満足度が過去最高に」
「学生団体の渉外担当として、営業システムの構築と効率化を実施」

4.「前提」から書いて難易度を伝える

「未経験からのスタート、競技ダンスで全国大会出場へ」
「水恐怖症克服に向け、カヌー部で過ごした２年間」

技術

2

とにかく「数値化」で、3倍伝わるエピソードに

自己PRのエピソードでは、なるべく数字で表現するように工夫しよう。なぜ数値化が必要なのか。それは、数値化すると読み手がイメージしやすく、説得力が増すからだ。「参加人数が大幅に増えました」という抽象的な言い方より、「参加人数を100人から1000人に増やしました」と書いたほうが、リアリティを持ち、読み手にそのインパクトが伝わる。つまり理解しやすいのだ。

数字とともに、具体的な描写も重要だ。例えばサークル活動で、定期的におこなうイベントでの集客を100人から1000人にするという目標を立てた場合。「次回、友達を連れてくると、ドリンク一杯無料」のクーポンを発行したなど、増えた人数を維持する仕組みをつくり、それがキープできているというところまで説明できるといい。数字という定量的な指標に、具体的な工夫のエピソード、つまり定性的な内容を加えるのだ。

効果的な数字の入れ方

✕イマイチな例

学生団体を設立してイベントを開催した
・想像以上に集客できて会場が満杯になった
・組織を大きくすることにも成功した
・やる気のある大学生を多数集めた

よくいる大学生に見える。
何をどれくらいがんばったのか伝わらない

⇩

○修正後

「一度きりの大学生活を全力で過ごす」をコンセプトに学生NPO法人の設立
・年に一度横浜の赤レンガ倉庫で開催、700名以上が来場した
（５年間続いている）
・６名だったスタッフも１年で60名になり、代々続く組織になった
・このイベントには都内で似た活動をする40団体にも声をかけた。これをきっかけに、後日、40団体の交流会も実現できた

これなら、読み手が疲れていても、頭の中に自然とすっと入りイメージできる。
一度に何十、何百ものエントリーシートを読んでいる採用担当者の気持ちになってみよう。数字が入ることで、規模のイメージがわく。

技術

3

数値化できない場合は「切り口」を工夫する

では数値化できないような性質の行動やエピソードはどのように表現すればよいだろうか。がんばったことの成果を順位や売り上げなどの数字にしづらい場合がある。その場合は「切り口」を工夫することで、印象的なエピソードにすることができる。

次のように書いてあったら読み手はどう思うだろう。「この成功は、自分の力によるものと自負している」。ごう慢な印象を受ける。チームで手にした成功を、「自分の力によるもの」と手柄を独り占めしている。一方、「メンバー全員に『この成功はお前の力がなければ絶対に無理だった』と言ってもらえた」。と書いてあったらどうか。内容は同じでも、違いは、「自己評価」なのか「他者評価」なのか、もっと言えば、主観的に「自分の力」と言っているのか、客観的な意見として言われているのかにある。客観的な評価として書かれた内容は読み手にとって受け入れられやすい。それは数値化と同じ効果をもたらすからだ。このように、切り口を変えるだけで読み手の印象がまったく変わる。他の切り口も次のページに挙げた。参考にしてほしい。

切り口を工夫して伝えよう

・他者からの評価

例　部長に「きみがいたから成功できた」と言ってもらえた

・過去との比較

例　サークル創設〇〇年以来、初めて改革に取り組んだ

・希少性

例　〇〇人の中でも1人しか選ばれない～

・巻き込んだ影響範囲

例　年齢、国籍、職業、所属大学など

・期間を区切る

例　その年の上半期で一番

・場所で区切る

例　地区大会で最優秀、〇〇区エリアの7店舗で最高の成果

技術

4 「名詞」の「中身」を確認する

「人事が学生に求める能力」の常に上位にある「コミュニケーション力」。

ここで考えてほしいことがある。

そもそも「コミュニケーション力」とは何だろうか。

複数の解釈ができる。次のすべてがコミュニケーション力だ。

1. サークルの交流会を「楽しめる力」

2. インターンシップで法人営業を担当し、クライアントから「信頼を勝ち取る力」

3. 海外の名門大学への留学で、40カ国200人と寮生活を送った「絆を育む力」

どれもコミュニケーションだが、発揮している能力の中身が違う。

採用担当者は、**2と3は評価する**。残念ながら、**1は評価されにくい**。広義に解釈できるからこそ、うっかり的外れな能力をアピールしないためにも名詞はその中身を確認しよう。

そして、そもそも自分がアピールしたい能力とその名詞が合っているかも忘れずに確認しておこう。**志望企業で求められている能力と一致しているかどうか**を確認するのだ。

「リーダーシップ」という言葉にもいろいろな要素が含まれる

例えば「リーダーシップ」と一口に言っても、広範囲にわたる解釈がある。

1．**コンセプトを打ち出して、みんなを引っ張っていくタイプ**（強いリーダー）
2．**仕組みづくりが得意で、環境を整えるのが好きなタイプ**（縁の下のリーダー）
3．**意見を集約して、同じ方向をみんなで向くのが得意なタイプ**（調整型リーダー）

など

「リーダーシップ」「忍耐力」「継続力」
「思いやり」「粘り強さ」多くの大学生が使う言葉だ。
これらは定義づけてから、文章を書き始めよう

技術

5 アピール度の高い行動を、優先的にアピールする

行動の種類によってアピール度の序列がある。

塾の先生など「サポート的な立場での行動」をアピールする学生は多い。もちろんそれらの経験が悪いわけではない。しかし、人を支援するのもよいけれど、「自分が当事者としてがんばった経験はどうなのか。きみは当事者としてがんばれる人なのか」と思っている採用担当者も多い。

コンサル、金融、ITなど、一見サポート的な仕事や職種の業界であればあるほど、**サポート経験ではなく当事者としてがんばってきた実績のある人を求めている。**

例えば、戦略コンサル。当事者としての経験やリーダー経験がない人には、クライアントである事業会社の人たちの気持ちが分からないだろう。クライアントの立場に立ち、心を通わせることは難しいだろう。

サポートする側が本気であれば当事者側に近づけるが、それでも違いはある。机上の空論では通用しない現実の中で、言われたとおりのことだけ真面目にこなしてきた人よりも、**当事者として主体的に戦ってきた経験がある人**を求めているのだ。

行動の種類別に、アピール度の序列がある

よりアピール度の高い行動はこっち ↓

表面的な行動	<	自分のコアに直結した行動
受動的な行動	<	能動的な行動
１人でがんばる行動	<	みんなを巻き込む行動
メンバーの１人	<	実質的なリーダー
ただのまとめ役	<	何らかのアイデアの発案者兼まとめ役
既定路線の創意工夫	<	コンセプトレベルでの発案者兼まとめ役
単発イベント	<	継続的な活動
多くの人がやっていそうなこと	<	コンセプトがユニークなこと
みんなと同じような工夫	<	独創的な工夫
すんなりうまくいったこと	<	困難を乗り越えたこと
対症療法的な変化	<	後々まで影響する構造的変化
そこそこレベル	<	突出したレベル
サポートする立場	<	当事者としての活動
勉強系、あるいは肉体系オンリー	<	勉強系と肉体系の両方
マイナスから±０	<	結果としてプラスの話
結果で語る	<	過程と結果のバランスがとれた話

技術

6 ESは全体戦略でバランスをとる

すべての項目を記入した時に、どんな人物が浮き上がってくるか、各設問に記入する**内容のバランスを意識しよう。**

- **「個人プレー」のエピソードだけでなく「チームプレー」についても書かれているか**
- **「行動した」話だけでなくその動機も書かれているか**
- **「成功体験」だけでなく「失敗体験（と、それを乗り越えた経験）」も書かれているか**

「学生時代に力を入れたこと」が個人プレーの人は、他の設問ではチームプレーをしたエピソードを書くなど、各項目のバランスをとるのだ。

特にがんばったことが「個人プレー」の人は注意しよう。

勉強、資格取得、研究、個人競技のスポーツをしていた人でも、過去を振り返れば、チームプレー経験はあるはずだ。勉強会や、合同練習、練習メニューの相談や、研究の助け合いなどはなかったか。思い出してみよう。ES全体で自分のことを最大限伝える戦略が必要なのだ。

バランスを意識して
ESを書こう

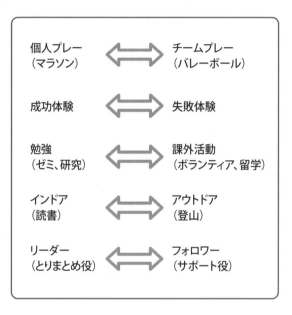

個人プレー （マラソン）	⇔	チームプレー （バレーボール）
成功体験	⇔	失敗体験
勉強 （ゼミ、研究）	⇔	課外活動 （ボランティア、留学）
インドア （読書）	⇔	アウトドア （登山）
リーダー （とりまとめ役）	⇔	フォロワー （サポート役）

特に「個人プレー」のエピソードばかりに
偏らないように注意

コラム 4

書くべきか悩んでいる項目がある、きみへ

自信のないことは書きたくない。つい自分の都合のいいことだけを
書きたくなってしまうのが、ES。みんな同じ気持ちだ。
だが、気をつけてほしい。採用担当者は、ESに
「書かれていないこと」にも注目している。

例えば、TOEIC®スコアが書かれていないケース。
グローバル展開に力を入れている企業では、
スコアが書かれていないと、
「自信がないから書かなかった学生」と思われる可能性がある。
この場合、面接で英語力について確認されると思っていい。
だからといって正直に「500点」と書かれていれば、
「中途半端ながんばりしかできないのか」という印象を与えてしまう。
TOEIC®については、今からでも遅くはない。必死になって勉強し、
面接で堂々と「今現在の具体的な努力」について語れるようにしよう。
もしくは、「800点を目指している」と回答するのも手だ。

他にも、学生時代にがんばったことの欄に、うまくいったこと「のみ」
書かれているケース。採用担当者は次のように読む。
「その程度の難易度だったのか」や「発生した問題や、
残された課題から目をそらしているのではないか」などだ。

書くべきか。それとも書かないほうがいいのか。
すべての項目で「採用担当者は、何を読み取るか」を想像しながら、
書き進めよう。

第5章

強い志望動機に磨き上げるための9つのアドバイス

目指すのは「書類通過」ではなく、「トップ内定」。
「ぜひ当社に来てほしい」と言われる、
誰でもできる志望動機の磨き上げの方法を大公開！

書類通過ではなく採用したくなる志望動機を書こう

内定の有無を決めるのは、ESに書かれた「志望動機」である。

志望動機はESのどの項目よりも注目されている。能力以前に志望度を見ている。人気企業ほどこの傾向がある。左のような設問からも、その真剣さが伝わってくる。

「具体的」に聞くことで、意欲を見る企業

・ソニーで何を実現したいか、自分自身の経験をどのように活かしたいかを踏まえ、上記職種を選んだ理由を記述して下さい。自分自身のことだけでなく、周りにどのような影響を与えていくのか、またソニーを選んだ理由が分かるように記述して下さい。（ソニー）

・あなたが三菱商事で挑戦したいこと、実現したい夢について教えて下さい。その際、特に興味のある分野や職種があれば、具体的に触れて頂いても構いません。（三菱商事）

「複数の設問」で志望度を見る企業

・自社採用サイトの何に共感したか、志望理由（三井住友銀行、オリエンタルランド）

・グループを志望する理由、希望コースの志望理由（みずほフィナンシャルグループ）
「未来の企業や事業の姿」を聞きながら、志望度を確認する企業
・２０２４年、あなたはアマゾンの商品とサービスを統括している責任者です。今回、あなたは新しい商品とサービスをアマゾンで始めることにしました。あなたは何を始めますか？（アマゾン）
・今後、インターネットまたはオンライン広告はどう変わっていくと思いますか？（Google）
・10年後の電通で何をしていると思いますか？（電通）

自社を志望する学生の志望動機を、何百、何千と読む採用担当者だ。
本気の志望動機と、間に合わせの志望動機の違いは、すぐに見分けがつく。
「志望動機を読めば、2秒で落とすか・通すかの判断ができる」という採用担当者もいた。
では、どうすれば企業が「採用したくなる志望動機」を書けるのか。
特に重要な９つのアドバイスを、これからお伝えする。
このアドバイスをもとに、多くの我究館生が人気企業に内定している。
慣れない考え方や、すぐには理解できない部分があるかもしれない。
それでも、読み返すにつれ、自分に実力がついていくことに気づくはずだ。
さあ、さっそく読み進めよう。

志望動機を磨くための9つのアドバイス

ここで紹介するアドバイスを参考にすれば、他の学生では書けないレベルの志望動機が完成する。
逆に言えば、多くの学生がこの点を見過ごして、**完成度の低い志望動機**を書いている。
ここまで読み進めることができたきみなら、そんなに難しい内容ではない。
左の項目を見て「弱いな」と思うページからでいい。読み進めてみよう。

1. 企業選びの「軸」を明確に持つ
2. 企業選びの「軸」が生まれた背景を言語化する
3. 自分の「軸」と「企業」のつながりを考える
4. 他人と違った業界・企業研究をする
5. 企業のミッションを理解する
6. 激動する世界の動きを理解する
7. 志望企業の10年後をイメージする
8. 志望企業の課題を語れるようにする
9. 志望企業への提案（成し遂げたいこと）を語れるようにする

志望動機を磨く
9つのアドバイス

1．企業選びの「軸」を明確に持つ
2．企業選びの「軸」が生まれた背景を言語化する
3．自分の「軸」と「企業」のつながりを考える
4．他人と違った業界・企業研究をする
5．企業のミッションを理解する
6．激動する世界の動きを理解する
7．志望企業の10年後をイメージする
8．志望企業の課題を語れるようにする
9．志望企業への提案（成し遂げたいこと）を語れるようにする

9つのアドバイスを1つずつ実践してみよう。
他の人では書けない志望動機が完成する

9つのアドバイスを活かした文章のフレーム

9つのアドバイスを活かして、次ページのような文章を完成させよう。
まずは1社、**第一志望の企業の志望動機を完成させたい。**
採用担当者が思わず会ってみたくなるような、高い完成度のものに仕上げよう。

企業によっては、文字数の制約があるため、すべてを書けないかもしれない。
しかし、この9つの要素を意識した文章を完成しておくと、志望動機が書きやすくなる。

絶対に伝えたい部分だけ、ESに残す。
面接で伝えればいい部分はESには書かず、メモとしてとっておこう。

9つそれぞれは短い文章になる。それだけに重要だ。短い文章で表現するためには、多少コツがいる。そのコツを、次のページから詳しく説明していきたい。

志望動機は、
この9つで構成されている

私は○○○○な社会を実現しようと思っている。そう
1. 企業選びの軸
思う背景は、私の幼少期の○○○○な体験からくる。
2. 軸が生まれた背景
貴社は○○○○な事業を行っているため、その思いが実
3. 軸と企業のつながり
現できると思い、志望に至った。

私は学生時代に○○な活動を通し、○○○○な力を身に
（自己PR・強み）
つけてきた。その能力と経験を生かし、貴社の○○事業

部の法人営業として○○のビジネスに携わりたい。
4. 5. 業界・企業研究、ミッションの理解による分析の成果
アジア経済が成長し、○○業界のマーケットも変化して
6. 世界の動き
いる。今後、貴社は○○な成長が期待できると考えてい
7. 10年後
る。その点において、私は○○が課題になるのではない
8. 企業の課題
かと考えている。

上記を解決し、私の思いを実現するためにも○○○○な

ことを貴社で新たに挑戦したいと考える。
9. 企業への提案

アドバイス

1 企業選びの「軸」を明確に持つ

「企業選びの軸は何か」

志望動機を作成する前にこれを明確にする。

採用担当者は、まずこれを確認する。

「しっかりと意志（軸）をもって就職活動をしている人」なのか。それとも、その場しのぎの就活生なのか。

では、「企業選びの軸」はどうすれば見えてくるか。

「社会に与えたい影響（Giving）」を明確にすることだ。

言い換えるなら、きみが「誰のために」「何のために」この人生を使おうとしているのか。

それを言葉にするのだ。

例えば「人の心を動かす仕事がしたい」と考え、軸にしている人の志望企業はどうなるか。

広告、テレビ、ネット業界の企業が候補になるだろう。

「広告の力で、人に感動を提供したい」
「テレビ番組で、人を元気にしたい」
「新しいネットサービスを通して、人の日常を明るくしたい」など。
手段は違うが、すべて「人の心を動かす」ことを仕事にしている。

もうひとつ例を。
「世界の格差をなくしたい」という思いを軸にしている人。
ゼネコン、インフラ、メーカーが志望企業になるだろう。
「途上国に、道や建物をつくり、経済成長の一助になりたい」
「水や電気を安定させ、国の安定成長に寄与したい」
「現地に工場をつくり、雇用を生み出したい」
先ほどと同様に、手段は違うがどの業界でも思いが実現するのが分かる。

軸は、1行目の文章にもなる。
「『途上国の発展に貢献したい』これが私の夢だ……」という具合に。
受ける企業の志望動機をすべて「軸」で書き出す人もいる。これも有効だ。
企業が違うだけで、同じ夢を追いかけるのだから。

アドバイス

2 企業選びの「軸」が生まれた背景を言語化する

社会に与えたい影響は、いつ頃から育まれたものなのか。それが分かると志望動機に説得力が増す。経験上、きみの過去を3つの環境から分析すると見えてくることが多い。

1. 家庭環境

親や兄弟はどのような性格だったたか。それをどう感じていたか。厳しい親だったのか。甘い親だったのか。

2. 地域環境

都会で育ったのか、田舎で育ったのか。海外に住んでいたことはあるか。そこに住みながら感じたこと、考えたことはどのようなものだったか。

3. 教育環境

学校の校風はどうだったか。共学か、男子校か、女子校か。自由な校風か。厳しかったか。

いくつか具体例を出そう。

・温泉街で生まれ育ったKさん

Ｋさんの生まれ育った街は温泉街だった。幼少期はとても栄えていた。しかし、月日が経つにつれ、競合となる観光地が増え、Ｋさんの街は閑古鳥が鳴いてしまった。「空間が力をなくすと、そこにいる人まで元気を失ってしまう」と幼心にいつも感じていた。このことからＫさんは**「空間を通して人を元気にする」という軸**を元に就職活動を行った。志望業界はデベロッパーや空間デザイン、アミューズメントパークなど。

・多国籍の学生寮で暮らしてきたYくん

大学時代を、地方で過ごしたＹくん。留学生が多く通う大学だった。大学には寮があり、ほとんどの留学生はそこで過ごしていた。入学以来、その寮で30を超える国から来た２００人以上の学生と毎日のように語り合った。彼らと心を通わせながらさまざまなことに挑戦した大学生活は、何よりも楽しい時間だった。Ｙくんはこの経験から**「世界中の人と心を通わせ、価値を創造したい」という軸**をもった。志望業界は、商社、エネルギー、メーカーなどだ。

実際のＥＳには、すべては書けない。しかし、一文でもこのような背景が添えられていると、説得力がぐんと増す。

アドバイス

3 自分の「軸」と「企業」のつながりを考える

志望動機の中に書く**自分の「軸」と「企業」のつながり**を言葉にしよう。

軸を元にして、志望企業を決める。そして、それらの企業をなぜ志望しているのか。どんなことをしている企業だから志望しているのか。「軸」と「志望企業」を**一本の線でつなぐ**のだ。

時々、自分の「軸」とは関係ない企業も受ける人がいるが、おすすめしない。なぜなら、その企業を受ける明確な動機がないことが多いからだ。そのため、（書くことが思いつかず）志望動機作成に時間がかかる。そうなると、軸に沿った本命企業である「第一志望」のＥＳ作成時間までもが奪われてしまう。これでは本末転倒だ。

これを読んでいるきみは、すでに軸が明確になっているだろうか。それが不安なままでは企業は選べない。当然、志望動機も書けない。不安が残る人は、いったん手を止めて我究に戻ろう（『絶対内定２０２６　自己分析とキャリアデザインの描き方』のワークシートに挑戦してみよう）。

自分の「軸」と「企業」のつながりを考える

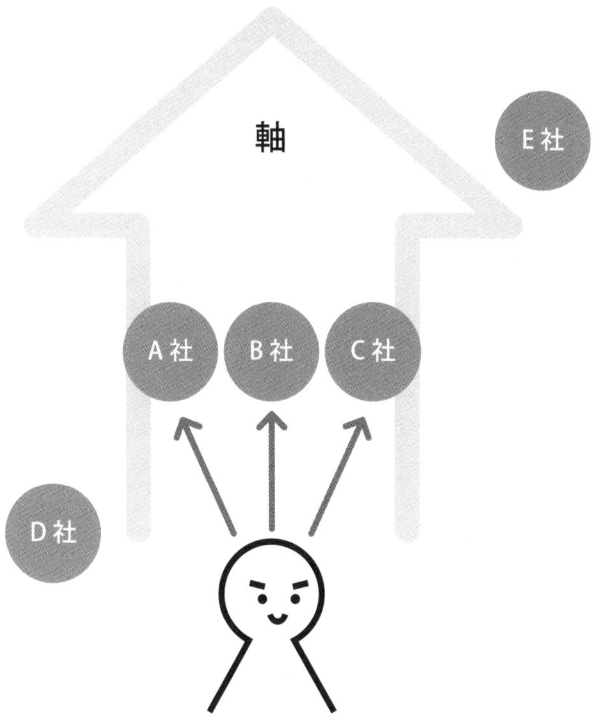

A社〜C社は自分の「軸」に当てはまる。
D社、E社は当てはまらない。
となると、受けるべきなのは A社〜C社だ

アドバイス

4 他人と違った業界・企業研究をする

志望動機のクオリティを決めるのは、業界・企業研究だ。

第一原則は、インプットの質と量にこだわる、ということ。

こだわるとはどういうことか。

他の学生がアクセスしていない情報を手に入れることだ。

アウトプットは、インプットによりつくられる。他の学生と違う情報をインプットしなければ、アウトプットで差別化することは難しい。

ほとんどの学生は、同じ媒体から集めた情報を組み合わせて志望動機を書く。

マイナビやリクナビ、就活ナビなどの企業ページ、企業の採用ページ、説明会、セミナーなど。限定的だ。学生が興味を持つポイントも非常に類似している。結果として、ほとんどの学生が同じような志望動機を書いてしまう。

まったく差別化できていないのだ。

それでは、他の人がアクセスしない情報とはどんなものか。
少し工夫すれば出てくる。参考までにいくつか挙げておこう。

・社会人訪問に力を入れる

年齢、部署、役職など、幅広い立場の人に会いにいくこと。「気楽だから」という理由だけで若手だけと会っている人がいるが、多面的に話を聞くように心がけよう。

・ＩＲ情報をチェックする

企業が株主向けに公開している情報だ。経営戦略や経営課題なども知ることができる。

・商品やサービスを使う（B to Cメーカーは特に）

なじみのない商品も使ってみる。家電などで高価な場合もお店に行って触ってみる。

・現地に足を運ぶ（デベロッパー、ゼネコンや商社は特に）

見て自分なりに「よかった点」と「改善点や問題点」をまとめる。「感動した」だけでは、一般人の目線だ。就職しようとしているのであれば提供者側の目線がほしい。

・転職サイトをチェックする

新卒サイトとは違った企業の一面が紹介されている。学生でも閲覧可能な情報は確認を。

・複数日程のインターンシップに参加する

実務を体験することで求められる能力が具体的に分かり、他者との差別化につながる。

アドバイス

5 企業のミッションを理解する

激動の時代にある今、どこも生き残りをかけて大きく変わろうとしている。現在の社員だけでは決して成し遂げられない変革の起爆剤として、その可能性、柔軟性を若手に期待している。自分から提案し、主体的に動ける人や成長意欲のある人をどの企業も求めている。このことをまず心に留めておいてほしい。

当然だが、受ける企業が上場企業なら公式ホームページの株主向け情報（ＩＲ情報）などから、

①企業のミッション
②近年の業績と現在の課題
③中期経営計画（未来の方向性）

をまずチェックしよう。

経営者のスピーチも動画として上がっていることが多いので見ておくといい。非上場企業なら、ホームページのお知らせ欄などを見てその企業が最近どのようなことに取り組んでいるのかを知っ

ておこう。

また、志望する企業や業界に限らず、大手企業や有名経営者のインタビュー記事を読んだり、世界経営者会議やＴＥＤなどでの経営者やグローバルリーダーたちのスピーチをYouTubeなどで見たりしておこう。

それぞれの企業は決して単独で存在しているわけではなく、いろいろな業界や社会との影響関係の中にある。志望する企業の動向はもちろん大事だが、周りに対する興味関心も失わずにいたい。大きな社会の流れや業界の方向性を見ておくと、ものごとを俯瞰する力が養われ、業界研究にも深みが出る。

アドバイス

6 激動する世界の動きを理解する

企業は今、生き残りをかけて優秀な人材を獲得しようとしている。そして、変革を遂げようとしている。

「世界の動き」とは、例えば「超少子高齢化による、人材不足の恒常化」や、「技術の進展によるAIの汎用化、実用化」に向けた動きなどだ。

この流れの中で、企業は、イノベーションを主導し、未来の幹部候補として会社を支えてくれる人と、AIにとって代わられる仕事をしている人を選別している。

激変する環境の中で、きみはどのようなビジネスパーソンでありたいのか。今までどおり、上からの指示を待ち、最適解が示されなければ、どのように動いていいのかわからないままでいるのか。AIが著しい進展を遂げる中、企業や社会に必要とされ続けられるように、自分で考え、課題を見つけ、その解決のために自ら行動できる人になるのか。

この視点が抜けている志望動機は、残念ながら評価されない。

世界の動きを押さえつつ志望動機を考える

日本の人口（予想）

2020年 1億2,615万人　2040年 1億1,284万人

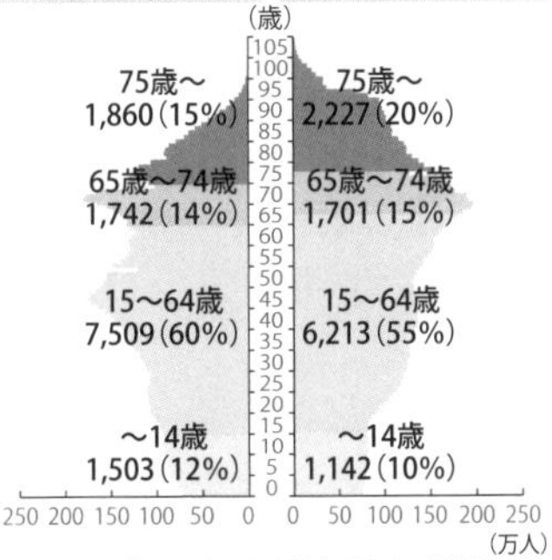

出所：総務省「国勢調査」、国立社会保障・人口問題研究所「日本の将来推計人口（令和５年推計）」出生中位（死亡中位）推計より加工
https://www.mhlw.go.jp/stf/newpage_21481.html

2050年のGDPランキング（予想）

順位	2024	2050
1	米国	中国
2	中国	インド
3	ドイツ	米国
4	日本	インドネシア
5	インド	ブラジル
6	英国	ロシア
7	フランス	メキシコ
8	イタリア	日本
9	ブラジル	ドイツ
10	カナダ	英国

出所：「2050年の世界 長期的な経済展望：世界の経済秩序は2050年までにどう変化するのか？」PwCより加工

業種別、AIによって自動化される可能性がある業務の割合

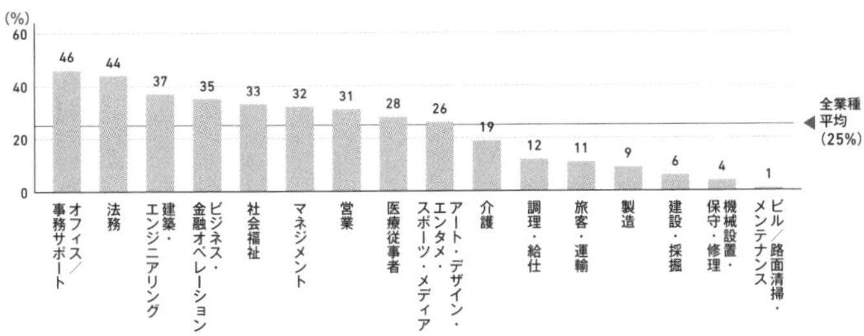

出所：ゴールドマン・サックス社作成「Generative AI: hype, or truly transformative?」より加工

日本の人口が減る中で、
企業はいかに生産性を高められるかが問われている

アドバイス

7 志望企業の10年後をイメージする

10年後にその企業を盛り上げられるか。**活躍の予感**を志望動機から与えよう。

激動する社会の中で、きみの志望企業の10年後はどのような状況になっているのだろうか。

近視眼的に、**「今」勢いがある、という理由で志望している学生を企業は求めていない。**

きみたちは、会社の未来を背負う立場として採用される。その会社の10年後、20年後をイメージして志望している学生のほうが評価されるのはそのためだ。

10年で時代は激変する。

例えばインスタグラムが世に出たのが２０１０年。たったの10年ちょっと前だ。ＳＮＳによって、集客や広報など企業や個人の当たり前が大きく変わった。インフルエンサーが生まれ、世の中に影響を与えている。

次の10年。社会はどのように変化するのかを常に考えるのだ。

そして、志望企業はどうあるべきか。社会や世界にどのようなインパクトを与えていけばよいか。

自分なりにイメージしてみよう。

アドバイス

8 志望企業の課題を語れるようにする

志望動機では、やたらと企業をほめないこと。基本はこれがおすすめだ。

志望理由を探そうと「企業のいいところ探し」に明け暮れる就活生が実に多い。本当にそれでいいのだろうか。「商品が大好きで」「昔からなじみのある商品で」「サービスが大好きで」「日本が誇る」「番組に感動した」「広告に励まされた」など。ファンレターのような内容になる。

こういう人は、残念ながら採用されにくい。

「どうぞこれからも、お客様でいてくださいね」と、落とされてしまう。

組織は常に課題と向き合っている。競合の脅威、サービスの陳腐化、マーケットの変化、技術革新など。少しでも舵取りを間違えると、あっという間に組織は停滞し、沈んでいく。

この数年で、日本の大企業に巻き起こった逆風を見てみれば分かるだろう。

企業にとっての採用活動とは、その課題をともに解決してくれる仲間探しである。

企業のいいところや、自分との接点を探すことも大切だが、企業が抱える「課題」にも目を向けるようにしたい。その際、上から目線になってしまったり、単なる評論家で終わってしまわぬよう注意したい。主体的に「その課題を解決する人」であることも伝えよう。

アドバイス

9 志望企業への提案（成し遂げたいこと）を語れるようにする

志望動機には、きみなりの企業への提案を書こう。
配属志望の事業部は今後どうなったらいいか。
現存していない事業で、その企業がやるべきことは何か。

激動する世界、**きみが働く10年後の世界**をイメージしながら、考えてみよう。
志望動機を通して企業はきみの意見に耳を傾けている。
そして、**きみの社会や世界に対する感度と、志望企業への本気度を見ている。**
考えるのは難しい。いくら企業研究しても、見えてこないことも多い。
当然だ。企業の人たちも同様に苦しんでいる。だからこそきみの本気度が問われている。
その企業に入るということは、企業の未来を考え続け、形にしていくことだ。志望動機作成の段階で弱音を吐いている場合じゃない。そこで投げ出すくらいならば、最初からその程度の熱量だったということだ。

ダイレクトに「提案（成し遂げたいこと）」を聞いてくる企業は多い。

例を挙げよう。

- **あなたが三菱商事で挑戦したいこと、実現したい夢について教えて下さい。（三菱商事）**
- **就職希望先の１つとして日本銀行を選んだ理由、日本銀行の仕事を通じて成し遂げたいことについて述べて下さい。（日本銀行）**
- **スマートフォンが広告メディアとして、テレビCMと同じくらいメジャーな存在になっていくためには、何が必要だと思いますか？（LINE）**
- **あなたが博報堂／博報堂DYメディアパートナーズにおいて成し遂げたいことについて書いて下さい。（博報堂）**
- **パナソニックで仕事を通じてどんな夢を成し遂げたいか。（パナソニック）**
- **今後、Google がビジネスを伸ばすために必要なことは何だと思いますか？（Google）**

ESには、提案まで語り尽くせないかもしれない。それでも、面接で聞かれることが近年増えている。**「うちの企業、どうすればいいと思う？」**とダイレクトに聞かれるケースだ。自分なりに考えをまとめておこう。

社会人訪問で志望動機を完成させる

ここまで準備をした後は、ぜひとも社会人訪問をしてほしい。そこで働く人の生の声はやはり一番参考になる。また、**社会人訪問して聞いた話は、きみ「だけ」が聞いた話になる。**その内容をもとに志望動機を完成させれば、**他の学生が語る志望動機と差別化を図れる**のだ。

社会人訪問の際、許される限り、**志望動機を聞いてもらおう。**厳しめにアドバイスしてもらうのが大切だ。考えの甘さや、知っておくべき情報、見えていない点をズバズバ言ってもらおう。採用担当者も同じ点できみの志望動機の甘さに気づく。そして落とす。早めに聞いて対策をとろう。

その際に注意点がある。きみが、その時点で**ベストと思える準備をして挑むこと**だ。活躍している人であればあるほど忙しい。その合間を縫(ぬ)ってきみと会ってくれている。きみが中途半端な準備で臨んだら、本気の指摘や回答は得られないだろう。

社会人訪問の質問例

- **組織として目指していること（社内の人は、10年後のその企業の姿をどうイメージしているか）**
- **企業（と業界）が抱える課題（短期、中期、長期の課題は何か）**
- **競合他社について（同じ業界の人から見ると、どう見えるか）**
- **具体的な仕事内容（イメージと実際の仕事は合っているのか）**
- **そこで働く人々の雰囲気（どんな人が集まっているのか）**
- **企業の文化（意思決定時にどんなことを大切にしている企業なのか）**
- **直近の社会情勢や業界動向をどう捉えているか（報道と実際に違いはあるのか）**

これらの質問も、年代や役職によって、まったく違う回答をしてくる場合がある。

年齢や役職によって見ているポイントが違うのだ。若手は現場には詳しいが、組織の全体像は見えていないことが多い。逆に、管理職は役職が上になればなるほど、中長期的な組織の方向性が見えている可能性が高い。重役の人と会うのはプレッシャーかもしれない。それでも、勇気を出して会いにいこう。自分の人生を決める大事な会社選びなのだから。

コラム 5

「志望動機」が書けない、きみへ

ところで、きみは今の自分に自信があるだろうか。
「ない」と答えた人は要注意だ。

納得のいく志望動機を完成することができない可能性が高い。
そういう人は、「やりたいことが分からなくなってきた」と言って、
コロコロ志望業界や志望動機を変えてしまうのだ。
原因は自分自身の中にある。
「その夢を描いている自分のことを、心のどこかで信じられないでいる」
のではないだろうか。
「グローバルに活躍したい」と言いながら、
自分にそんなことができるだろうかと思った。
「人の心を動かしたい」と言いながら、
人を元気にできるほど、自分自身に元気がなかったりする。

自分の語る夢（志望動機）に自信を持つためには、
まず、自分を信じる力が必要不可欠だ。

では、どうすればいいか。毎日挑戦をすることだ。
小さなことから始めよう。小さい成功体験を自分に贈るのだ。
散らかった部屋を片づけることからでもいい、
今日から毎日 1km 走り続けることでもいい。
ダイエットを始めて、ボッテリついた贅肉を落とすことでもいい。

自分を信じられる状態、自分に対する信用を強くしていくことで、
次第に、力強く志望動機を語れる自分になっていくはずだ。

第6章

頭ひとつ抜きん出るES・履歴書にする9つのチェックポイント

きみのESは、完成に近づいている。
だが、あわてずに最後のチェックだ。
「微差」を制する者こそが、内定を勝ち取る。

抜きん出るESを書くために

さあ、いよいよESの完成が近づいてきた。

ここまでの内容を実践していれば、かなりレベルの高いESが書けるはずだ。

しかし、それだけでは僕は納得しない。きみには**さらに一歩上のES**を書いてほしい。

落とされる要素を徹底的に排除し通る可能性を最大化させるには、9つの工夫が必要だ。

中には「そんなことまで注意しないといけないのか」「そんなこと気にしなくても通過するのではないか」そう思う人もいるかもしれない。しかし、こだわってほしい。

「神は細部に宿る」

きみの人間性は、きみの能力は、きみの本気の志望度は、細部に宿るのだ。

ここまでがんばってきたきみならできる。どれも「微差」の範囲、ちょっとした違いである。

せっかくいいESを書いたのなら、ぜひ次のページからの「9つのチェックポイント」を実践し、自分の力としてほしい。

抜きん出るESを書くための9つのチェックポイント

1. 提出期限よりも早く提出する
2. 資格と趣味で、人間的な魅力を伝える
3. エピソードの強弱ではなく、オリジナルの切り口で勝負する
4. 文章の読みやすさにこだわる
5. （履歴書・手書きESの場合）写真にこだわる
6. （履歴書・手書きESの場合）見た目にこだわる
7. （履歴書・手書きESの場合）字が汚い人は「絶対ルール」を使う
8. （履歴書・手書きESの場合）書類送付の際に気をつけるべきことを押さえる
9. 提出する前に、最終確認をする

ちょっとした「差」が
内定する・しないを分ける！

チェックポイント

1 提出期限よりも早く提出する

「ギリギリの提出」と「余裕をもった提出」。

自分が上司だったら、どちらの人と働きたいだろうか。

ESの内容以前に、こういうところに「人間性」が出てしまう。

ESは締め切り直前に大量に提出される。採用担当者は、そこから短時間でESを読むことになる。結果的に、スペックや経験の派手さに目がいってしまうかもしれない。

早期の提出は、内容をじっくり読んでもらえる可能性が高まる。

この本を手に取ったきみは、内容で勝負ができるようになる。

有利だ。

特に**スペックや経験に不安がある人にとって、挽回のチャンスだ。**

また、「一次募集」「二次募集」と、募集を複数回に分ける企業も見受けられるが、**必ず一次募集で提出する**こと。当たり前だが、二次募集以降は内定の枠が減っていく。今すぐ準備しよう。

ESの締切日と提出数の関係

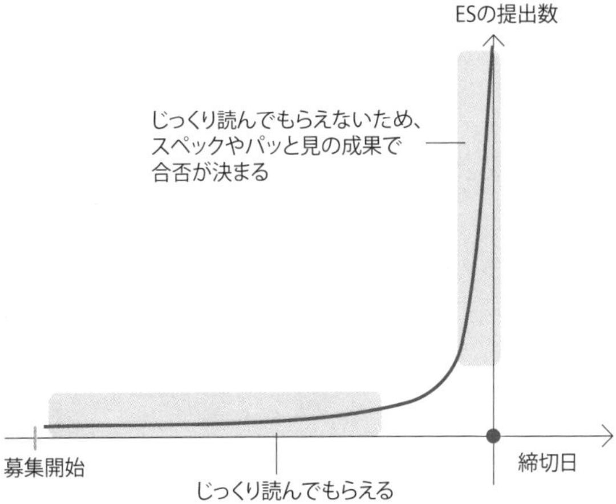
ESの提出数
じっくり読んでもらえないため、
スペックやパッと見の成果で
合否が決まる
募集開始
じっくり読んでもらえる
締切日

□3日～1週間前には提出する
□締め切りが発表されたら、すぐ手帳に3日～1週間前の「余裕を持った提出期限」を書き込む
□必ず一次募集で提出する

チェック
ポイント
2
資格と趣味で、人間的な魅力を伝える

資格について

資格の欄でも印象は大きく変わる。ただ書けばいいというものではない。「○○検定一級」や「TOEIC®900点」など**アピールできるものだけを書く。**ちなみに、レベルの低めなものは書かないほうがいい。例えばTOEIC®スコアを書くなら、700点以上は必要だ。たまに3級や4級など、そこそこレベルの資格をたくさん書く人がいる。これはよくない。逆に「中途半端な人」という印象を与えてしまう可能性がある。

趣味について

趣味の欄で、**人間的魅力のバランスをとる。**

自己PRが、ゼミや**勉強系**（真面目系）の人。**自然と戯れるスポーツ**（登山、キャンプ、サーフィンなど）や**クリエイティブな趣味**（楽器、絵画、楽曲作りなど）を書けるようにしたい。

逆に自己PRが**スポーツ系**の人は**知的な趣味**（読書、教養を磨く旅、学外での勉強）があるといい。

「バランスがとれる趣味がない」と思ったきみ。今日から始めればいい。面接までに「趣味です」と言い切れるほどに没頭してみよう。きみ自身、より魅力的な人になるはずだ。

資格について

✕イマイチな例

普通自動車免許	大型自動二輪免許
PADIオープンウォーター	スキー検定1級
英検4級	TOEIC® 650点

⇩

○修正後

普通自動車免許　　大型自動二輪免許
スキューバダイビングライセンス（PADIオープンウォーター）
スキー検定1級　　TOEIC® 800点

＊勉強もスポーツもハイレベルな人だと分かる

趣味について

✕イマイチな例

ランニング、野球、ロッククライミング

⇩

○修正後

・ランニング（週2日、6km走っています）
・読書（歴史小説とアジア経済に関する書籍）
・海外旅行（24カ国滞在）

＊具体的な内容だと分かりやすい。面接で話す内容も考えておこう

チェックポイント3

エピソードの強弱ではなく、オリジナルの切り口で勝負する

エピソードは強弱ではない。切り口が重要だ。

多くの就活生は「エピソードの強さ」で差がつくと思っているが、実は違う。

差がつくのは切り口だ。

例えば、「テニスサークル」の場合。

「経験者と未経験者がモチベーションの差からもめる。その間に立ち、和解の方向に導いた」こんなエピソードをよく見かける。実行したことは素晴らしい。しかし、他の人も似たようなことを書いてくる。切り口が同じだからだ。同じだと、どうしても差別化が図れない。

これは、留学にも、接客のアルバイトにも、部活にも言える。自分が書いているエピソードが「ありがちな切り口か」を周囲の友人の書くエピソードと比較してみよう。経験そのものを変えたり、ねつ造する必要などない。可能な限り**独自性の高い切り口を探せばいい**のだ。

テニスサークルで見かけた「工夫された切り口」を次のページにまとめてみた。

「切り口とは何か」を知るために参考にしてみてほしい。

テニスサークルに所属する学生の書いた「工夫された切り口」

切り口1．年上を巻き込む（先輩、コーチ、卒業生など）

卒業生に練習に協力してもらい、全員のモチベーションを高める協力をしてもらった。

切り口2．共通の目標設定（大会で入賞、ライバルチームに勝つことなど）

「学内のサークル対抗試合に勝つこと」を共通目標にして、チームをまとめていった。

切り口3．仕組みづくり（練習メニューの改革、練習チームなど）

練習メニューや練習チームの編成を変えて、相互理解が深まる組織運営に変更した。

様々な切り口から学生たちに問いかけると、よく聞くようなエピソードの中から、驚くほど素晴らしい「その人らしい話」が出てくる。一見何気ないエピソードかもしれないが、その人にしか語れない何かがあることが非常に多いのだ。自分の経験に自信のない謙虚な人ほど、実は陰で素晴らしい努力をしているもの。「自分も結構がんばったじゃん」と思える話が必ずあるはずだ。

チェックポイント
4 文章の読みやすさにこだわる

文章の中身以外でも、きみの人間性は伝わる。それは**レイアウト**だ。

小見出しや箇条書き、記号を使うと文章が読みやすくなる。それだけで読み手（採用担当者）はストレスなくＥＳが読める。どんなときも相手を気遣える人であることを「読みやすいレイアウト」を通して相手に伝えるのだ。

文章が読みやすくなる4つのコツ

1. タイトルをつける

2. 小見出しをつける

「〈背景〉〈課題〉〈解決策〉〈結果〉」や「〈背景〉〈行動〉〈得たこと〉」など。

3. 箇条書き・記号を使う

「・」や「1」「2」「3」を使う。これだけでも読みやすくなる。

4. 改行と段落分けをする

改行ができないＥＳの場合は、「■」「：」などの記号を使う。

小見出しや箇条書きを使った例

×イマイチな例

私は、学生時代に社会人と学生が出会う機会が少ないことに問題意識を持っていました。そこで、学生と社会人が交流できる機会を生み出す学生団体を創設しました。当初、課題として学生が社会人と出会える場所がそもそもないことと、そのような場がどこにあるのかを知らないことにあると考えました。なので、活動内容は、学生と社会人の交流会や、SNSを活用した情報発信をおこないました。結果、3年間でのべ3000名の方に参加いただきました。

○修正後

【学生と社会人をつなぐ学生団体の創設】
□背景
大学1年のときに、大学生が社会人と触れ合う機会が少ないことに問題意識を持っていました。
その問題を解決すべく、学生団体を創設しました。
□課題
課題は以下の２点です。
1. そもそも出会える場がない
2.出会える場がどこにあるかを知らない
□解決策
課題から、解決策を以下の２点にしぼりました。
1. 年間20回　学生と社会人の交流会を企画開催
2. 出会える場の情報発信をSNSでおこなう
□結果
イベントではのべ3000名の方にご来場いただくことに成功しました。

改行できない場合の記号の使い方

■就職軸について：就職先を選択する際、以下の３点を主要な基準として設定しております。1.自分の能力を最大限に引き出し活用できること。2.社会に対する影響力、貢献度が大きいこと。3.仕事自体を楽しめること。この３つの基準を最大化できる環境が貴社であると考えております。

チェック
ポイント
5
（履歴書・手書きESの場合）写真にこだわる

重要なのは、レイアウトと文字だけではない。きみたちのセンスが伝わってしまうのが写真だ。センス以外にも写真に写っているきみの顔つきや雰囲気から、様々なものが伝わる。リーダーシップはあるか。努力はできるタイプか。コミュニケーションは得意か。などなど、写真を見るだけで十分すぎるほど伝わってしまう。だからこそ、ベストな表情・服装・髪型の、納得のいく写真を提出しよう。

絶対内定・写真5つのルール

1. 口角を上げる（への字口はNG）
2. 目に力を入れる
3. 髪はセットする（目にかからないよう、特にサイドの広がりに注意）
4. 明るめのネクタイを、指し色（アクセント）に使う
5. 白のブラウス・ワイシャツで清潔感のある明るい雰囲気を目指す

同一人物でも
ここまで印象に差が出る！

ES提出時から、もう勝負は始まっている。気の抜けた服装、表情ではもったいない。とことんこだわり抜こう。

チェックポイント

6 （履歴書・手書きESの場合）見た目にこだわる

手書きESでは、センス・感性の違いが、見た目（ビジュアル）にそのまま反映される。

レイアウト・デザインのセンスによって、読みやすいもの・読みたくなるもの・分かりやすいものと、そうでないものの違いが極めて大きくなる。次ページの例を見れば一目瞭然だろう。

履歴書・手書きESで差をつける6つのコツ

1. もっとも大切な部分の文字の大きさ・太さを変える（変える箇所は1項目に1つだけにする）
2. 普段の倍の時間をかけて、ゆっくり書く
3. それ以外の大切な部分には、アンダーライン（直線・波線）で強調
4. 矢印などを活用し、スッキリ見せる
5. 枠いっぱいに書かない。枠の上下左右に5ミリ程度の余白をとっておく
6. 罫線が引かれている場合、罫線に対して下詰めで書く

手書きの場合も、チェックポイント4も参考に、見た目にこだわったESに仕上げよう。

「タイトル」「小見出し」「箇条書き」が見た目を変える

×

当社への志望理由を書いてください。

私は「世の中の人やモノの可能性を引き出し、生活を楽しむための仕掛けを作りたい」と考えている。貴社には「仕掛け」を作れるだけの人、ノウハウ、データ、実績、そしてクライアントやメディアへの多大な影響力を持っていると考え志望した。入社後は営業に挑戦したい。

大学時代、私は英語サークルの運営リーダーとして、イベントの企画、運営、広報活動を主に担当した。サークル運営の土台となることで、部員が活動を楽しみ、対外試合などで活躍するための舞台を整えたいと考えたためだ。

私は人やモノにはそれぞれ輝ける力があると思う。人やモノが輝くことで、生活者は生活を楽しめるのだと思っている。人やモノが輝ける力や可能性を引き出すのが「広告」であると考えている。広告を通じて、「可能性を引き出し、楽しんでもらう仕掛け」を提供していきたい。

○

学生時代に最も力を入れたことについて、自由に表現してください。

ドキュメンタリー映画上映会の開催 ～都内三ケ所にて

(出来事) 大学一年次初の海外体験となったフィリピンで見た世界と帰国後に知ったゴミ山で生きる人々がいるという見えない現実に衝撃を受ける。

(目的) 人に伝え、人に新しい発見を与えたい。世界の格差（貧困）について考えて欲しい。

(課題) 集客がどこまで見込めるか。

(対応) 街頭でのチラシ配布はもらってくれる人が少ない。
→お店や予備校へとターゲットを絞り、チラシを置いてもらえるよう粘り強く行動、交渉を繰り返す

(結果)
・都内三ケ所で300名を超える集客
・予備校にチラシを置いたことで高校生が来てくれた
・中学教師の方から学年教材として使いたいとの反響を頂いた

(得たこと)
・社会に影響を与える力が自分にあるという実感を得たこと
・自分の想いから生じた行動がきっかけを創り誰かの心を動かしその瞬間を共有できたこと

ただ自分が書きたいことを書き綴（つづ）っただけのものと、読み手に伝えることを強く意識して少しでも読みやすくなるように工夫されたもの。きみならどちらを読みたいか。

同じスペースでもレイアウト・デザインのセンスによってこんなにも違ってくるのだ。タイトルや小見出し（「出来事」「目的」など）、箇条書き、改行の力は大きい。

チェックポイント

7 字が汚い人は「絶対ルール」を使う（履歴書・手書きESの場合）

字が美しく達筆であることは、プラスの印象を与えることは間違いない。しかし、**字がうまくなくても、やり方次第できちんとした好印象を与えることはできる。**ここでは、字がうまくない人が絶対に守るべきルールを伝える。

字がうまくない人が守るべき6つの絶対ルール

1．初めに鉛筆で下書きをする

2．とにかくていねいに。一画一画ていねいに書く。「とめ」「はね」「はらい」をしっかりと

3．助詞「は、が、の、を、に、と、へ」を小さく書く。特に「の」は小さく

4．漢字は少し大きめに、ひらがなは少し小さめに書く

5．「意味のかたまり」を意識して書く

6．キリのいいところで改行する

これらを強く意識して、ていねいに気持ちを込めて書いた文字は、必ず相手に伝わる。

大切なのは「大きさ」と「空間バランス」

✕

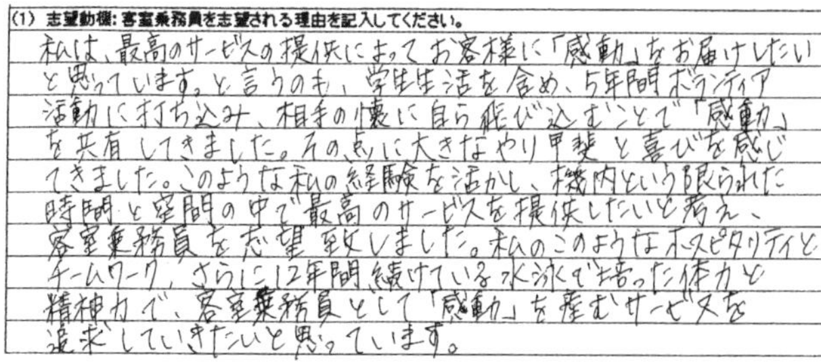
(1) 志望動機：客室乗務員を志望される理由を記入してください。
私は、最高のサービスの提供によってお客様に「感動」をお届けしたいと思っています。と言うのも、学生生活を含め、5年間ボランティア活動に打ち込み、相手の懐に自ら飛び込むことで「感動」を共有してきました。その点に大きなやり甲斐と喜びを感じてきました。このような私の経験を活かし、機内という限られた時間と空間の中で最高のサービスを提供したいと考え、客室乗務員を志望致しました。私のこのようなホスピタリティとチームワーク、さらに12年間続けている水泳で培った体力と精神力で、客室乗務員として「感動」を産むサービスを追求していきたいと思っています。

○

あなたがもっとも大切にしたい価値観は何ですか。あなたの考えを述べて下さい。

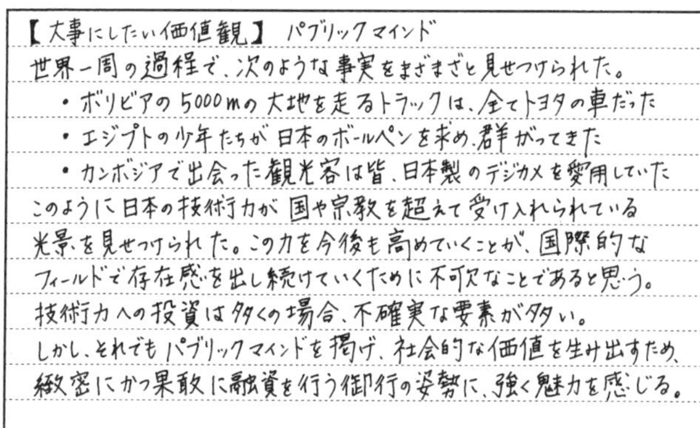
【大事にしたい価値観】　パブリックマインド
世界一周の過程で、次のような事実をまざまざと見せつけられた。
・ボリビアの5000mの大地を走るトラックは、全てトヨタの車だった
・エジプトの少年たちが日本のボールペンを求め、群がってきた
・カンボジアで出会った観光客は皆、日本製のデジカメを愛用していた
このように日本の技術力が国や宗教を超えて受け入れられている光景を見せつけられた。この力を今後も高めていくことが、国際的なフィールドで存在感を出し続けていくために不可欠なことであると思う。
技術力への投資は多くの場合、不確実な要素が多い。
しかし、それでもパブリックマインドを掲げ、社会的な価値を生み出すため、緻密にかつ果敢に融資を行う御行の姿勢に、強く魅力を感じる。

✕の人、実はきれいな字である。達筆な文字と言えるだろう。しかし罫線の縦幅いっぱいに大きく書かれていて、ひらがなも漢字と同じ大きさだ。そのため、空間（余白）がほとんどなく、窮屈な印象。
対して○の人は、一文字一文字、一画一画をていねいに書いているのが分かる。そしてひらがなを少し小さく書くことで余白が生まれ、スッキリした印象。

チェックポイント

8

（履歴書・手書きESの場合）書類送付の際に気をつけるべきことを押さえる

自分が作成した書類を提出する際にも、きみたちのセンス・感性さらには気使いが表れる。サイズがバラバラな書類を、そろえることもしない。無造作に束ねて出す人がいる。一方で、**可能な限りサイズを統一し、書類の端（角）をきちっとそろえた上で、クリップでとめる。**さらに、**クリアファイルに入れて送付する。添え状も入れる。封筒の宛名の文字や、切手も曲がらないようにして送付する。**ここまで気を使う人もいるのだ。

提出書類は相手に見ていただくもの。自分の魂や思いを書き込んだ、いわば自分の分身だ。自分の代わりにアピールして、**送った書類が自分の代わりに選考を受けに行っているようなもの**である。だからこそ、面接で気を使うのと同じように書類にも十分に気を使うのだ。きみの提出する書類が、そのまま「きみ自身」なのだから。

受け取る側、相手の立場に立って考えれば、何がベストなのかイメージしやすいと思う。

例えば、
どっちの書類の人を採用したいか

✕ サイズはバラバラで小さなクリップでとめてあるだけ

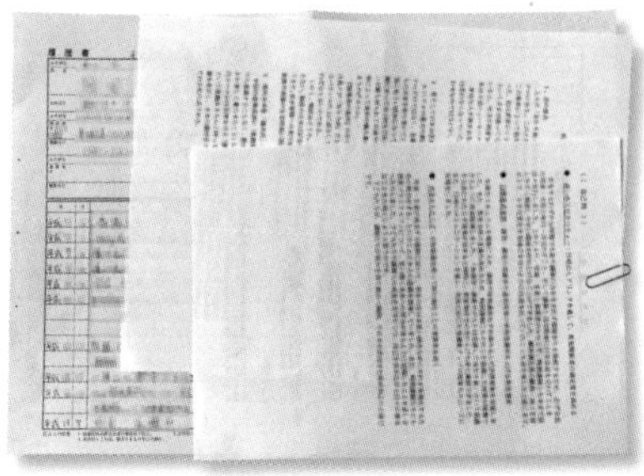

○ A4に統一されクリアファイルに入った書類

書類の内容もさることながら、例えば書類のまとめ方にもその人の人間性が如実に表れ、能力さえも勝手に推測されるもの。
下のようにきっちりそろえてあれば、相手への配慮の行き届いた思いやりのある人、ていねいで信頼できる人柄、プロ意識の高い人という印象を与えるだろう。
書類を手に取り、中身を読む際にも、ポジティブな気分で採用担当者は読み始めることだろう。

チェック
ポイント

9 提出する前に、最終確認をする

ＥＳを提出するその前に。

最終確認の意味も含めて、細かいところをチェックしよう。

そのためのリストを掲載して、この章を終えよう。

例えば**誤字脱字。たった一文字、間違いがあるだけで、とたんにＥＳに書いてあること全体の説得力が落ちてしまう。**その一文字で、きみのＥＳ作成の努力が、いや、人生が左右されてしまうことだって十分にあり得る。繰り返しになるが、

「神は細部に宿る」

一手間を惜しまず、最後までやり抜く。そんなきみであってほしい。

きみが、「送信」ボタンを押したら。または、郵便ポストに投函したら、その書類（言葉）は採用担当者全員に届く。

書類選考の担当者だけではない。すべての面接官、役員、社長にも届くのだ。

そういった緊張感を持って、最後の確認をしよう。

提出前の確認事項

ミスのチェック

□音読する。誤字脱字はないか
（音読し録音したものを聴いてみる）
□設問と回答の内容は一致しているか
（Word などで文章を書いて、フォームにコピペしている人は要注意）
□手書きの ES は、文字がガタガタ、波打っていないか
（罫線を引いてから、文字を水平に書いているか）

文章の分かりやすさ

□文章としてテンポが悪いところはないか音読する
□一般人が知らない専門用語は使わない
（ゼミや研究内容、アルバイト先の専門用語は要注意だ）
□一文が長過ぎるものはないか。短いほうが読みやすい

言葉遣い

□略語を使わない
（就活→就職活動、バイト→アルバイト、新歓→新入生歓迎）
□文章では「貴社」、口頭では「御社」
（参考：貴行、貴庁、貴省、貴店、貴法人、貴協会）
□「すごく」「非常に」「とても」を使わない。子供っぽい
□「です」「ます」調は、統一されているか

面接に向けて

□書いたものを印刷したか
（面接前に、必ず読み返してから挑もう）

コラム 6

学歴に自信がない、きみへ

学歴は採用に影響を与えるのか。
たしかに、上位校の上位学部のほうが選考は有利に進む。
しかし、誤解のないように伝えておこう。
ESの通過後、その影響力は下がる。

面接では、目と目を合わせ、会話し、評価を受ける。
きみが他の学生よりもしっかり話せていたのに、
「学歴」が理由で落とされる可能性は低い。
それであれば、ESの段階で落とされているはずである。
また、これまでの経験上、学歴だけを理由に落とす企業は
10%もないのではないか。不利な学歴や留年、浪人、中退など、
さまざまな学生を指導してきたが、
みんな超難関企業に次々と内定していった。
「あの企業は、○○大学では無理」や「留年は採用していない」などの
都市伝説を聞くが、それらをはねのけていった。

不利な状況から内定した人には共通点がある。
我究や社究はもちろん、TOEIC®などのスペックを高めることや、
筆記テストの高得点に向けた猛勉強などの努力を怠らなかった。

また、面接で勝負するために、ESの内容を本当に大切にした。
逆転の内定をした我究館生は、全員20回以上のES添削を受けている。
その結果、第一志望に内定している。
学歴が不利でも大丈夫。夢の実現のために今からできることを、全力で
始めてほしい。

第7章

業界別 ES・徹底攻略

人気・難関企業は、景気に関係なく競争率が高い。
突破するためには、徹底的に攻略する必要がある。
学生のサンプルやそこにあるコメントを参考にして、
自分だけの一枚をつくり上げよう。

※本書に掲載されているESのサンプルについては、2024年3月時点で集まった情報に基づくものです。学生からのヒアリングをもとに作成しているため、実際のESとは異なるものもあります。また、本人が特定できないよう、内容等を編集している箇所もあります。なお、いくつかの設問については、現在採用していない企業もあります。あらかじめご了承ください。

凡例

僕が我究館で普段やっているように、学生たちの ES を徹底的に添削した。そのコメントのうち、合否を分ける特に重要なものには以下のマークをつけている。これらを参考にして、自らの ES をさらに練り上げてほしい。

❗：説得力を高めている、特に良いポイント

- コアに言及している
- 職務適正を感じられる
- 思考や想いだけではなく、行動や実践が含まれている

❓：一貫性や納得感を損ねている、要改善ポイント

- 質問の意図を汲めず、回答がずれている
- コアの言語化が不十分（なぜその言葉なのか、定義が曖昧）
- 論理構成が不適切で、ロジカルな文章になっていない

商社

人がついていきたくなるような「強くて優しい」人が採られる傾向。リーダー経験を聞かれ、人柄だけでなく、能力の高さも重視される。入社数年で海外に駐在する可能性もあり、現地の人のマネジメントができる現場力をアピールすることも必要。プロジェクトベースの仕事が多いので、新しい物事への感度が高く、変化する状況をすぐにキャッチアップできる学習能力の高さが求められる。もちろん体力も必須。
採用人数は 20 〜 30 名と少なく、高倍率。入社までに TOEIC®900 点と日商簿記検定２級合格を求める企業も。

商社

社風の違いが顕著
企業研究と社会人訪問が鍵

国内・国外の様々な人と人間関係を築き、新たな事業を生み出すのが商社の仕事だ。企業が求める人物像は**「強くて優しい」リーダー的な人**。プロジェクトを最後まで遂行する強いコミットメント力とメンタル力。新しいことへの感度、それを吸収する学習能力の高さも必須。

・人間関係力

世界中の人と仕事をするので、現地の人を率いることができるかは重要。多様な価値観の人をまとめた経験、特に海外で、リーダーシップを発揮した経験があれば是非アピールしよう。

・創造力

0から1を生み出した経験があるといい。商社パーソンには事業を生み出していく力が必要だ。学生時代に、組織でもサービスでも、立ち上げた経験がある人は書こう。

・コミットメント力

海外での経験や、ゼミでの勉強など、自分で決めた目標に向かって結果を出すことにこだわった経験がある人は積極的にアピールしよう。

評価される志望動機作成に向けて、明確にすべきこと

商社は、**部署によって、まるで違う会社のように雰囲気や仕事内容・仕事相手が変わる。**特にどの部署でどんな仕事に挑戦してみたいのかを明確にしてから志望動機を書き始めたい。次に挙げる項目について、自分なりの答えを持った状態で志望動機を書こう。

□商社で具体的にしたい仕事は何か
□なぜその仕事ができる他の業界・企業ではダメなのか
□競合他社よりも、その企業を志望する理由は何か
□最近のその企業がおこなっているビジネスで興味深いものと、その理由
□自分だったら、どんなビジネスに挑戦してみたいか
□第一志望の部署に配属されなかった場合、どんなキャリアを実現していきたいか

三菱商事の
エントリーシート

1. どのように学業に取り組んだかについて教えて下さい。〈200文字以内〉

「ワクワク感」
私は、大学合格後配布されたシラバスを見て「こんなことも勉強できるのか」と胸が高鳴った。必修科目を取得し終えた３年次からは薬理学や心理学、スポーツ経済学など様々な分野の講義を履修した。法律学では答えがない点に面白さを感じ、友人らと考えを共有しながら学んだ。世界基準で見た際に日本の法律がどのような位置づけなのかを知りたいと思い、英米法と中国法も学習した。

1行目に書かれているとおり、好奇心が旺盛な人という印象がある。

なぜ法律を専攻したか、意識して書かれている点はよい。

面接で詳しく聞いてみたいところ。

この質問を言い換えると、「学生時代を通じて、学業面においてどのような目標がありましたか？　それはなぜですか？　実際に何を学び、身につけ、それらを踏まえて将来はどうしていきたいですか？」となる。好奇心を持って取り組んできたことは商社の仕事にも必ず活きるが、「何のために学業をやってきたのか」を、もう一段深く考えて書くと、さらに印象がよくなる。

2. これまでの学生生活の中で挙げた実績や経験を教えて下さい。
部活、サークル、スポーツ、趣味、ボランティア、インターンなど何でも結構です。

【実績・経験①】所属する民法ゼミでの班対抗の討論会で班の代表者を務め、８チーム中２位。
【実績・経験②】所属するテニスサークルのレギュラーとして、大学学内団体戦優勝に貢献。
【実績・経験③】中学時にテニスの団体戦でレギュラーとして出場し、全国準優勝。
【実績・経験④】チューターのアルバイトで、前年度比で合格率を向上させ、面談方法の新たな仕組みを作った。

！ 勉強とスポーツ、個人プレーとチームプレーのバランスがとてもいい内容になっている。

3. あなたが周囲から信頼されるために大切だと考えることは何ですか。なぜそう考えるのかを、2.で回答した経験を交えて説明して下さい。〈300文字以内〉

「人並み以上に努力する事」と「結果を残す事」が大切と考える。
私は大学 2 年次にテニス競技人生で初めて団体戦のレギュラー落ちを経験した。その後レギュラーに復帰したが、当初は他のレギュラー選手より実力が劣っており、あまり信頼されていなかったように思う。それでもレギュラー落ちした悔しさを晴らすべく必死に練習をした。それまでは周りの選手同様、週 5 時間程度しか練習していなかったが、週 12 時間以上は練習をした。また個人戦やサークル内外での練習試合でも勝利にこだわり結果を残してきた。その甲斐もあり、早稲田大学学内団体戦の決勝戦で私の対戦相手が強豪であったにもかかわらず、勝利を信じてくれたように思う。

挫折の後、これまで以上に努力し、見事、結果につながったエピソード。時系列に沿って、そのときの感情を入れながら数字を使い具体的に書かれている。内容も分かりやすい。

4. 2.で回答した活動において、最後までやり遂げ、達成感を得た経験について教えて下さい。〈300文字以内〉

「リスクを負う立場」
私はそれまでチームでは調整役となる事が多かったものの、ミスを恐れるあまり、リスクを負う立場に立っていなかった。そこでゼミの討論会でその短所の克服を試みた。討論会では教授作成の問題に2カ月間で立論を作り、討論会本番では立論を発表後、班の代表者が一人で他の班員70名と質疑応答を行う。準備段階では班員 10 名全員から意見をもらえるよう尽力した。自由闊達に意見を言える場を作り、些細な意見にも耳を傾けた。本番の質疑応答では持てる実力を出し切った。結果は 8 チーム中 2 位。1位にはなれなかったが、自己の短所を克服すべく最後までやり抜き、班員と2カ月かけて納得のいくものを作り上げたため、達成感を感じた。

なぜそのタイミングで短所を克服しようと思ったのだろう。

貴重な経験をしている。さらに文章を洗練させるには、主観的に書かれている箇所（例えば、「本番の質疑応答では持てる実力を出し切った」など）を削り、
・本番はどれくらいの緊張感があるものなのか
・班員や教授からの評価はどうなのか
といった客観性のある表現も入れるといい。

5. あなたが三菱商事で挑戦したいこと、実現したい夢について教えて下さい。
その際、特に興味のある分野や事業があれば、具体的に触れていただいても構いません。
〈250文字以内〉

私は海外でプロジェクトマネージメントを行いたい。理由は２点ある。
まず幼少期から外国人に囲まれながら仕事をする父の姿を見ており、私も父のように働きたいと考えたからである。また、ゼミやアルバイト先で調整役となる事が多くその役割が得意と感じている。貴社で実現したいと考えたのは、貴社が諸事光明という企業理念の下、ビジネスを行っているからだ。私自身スポーツをする際、勝敗と同程度フェアプレーを重視してきており、ビジネスを通じてもフェアな姿勢を維持したいと考えている。

なぜそう思うのか、自分の軸を書くとなおよい。

「自分が経験したいこと」ではなく、「社会に与えたい影響」を書こう。海外とは、特にどのエリアだろうか。プロジェクトの中でも、どのようなものに興味があるのか、具体性がほしい。面接で語れるようにしておくこと。

【総評】
「コミットメント力」が伝わる。テニスや討論会で「仲間のために、絶対にミスが許されない」環境の中で努力をし、結果を出している。まさに商社パーソンとして社会に出た後に求められる能力だ。個人で努力できることは伝わったので、「チームで力を合わせた」エピソードが入ると、全体のバランスがもっとよくなる。

三井物産のエントリーシート

■過去の経験の中で、自身にとっての挑戦と結果を導くためにどのように行動をしたか、記述してください。
〈200文字以内〉

私は高校野球部２年時に腰痛とスランプという逆境に直面した。チームに貢献できない自分の存在意義を見出せず、とても苦しんだ。そこで新たな武器を身につけるべく、投手へのコンバートを決断した。部内で１番早く朝練に出ることと、昼休みの自主練習を引退まで愚直に継続し、「変化球が武器の左投手」という武器ができた。この経験から、困難を乗り越えるには小さなことを愚直に積み重ねることが不可欠であると身をもって学んだ。

成果を出すために大事なことは「日々愚直に取り組むこと」と結論づけている。仕事でも同様の姿勢で成果を出す人だと採用担当者はイメージするはずだ。

■与えられたことではなく、自らの思いで何かをなしえた経験をひとつ、具体的に記述してください。
〈200文字以内〉

一から何かを作り上げられる人間になりたい、さらに多くの人に日本を知ってもらいたいという思いから、海外の人と協働し、映画祭を作り上げた。香港出身の上司とはサイクリングの旅で信頼関係を築いたことが、WEB集客案の実行につながった。さらに映画の上映権の許諾を得るため、映画の製作者たちと膝を突き合わせて粘り強く話し合った。結果、２日間で30を超える短編映画を上映し、目標集客数を達成できた。

関係者と徹底的に向き合う姿勢がうかがえ、好感が持てる。商社で働く上で大事な素養を持つ人物であることが、文面から伝わってくる。

■他人の意見と相違があった際、どのように解決したか。過去の経験談を記述してください。
〈200文字以内〉

ゼミの論文制作活動で実証分析を行う際に、共に班を引っ張っていたメンバーと意見が分かれた。文献やネットからでは情報が一面的であったため、有識者の意見を得て、多角的に分析する必要性を感じた。そこで上場企業の取締役に連絡を取り、論文をプレゼンした。そのときの助言をもとに構成を練り直すことで問題点が解消され、ゼミ内４班で最高評価を得た。この経験から、自ら足を動かして得られる生の情報の大切さを学んだ。

課題解決のプロセスから、２つの力を感じる。成果を出すための行動力とコミットメント力だ。

■所属組織の活動や、世の中に対しあなたが過去に感じた「問題意識」と、それに対してあなたがとった行動および結果を記述してください。
〈200文字以内〉

部員100名の高校野球部で、「日本一良いチームになる」という目標が浸透していなかった。下級生の頃に感じた問題意識から、野球日誌の交換を他学年間で行うことを提案した。初めは上級生からの反応は芳しくなかったが、自ポジション内での交換から始め、徐々に賛同者を増やしていった。結果としてチームは東東京大会ベスト8進出であったが、小さなムーブメントは大きな伝統にもなりうるということを学んだ。

！ 自分のアイデアをチームに浸透させるためには苦労が伴う。一気に組織を変えることは難しいため、地道に仲間を増やしていくという手段を取った。現実的な選択であり、部活以外にも汎用性のあるやり方だ。

■当社への志望理由を端的に記述してください。
〈150文字以内〉

私はゼミ活動で抱いた問題意識と海外インターンシップでの経験から、日本企業の競争力向上に貢献したいと思い、総合商社を志望している。中でも、部門を超えた異動制度に魅力を感じ、貴社を志望している。さまざまなビジネスに関わることができる点が、私のチャレンジ精神旺盛な性格とマッチしていると考える。

■最も印象に残る当社社員を教えてください。

【氏名】○○○○さん

■上記設問で、その社員を選んだ理由を教えてください。
〈50文字以内〉

資源ビジネスを語る言葉の端々から、論理性と情熱と意志を持ち合わせていると感じ、魅力を感じたから。

【総評】 既存の組織が抱える課題を見つけ、解決していくことは、商社で求められる力だ。主体性を持って周囲をまとめあげていく様子は、今後の活躍のイメージを持たせてくれる。

伊藤忠商事の
エントリーシート

1. あなたの強みは何ですか。〈20文字以下〉

ハーフから形成された協調性ある負けず嫌い

2. あなたの弱みは何ですか。〈20文字以下〉

他人を尊重するあまり、時々八方美人になる

3. 伊藤忠商事を志望する理由を教えてください。〈50文字以下〉

立場の異なる人々と共に社会の仕組みを創造し、貴社の少数精鋭という環境の中で人間として成長したいから

4. あなたの信念を教えてください。〈30文字以下〉

現地に自ら足を運び、現実を自分の目で見て物事を判断すること

5. やりがいを感じるときはどのようなときですか。〈30文字以下〉

仲間全員で困難に直面しながら再び立ち上がり、結果を出したとき

6. 困難に直面したとき、どのように克服しますか。〈30文字以下〉

課題を洗い出し、個々の解決策を積み重ね、目標への道筋を作る

7. ストレスを感じるときはどのように対処しますか。〈30文字以下〉

第三者に思いを打ち明け、意見を聞き、ストレスの捉え方を探る

8. ストレスを感じるのはどのようなときですか。〈30文字以下〉

先入観だけで人や物事を判断し、否定しかしない人と接するとき

9. チームで成果を出すために、どのようにチームに関わりますか。〈30文字以下〉

仲間と同じ目線で働きかけ、自らの行動している姿を見せる

10. 意思決定を行う際に、気をつけていることは何ですか。〈30文字以下〉

仲間の意見や想いをよく聞き、全員が納得のいく解を見つける

11. 今までの人生で感じた最大の「葛藤」は何ですか。〈30文字以下〉

ハーフとして日中双方の人に差別を受け、自らの出自に悩んだこと

12. 将来果たしたい「使命」は何ですか。〈30文字以下〉

自らの生きた証を残し、日本だけでなく世界に貢献するという使命

［総評］

全体を通して、仲間意識やチームで物事を成し遂げる「人間関係力」が備わっていることと、力強さを感じる。面接ではそれぞれの質問に対して、深く掘り下げられる可能性がある。一貫性を意識しながら、面接でより深い話ができるよう準備が必要。

丸紅の
エントリーシート

1. あなたの長所を教えて下さい。〈50文字以内〉

世代・国籍・文化が異なる人々と信頼関係を構築し、論理と情熱を用いて、共に物事を成し遂げる力

2. これまでの学生生活の中で、最も熱心に取り組んだ学業について
(研究室、ゼミ、資格勉強、留学など学業に関係するものであれば可)

問1：どのような内容だったのか、簡潔にお答え下さい。〈50文字以内〉

太陽電池研究に携わり、外国人の研究者と協力して、研究中止の危機を乗り越え、卒業論文を書き上げた

問2：その中でのご自身の取り組みを具体的にお答え下さい。〈200文字以内〉

イタリア、中国、ベトナム人の研究者と共同研究を行ったが、装置の故障によって研究が中止になりかけてしまった。共同研究者は修理に消極的だった。しかし、私は研究失敗の可能性もあったが、研究継続を決意した。そこで、研究者と本研究の有意性について議論し、協力を仰いだ。地道に修理を行う姿勢を見て、共同研究者から、徐々に助けてもらえるようになった。最終的に、研究を成功させ、本研究成果は国際会議で発表された。

多国籍の仲間と研究を行ったことが、さりげなくアピールできている。多様性の中でチームプレーをした経験は、グローバル企業では評価される。

3. 課外活動についてについて

問1：学生時代に最も力を入れて取り組んだ課外活動を簡潔にお答え下さい。
〈50文字以内〉

ガーナでNGOと協力し、現地の国民的食品であるSHITOというソースの販売事業を立ち上げた

**問2：上記の活動の中で、学んだことは何ですか。
具体的な取り組み内容・エピソードを交えてお答え下さい。〈200文字以内〉**

製造から販売を一貫して行うことで、市場価格より3割安く提供できることから商機が見込めると考え、荒地の開拓から事業を始めた。当初は理解を示す現地人は少なかった。そこで教会の集会に参加し、信頼関係構築に努めた。教会は現地人以外からは敬遠される場であったが、必ず参加した。また、金銭トラブルの際には、現地人と徹底的に対話することで、解決策を考えた。結果、900万円の利益が見込める事業にすることができた。

ゼロから事業を生み出そうとする積極性を感じる。
商社パーソンとして求められる資質だ。

**4. あなたが仕事を通して成し遂げたい目標は何ですか。
今までの経験やご自身の考えをふまえて、そのように考える理由と併せて教えて下さい。〈300文字以内〉**

途上国での生活を通じて、社会インフラが未発達であることを肌で感じてきた。また、2050年には途上国の人口が78億人に達するという予測からも、今後社会インフラに大きな需要・開発の余地があると思う。これまでの研究やガーナでの経験で培ってきた、「価値観の異なる人々と、信頼関係を構築し、共にやり抜く力」、「複雑な課題に対して、一つ一つ原因を考え、解決する力」で、途上国でのインフラ構築に挑戦したいと考えている。また、途上国の人々が可能性を活かしきれていない現状に不公平さを感じてきた。そこで、現地に豊かさを供給することで、彼らが何かに「挑戦できる環境」を整備し、人類の地球規模の成長に貢献したいと考える。

! 「やりたいこと（志望動機）」だけでなく、「できること（強み）」も書かれている点がよい。

［総評］ **「創造力」が伝わる。ガーナの経験から彼が事業を生み出す資質を持っているのが伝わる。志望業界の業務に近い経験は評価が高い。採用担当者は活躍のイメージを持ちやすくなる。**

住友商事の
エントリーシート

■大学での成績

1. 専門科目	優 46 単位	良 16 単位	可 8 単位
2. 語学科目	優 4 単位	良 6 単位	可 2 単位
3. 教養科目	優 29 単位	良 34 単位	可 8 単位

このように大学の成績をリアルに書かせる会社は少なくない。それだけ大学の勉強も大切なのだ。ある採用担当者はこう言う。「大学の勉強と会社の仕事はそっくり。やりたいことだけでなく、やらなければならないことをちゃんとできるかをチェックしたい」と。もし大学の成績が悪ければ、別の勉強ネタでフォローできるようにしておくこと。

■あなたの魅力を住友商事に売り込んでください。〈200字〉

①『チームに有益なものを提案し、実行できる』
ベンチャー企業でのインターン、後輩に生きた電話営業マニュアルを作成、サークルでは就活決起集会を企画するなど、チームにとって有益なものを自ら作り出してきた。
②『結果を追い求める粘り強さ』
アルバイトで電話での新規顧客開拓に 1 年間携わり、結果を求め、何度断られても諦めない粘り強さを磨いてきた。またこの経験から、「相手の小さな変化を見逃さない」ことがチャンスを生むことを学んだ。

どんな結果を出したのか？　このように書くなら、それなりの結果であってほしい。

■あなたがこれまでの人生において大切にしてきた「軸」は何ですか？ それを表すエピソードを一つ教えてください。

【軸】周りの人の可能性を広げ、夢の実現への次の一歩を提供すること
【エピソード】大学にて『●●●●●』というサークルに所属し、サークルに加入している小学生に、月2回、旅行やキャンプ等のイベントを提供している。多種多様な経験をさせること、日常生活では交流のない人（他学年の小学生、大学生）と接する機会を提供することで、将来の夢や進路選択につながるきっかけを作りたいという思いでサークル活動に臨んでいる。

? 単刀直入に「企業選びの軸」を聞いてきている。社会に与えたい影響（Giving）を答えよう。やはり、その人の根底にある価値観を企業は知りたがっているのだ。

【総評】
あなたの魅力①②で「コミットメントカ」を伝えている。
限られたスペースで具体的に「行動した事実」を記入できている。
また「軸」の質問の答えから、多様な人々を巻き込みながら新しいものを生み出すことへの強い関心が伝わってくるため、商社パーソンとしての資質を感じる。

メガバンク

ESの内容はオーソドックス。大手3グループのうち、なぜその銀行なのかを繰り返し聞かれる。カルチャーとフィットしているか、人柄を見るためのリクルーター面談が複数回あるところも。入行後は課題へのアプローチが適切かが重要視されるので、リクルーター面談などでは課題を提示され、取り組み方を見られることも。東南アジアなど、海外比率を高めようとしているので、会社の方針をよく調べておくのも重要だ。TOEIC® の点数も重視される傾向にある。

メガバンク

「その銀行でなければならない理由」が強く求められている

個人や法人の**課題を抽出し、金融サービスを通して解決策を提案する**のが業務の中心。営業志望なら、後述の経験があるか我究しよう。近年、東南アジアなど海外比率を上げる傾向にあるので会社の経営方針などは要確認。TOEIC®の点数も重視されている。ESの質問はオーソドックスだ。

・コミットメント力

営業に配属される人が圧倒的に多い。与えられた目標に対して執着し、どれだけ責任感を持って達成できるか、結果に執着できるかを見られている。

・人間関係力

「信頼」が何よりも大切な業界だ。好き嫌いなく、誰とでも人間関係を構築できるか。誠実で真面目か。社内外の人と力を合わせる力があるか。こうした能力を見られている。

・課題解決力

法人や個人のお客様からのヒアリングから課題を発見し、解決できるか。学生時代の経験を通して、こうした能力があるかどうかを確認される。

評価される志望動機作成に向けて、明確にすべきこと

メガバンクを志望する学生が一番悩むのが、志望動機の作成だ。同業他社と事業内容がとても似ているので、**「その銀行でなくてはならない理由」についてしっかりと企業研究しよう**。社会人訪問、セミナーへの積極的な参加（複数回）、公開されている各種データをもとに、自分に一番合う企業とその理由を明確にし、志望動機を作成しよう。

次に挙げる項目について、自分なりの答えを持った状態で志望動機を書こう。

□なぜ有形の商材を持たない、銀行を志望するのか
□志望する銀行と競合他行の違いは何か
□社会人訪問はどれほどしたか、銀行ごとに社員（行員）の雰囲気はどう違うか
□セミナーには参加したか、どんな感想を持ったか。他行との違いは何か
□支店訪問をして気づいたことは何か、良い点と改善点は何か
□銀行業務に関する専門用語を、理解しているか

三菱UFJ銀行（総合職 オープン）の
エントリーシート

学生時代に力を入れて取り組んだ内容を、20字以内で記載してください。

出版社の長期インターンシップでのSNS運用

上記の内容について、行動の事実を具体的に、詳しく400字以内で記載してください。（あなたが、いつ、どこで、何を、どうしたのか。その結果、何が変わったのか等）

出版社の長期インターンシップで、リーダーとしてウェブメディアのインスタグラムを運用した。インスタグラムの運用はインターン生７人で行っており、当時の課題はフォロワーの増加率が低いことだった。原因分析を行ったところ、メンバー同士の連携が取れておらず、投稿の統一感がないことだった。そこで、チームワークを高めることで、投稿のクオリティ向上に繋げようと考え、自らリーダーに立候補し、施策立案を行った。まず、業務連絡や意見交換を行うために、定期的な話し合いと業務効率化ツールを導入した。さらに、上記を継続するために、モチベーションの向上が必要であると考え、アナリティクスを可視化した成果レポートを自作した。その結果、チームワーク向上と統一感のある投稿に繋がり、フォロワーの増加率が２倍になった。この経験から、主体的に働きかけることの重要性、個人ではなくチームで成果を挙げることの可能性の大きさを学んだ。

?

ES全体の論旨に合っていない。「何を、誰に、どう伝えるのか、それはなぜか？」を意識しながら書き、必要な情報を言葉にしよう。

自ら課題を発見し、改善策を講じようとする姿勢は評価できる。組織の中で課題を解決するには、意思決定と行動の早さは非常に重要だ。

当社を志望した理由を、200字以内で記載してください。

理由は、２つある。１つ目は、上記のインターンシップ経験などの学生時代の経験から、自身のやりがいの共通点が「他者のポテンシャルを最大限に活かす」ことであると考えるからだ。２つ目は、ボランティア経験から、日本の経済格差の解消に貢献したいと考えており、そのためには地方の中小企業を含めた、日本の企業のバックアップをしたいと考えるからだ。上記の２点を踏まえ、日本の経済を支える貴行のバンカーになりたい。

!

実体験に基づき、ミクロとマクロな視点で志望動機を語れていてよい。文字数が限られているので、重要なことに絞って書く。ESを提出するタイミングで、面接で話す内容まで準備しておきたい。

【総評】

「ESの設問や文字数は少ないほうが簡単だ」と思ってしまうかもしれないが、それは大きな間違いである。
文字数が少ない場合、「なぜその文章になっていて、具体的に何を伝えたいのか」をより明確に言語化しておかないと、書類選考後の面接を通過できず内定できない。ゆえに我究を通じて、「なぜ？」「本当に？」「具体的には？」という問いを繰り返してほしい。
このESでは、「日本企業のバックアップ」や「日本の経済を支える」の具体的な内容と、それをしたい理由を語れる状態にしておきたい。

三井住友銀行（総合職 リテールコース）のエントリーシート

趣味・特技〈50文字程度〉

趣味は小説を読むことだ。新しい価値観に触れられる点と一瞬で非現実の世界に入り込める点に惹かれる。

アルバイト経験〈6ヵ月以上、 50文字程度〉
（内容、アルバイト内での役割等をお答えください）

飲食店のアルバイトで、接客及び新人教育を担当した。また、個別指導塾の講師として中高生を指導した。

学生時代に力をいれたこと〈3つ、それぞれ100文字以内〉

飲食店のアルバイトで、売上を上げるための施策を提案した。お客様目線で考えることと店舗の強みを活かすことを意識した。責任感を持って真摯に業務に向き合うことで、社員の方々の理解を獲得することが出来た。
M&A のニュースを理解したいという想いから、ゼミで M&A に関する法律実務を専攻した。M&A に関する架空事例の契約書作成を一から行う過程で、学習により、世の中の事象の解像度が高くなる感覚を実感した。
所属するバレーボールサークルで、新入生勧誘活動に注力した。SNS の活用と活動負担の軽減という２つの課題を解消すべく、率先して調整役に回った。その結果、人の意見及びその背景を考慮する姿勢が身に付いた。

！ 3つのエピソードのバランスがよい。アルバイトについては、社員の方々の理解よりも、売り上げにどう貢献したのかに言及しよう。ゼミでの経験は金融業界での仕事に、サークル活動の経験は社会人に必要な姿勢につながる。短い文章では論点を明確にすることが非常に大切。「何を、誰に、どうアピールするのか、それはなぜか？」を繰り返そう。

上記の取り組みの中から1つ選択し、苦労したことや克服したこと、そこから得たものを教えてください。〈400文字以内〉

働いていた店舗では、1日の売上が前年比75%の約30万円と低調であり、社員の方々が落ち込む姿を何度か目にすることがあった。私は、普段から社員の方々に非常にお世話になっていたため、何とか力になりたかった。そこで、売上向上のため、お客様への声掛けの強化とメニュー表の改善を社員の方に提案した。前者は、許可が出たものの、お客様から良い反応が頂けない点、後者は、社員の方の理解が得られない点で、苦労した。そこで、店舗の強みであるメニューの実物を持って声掛けをする方法に切り替え、お客様の目を引いた。そして、その経験から、メニュー表改善の必要性を社員の方にプレゼンすることで、メニュー表改善の理解も得ることができた。結果として、店舗全員で声掛けを強化することにも繋がり、1日の過去最高売上である50万円を記録した。この経験から、主体的に真摯に課題に向き合うことで、他人を巻き込んだ課題解決が可能であると学んだ。

学生にはよく「なぜその結論が出たのか」を聞く。そして、それがどういうプロセスで実施されたのかを整理していく。話を構造化することが苦手な人は実践してほしい。

三井住友銀行を志望する理由についてお答えください。〈150文字以内〉

多数の業界と携わる金融業界では、自らの市場価値を高めながら、人々の想いやニーズに柔軟に対応できると考える。その中でも幅広いソリューションを提供できる銀行に魅力を感じている。特に貴行は、情報を用いた金融領域に留まらない新たなサービスを提供しており、お客様に対して最適な提案が可能であると考え、志望する。

入社後ご自身の強みを活かし、どのようなことに『挑戦』したいですか。〈200文字以内〉

人の想いを原動力に主体的に行動するという強みを活かし、人々の抱く多様な挑戦をサポートしたい。上述のアルバイトの経験のように、私は人が持つ想いやニーズを汲み取り、それを実現することにやりがいを感じる。真摯かつ誠実に顧客に向き合うことで、最高の信頼を築き、貴行の情報とファイナンスを掛け合わせて、顧客に対して時代を先取りした幅広いソリューションを提案することで、多様な挑戦をサポートしたいと考えている。

！ 文字数が少ない志望理由に比べ、こちらは強み、やりたいこと、貢献できることを書けるため差がつく。アルバイトの経験と紐づけながらアピールできている点がよい。面接ではより現場レベルでの仕事内容とともに語る必要がある。

［総評］
まとめ方に課題はあるが、全体を通して入社後の活躍を感じさせてくれる要素（アルバイトでのビジネス経験・ゼミでの学び・サークルでの対人関係）が多い。志望企業での具体的な業務を踏まえて、自分の「やりたいし、できる」を語れるようにしよう。

みずほ銀行（基幹職 総合 オープン）のエントリーシート

自覚している性格〈15文字以下〉

人の想いに誠実に向き合う性格

趣味・特技〈15文字以下〉

メイク研究・読書・筋トレ

就職に際し重視すること〈30文字以下〉

人の想いに向き合えること及び圧倒的な自己成長ができること

これまでにリーダーシップを発揮したエピソード〈400文字以下〉

バレーボールサークルに所属し、新入生勧誘において、前年の2倍の人数を呼びこんだことである。前年は、新入生勧誘の大半をオンラインで行ったものの、SNSを上手く使いこなせず、体験練習に来てくれた新入生は10人程と例年を下回った。そこで、私は、SNSで普段の練習や試合の動画を上げることとサークルに興味を持ってくれた人をオープンチャットに招待することを提案した。負担が増えるということで同期からの反発もあったが、事前に互いのスケジュールや得意分野を共有し、勧誘活動の負担を調整することで、団結して勧誘活動に取り組むことができた。その結果、体験練習には前年の2倍となる20人の新入生が参加してくれた。また、数少ない体験練習の場では、最初に新入生とペアを組むことで、大学生活全般の相談に乗るなど、細やかなフォローを可能にした。この経験から、自ら動き、課題に関わる多くの人々の立場を考慮することの重要性を学んだ。

！ 経験が入社後にどう役立つのかを意識して、まとめを書くとよい。
ES全体のイメージを明確にしないまま書き始めてしまうことがよくあるが、周りの学生よりも自分が一歩も二歩も前に進んでいる内容を書く意識を忘れないように。

面接に向けて、詳しく言語化しておきたい。
組織で動く際は想定以上に時間や工程が必要になる。そのときに、どう振る舞いながら物事を前に進めていくかが見られている。

【総評】

このように、志望動機の設問がないESは決して珍しくないが、志望動機を考えずに出してもよいわけではない。
就職活動をする上で絶対に忘れてはいけないのは、「企業は一緒に働きたい人を探している」ということ。一緒に働きたい人とは、活躍する素養や可能性を感じる人だ。そのため、選考段階で入社後に活躍するイメージが浮かばなければ準備不足である。内定をゴールにしてはいけない。
4問目の最後のまとめ方に改善の余地がある。特定の職種だけに絞って語ると「違う配属になったらどうするか」と問われるリスクがあるが、それ以上に現場で活躍しているイメージを与えることを大事にしたい。
そのために我究し、仕事を理解するために社会人訪問やインターンシップ、会社説明会などでリアルな情報に触れる必要がある。

金融

志望度の高さが伝わらなければ落とされる。
事務処理能力の高さが求められるので、当然誤字脱字は避けなければならない。
なぜ金融なのか、なぜ証券・保険なのか、なぜその企業なのか、なぜその職種なのかまでをていねいに掘り下げ、ロジックツリーを準備しておくべきだ。

金融

なぜその業界、企業、職種なのかを徹底的に問われる

クライアントのニーズをヒアリングし、要望に応えた提案をするのが仕事だ。なぜ金融、証券・保険なのか、さらにはなぜその職種なのかを聞かれるので自分の中で掘り下げて、明確なロジックを準備しておきたい。

・**課題解決力**

法人や個人のお客様の課題を発見し解決できるか。学生時代の経験を通して確認される。

・**自己変革力**

証券は個人で動く職種もある。その場合、メンタル力も必須で、挫折や失敗、弱点と向き合い乗り越えた経験を1つは聞きたい。

・**事務処理能力**

基本中の基本だが、事務処理能力がない人には務まらない。ESの誤字脱字はもってのほか。

商社
メガバンク
金融
外資系金融
コンサル
デベロッパー
GAFAM・他
IT
通信
広告・マスコミ
BtoBメーカー
BtoCメーカー
運輸・インフラ
人材

評価される志望動機作成に向けて、明確にすべきこと

金融のプロフェッショナルとして業務に従事することが期待されている。選考段階でも、業界を取り巻く環境や、具体的な業務内容をどれだけ理解しているかを確認するような質問が多い。業界の動向や、各社の戦略、求められる能力はしっかりと把握しておくこと。

次に挙げる項目について、自分なりの答えを持った状態で志望動機を書こう。

- **□業界が抱えている課題は何か**
- **□競合他社との違いはなにか**
- **□その中で、志望企業はどのような戦略をとっているか／とるべきか**
- **□なぜその職種を志望するのか**
- **□自分はその職種で、どのように貢献できると思っているのか**
- **□業界に関する専門用語は完璧に説明できるか**

三菱UFJ信託銀行のエントリーシート

■自覚している長所を一言で表現して下さい〈20字〉

「人に全力で尽くすことができる」ところ

■自覚している短所を一言で表現してください〈20字〉

「人に尽くした分、見返りを求めてしまう」ところ

長所と短所を関連づけているところがよい。それらは表裏一体である。

■上記「長所」と「短所」それぞれ自覚する理由を客観的な行動事実に基づいて説明して下さい〈200字〉

長所である人に尽くすことができる点は、高校野球部時代にレギュラー落ちした後、学生コーチになった経験から言える。自分がレギュラーとして試合に出て活躍することだけでなく、学生コーチという縁の下の支えとしてチームに貢献することの大切さや、やりがいを学んだ。
また短所である見返りを求めてしまう点は、レギュラーメンバーに力を注いだ分、結果を求めすぎてしまい、それがプレッシャーになってしまっていたことから言える。

For the team の精神を養ってきたのが分かる。レギュラーでなくとも、目標は一緒。挫折を経験したからこそ、この長所に磨きがかかったのだろう。

? この短所を「どう克服しようとしているのか」も併せて書いておきたいところだ。

■これまであなたが、最も力を入れて取り組んできたことを簡潔に記入して下さい〈50字〉

甲子園という目標を掲げ、縁の下の力持ちとしてチームに貢献したこと

本来、大学時代に経験してきたことを書くべきだ。しかし、彼の場合何度も面談で話し合ったが、本当に自信を持って書けるのはこのエピソードだった。面接で「なぜ大学生活ではなくこのエピソードを書いたのか」をしっかり伝えられるようにしておこう。

■上記の質問に関して、苦労した点と、どのようにそれを乗り越えたか、また創意工夫した点を記入して下さい〈500字〉

私は12年間野球部に所属していた。レギュラーだった私だが、高校3年最後の夏、ベンチ入りできなかった。再度レギュラーを目指し、人一倍練習したが結果を残せなかった。途方に暮れた時期もあったが、これまで私を支えてくれた仲間やチームに恩返しがしたいという思いから学生コーチになった。学生コーチでは私自身、守備が得意だったため、レギュラーの守備練習を担当した。エラー率30%がチームの勝利を遠ざけていた。そこで私は全体練習終了後、メンバー外の2・3年生を集め、メンバーに対して自主的に守備練習の手伝いをすることにした。いつも2年生が行う雑用などを率先して3年生が行うことで、自主練習に早く取り組める環境を作った。練習以外の場面でチームが一丸となり、さらにチームワークが高まった。そして毎日1時間の守備練習を6カ月続けたことでチームのエラー率は30%から5%になり失点率も減少し、チームの勝利につながった。野球生活で学んだ、「自分のためだけに頑張るのではなく、誰かのために頑張ることの大切さ」は、今現在取り組んでいるボランティアでも強く実感している。この思いを大切にし、仕事に取り組んでいきたいと思っている。

課題を数値化しているため、分かりやすい。

！ 彼の売りが、常にESの中で一貫している。

同じく数値化。そして継続して打ち込んでいる印象を与えられているのがGOOD。

！ 仕事への取り組み姿勢につなげて文章を結ぶ構成も素晴らしい。

「今現在も」打ち込んでいるものがあると、さりげないアピールになる。

■就職活動においてもっとも印象に残った当社の広報物を選んで下さい

トラストバンカーショートストーリー

■その理由〈100字〉

「お客様の色々な歴史が資産には残っている」という言葉が心に残る。仕事としてお客様を相手にするだけでなく、本当に相手のことを思っていると感じることができた。「人に尽くす」やりがいがここにはあると感じた。

自分の売りである「人に尽くす」ということと関連づけられている。

■就職活動で最も印象に残ったセミナーは

社員懇談会

■その理由〈100字〉

リテール部門の方に、仕事をする上で一番大切にすることは何ですかと伺った時「お客様のことを第一に考える」とおっしゃっていた。目の前のお客様に全力を尽くして満足してもらうという姿勢が魅力的だった。

❗ 軸との一貫性が見られとてもいい。

■あなたが就職する企業を選ぶ際に大切に考えている譲れないことと、当社で実現したい働き方を記入してください〈400字〉

【目の前の人に尽くせる環境があり、そして自分の成長がその人の役に立つ】
これを企業選びの際に大切にしている。これまでの野球やボランティアの経験を通じて、自分のためだけでなく、誰か目の前の人のために一生懸命になる大切さを学んだ。そして目の前の人に自分が尽くすことで、その人のみならずその周囲の人の幸せを生みだせることを実感した。
貴行では営業をしたいと思っている。また営業の中でも私はリテール部門を志望する。リテール部門ではお客様と近い距離でお話をすることで、お客様の悩みを解決していきたい。
そして目の前にいるお客様に対して、全力を尽くし、そしてその先にいる家族の幸せを追求したい。多くの金融商品を扱う信託というフィールドで、日々勉強していき、その知識を生かしてお客様の期待に答えたい。そしてお客様に「あなたに担当してもらってよかった」と言われるビジネスパーソンになれるよう努力したい。

「やりたいことをどの部門で実現したいか」という具体的なイメージを持っていることを伝えられている。

【総評】
「課題解決力」が伝わる。組織のために必要なことを徹底できている。上級生が雑用をするなど運動部の中でそれを実行するには相当な葛藤があったことだろう。この経験を通じて、チームも個人も大きく成長できたのが伝わってくる。真摯な性格は、信託の営業で必ず活きてくるだろう。また、彼は、ESのすべての質問に対して、「目の前の人に尽くす」というコア（大切な価値観）を意識して書いている。ぜひ参考にしてほしい。

野村證券（総合）のエントリーシート

野村證券への志望動機を記入して下さい。〈300字〉

私は、①お客様と人間関係を育み、成長の感動を共有したい②圧倒的な成果を残し、社会に貢献し続けたいという２つの軸から証券業界を志望し、中でも顧客第一の精神を有しながら業界を牽引し続けているという点で貴社を志望します。これまでの経験から「人とのつながりを大切にしたい」、「周りからすごいと思われたい」という２つの価値観があります。そこで、私は人間関係を深め続けることが特に重要視され、かつ高度な顧客対応力が要求される証券業界に興味を持ちました。中でも、貴社の顧客を第一に考えお客様の夢・ゴールの達成に向けた課題解決に注力し、業界を先導し続けている点に魅了されたため志望します。

この２つの価値観の具体的な内容と、どういう経験から形成されたのかを聞いてみたい。

！

仕事で想定される困難に言及し、なお挑戦したいという姿勢を示していていい。

最近、周りの人から受けた評価とその理由を教えて下さい。〈400字〉

私は友人から『人を引っ張る力がある』という評価を受けました。私は高校時代からリーダーを務めることが多く、バドミントン部の部長として100人近くを、体育祭の団長として200人以上をまとめ、「チームで目標を達成する」ことに楽しさを感じてきました。そのため、私が積極的に周囲の人々に働きかける様子を見た人から「人を引っ張る力」があると言われるのだと思います。大学生活ではこの力を２つの場面で発揮しました。１つ目が電話営業のインターンシップです。チームに対して自身の統計から得たスクリプトの提案や積極的な声掛けを行い、事業部の１カ月の目標数値である500件の契約に貢献しました。２つ目は学部の新入生歓迎会です。コロナ禍で中止になった歓迎会の代替として学部生20人以上に協力を呼びかけ、１年生に対して100人規模のオンラインイベントを開催しました。

【総評】

周りからの「人を引っ張る力がある」という評価は、多くの事実から比較的納得できる。ただ、志望動機との関連性を考えると、違う切り口も考えられる。
例えば、高度な顧客対応力が求められることを理解しているのであれば、自分が持ち合わせている「引っ張る力」の中にあるであろう、人心掌握力や洞察力、先回り力など、より仕事現場で活かせる適切な能力をアピールすることもできたはずだ。

日本生命保険の
エントリーシート

■学生時代に自分自身が最も力を入れて取り組んだことについて簡潔に入力下さい。〈50文字以内〉

体育会陸上部にある短距離ブロックの責任者として、15人の選手を指導して自己記録を更新させたこと。

■学生時代に最も力を入れて取り組んだことについて具体的に自身の行動を交え記入下さい。
※改行しないで下さい〈500文字以内〉

体育会陸上部の短距離ブロック責任者として、15人の選手を指導して自己記録を更新させた事だ。大学3年の5月、陸上部にとって2連覇を賭けた試合があった。しかし、主力を怪我で欠き、自分の力だけではどうにもならずに敗れた。この時「チーム全員の能力を向上させないと常勝チームにならない」と痛感して、自分だけでなく、実績のない選手の力を引き出す事に意識するようになった。私が所属する体育会陸上部は、大学陸上界の中で唯一、専属コーチがいない。そのため練習メニューは、全て個人の裁量に任せられていた。しかし、目的を考えずに練習する選手が多かったため、大学3年の9月に私が短距離ブロックの責任者に就任後は、目的を明確にするために定例ミーティングを月に一度設け、「自分の課題を改善するために、どのような練習が必要か」を徹底的に話し合った。当初、「自分の課題がわかりません」と答える部員が多く、議論は前に進まなかった。そこで、ミーティングに参加している全員で、その選手の課題点を指摘するようにした。すると様々な意見が出て、改善すべき課題が明確になった。こうした取り組みを続けた結果、18人中15人が自己記録を更新した。

失敗経験を受け入れ、自分を変えようとする姿勢がとてもいい。失敗したときに「どのように乗り越えたか」はすべての選考でチェックされる。環境や周囲のせいにしない人物を企業は求めている。

？ 最後の設問の回答にある「結果に執着する」という強みを意識したまとめがあると、より説得力が上がる。

■自分の能力を活かして、特に取り組みたい分野・仕事について、簡潔に入力下さい。
※改行しないで下さい〈50文字以内〉

リーテイル・ネットワーク部門、ホールセール部門に挑戦したい。

■自分の能力を活かして、特に取り組みたい分野・仕事について、具体的に入力下さい。
※改行しないで下さい〈300文字以内〉

「多くの個人・組織を支えたい」
体育会陸上部の短距離ブロックの責任者として、多くの選手と、ミーティングなどを通じて、結果を残す方法を日々話し合ってきた。そんな彼らが自己記録を大きく更新して、チームが結果を出したとき、大きな達成感を得ることができた。貴社に入社してからもリーテイル・ネットワーク部門で、営業職員の力を引き出して、その活動をサポートして、お客様である個人・組織を全力で支えていきたいと考えている。この部門で経験を積んだ後は、ホールセール部門に移り、業界を問わず多くの企業を支えていきたい。体育会での経験を活かして、お客様である個人・組織を支えたいと考えて、両部門の仕事に取り組みたい。

経験を踏まえ「自分がこれまで最も達成感を得られたこと」を、仕事につなげて考えられている。

■上記設問の中で伝えきれなかったことで、あなたが日本生命にアピールしておきたいことを入力下さい。※改行しないで下さい〈300文字以内〉

「結果に執着する」これが私の強みだ。この強みを発揮し、体育会陸上部の活動において3年連続全国大会に出場した。私は高校時から始めた陸上競技で全国高校総体入賞を果たし、より高みを目指して大学でも陸上部に入部した。しかし、1年目は補欠にすら入れなかった。2年目、先輩から技術的な課題を指摘されて、その点を練習で改善し、自己ベストを更新した。この時、ただ体を酷使するだけでなく、「課題を明確にして練習に取り組むこと」で結果が出ると痛感した。以来、約40冊の専門雑誌や動画サイトを1日2時間以上視聴して、結果を出す選手と私の違いを徹底的に分析し、自ら課題を明確にした。その点を練習で改善して、上記の結果を残した。

！ 強みが具体例とともに書かれており、入社後の活躍が期待できる。

【総評】

「コミットメント力」がある。結果が出ないときも、あらゆる手を尽くす人物像が伝わってくる。年単位で継続し、努力した姿が「40冊」「1日2時間以上」からも伝わってくる。また、「チームワーク力」もある。個人競技だと見なされがちな陸上部で、見事にチームワークで逆境を乗り越えている。責任者になった直後の混乱がしっかり伝えられているので、18人中15人が自己記録を更新したことの大きさが伝わってくる。

第一生命のエントリーシート

■学内外にかかわらず、あなたが学生時代（中学・高校も含む）に最も力を入れたこと、自信をもって語ることができる経験について具体的に教えて下さい〈300字以内〉

「全員で勝ち取った100バンドの頂点」

・自分達が作る音楽で人を感動させたいという思いから、友人5人とバンドを結成。
・結成約一年は活動停滞。原因は、美大や音大に所属する個の強いメンバー間の意見衝突が、感情の衝突に変化したこと。メンバーが何も言わずに練習に来ないこともしばしばあった。
・そこで私は、個との対話による意見の集約、微調整、全体での共有を心がけた。勿論その際に自分の意見を押し殺すのではなく、積極的に提案することも心がけた。
・活動の集大成として、昨年秋に行われた約100バンドが集い、セミプロのバンドも参加する六大学音楽フェスという大会で、審査員と観客の最多得票を獲得し、最優秀賞を受賞した。（299字）

このように設問に沿った見出しを一言でつけると良い。

なぜバンドを結成したのか、その原点となる動機を明記できている。

「プロ志向のバンドも参加する」とさりげなくレベルの高さも印象づけしている。その中で結果を出しているのはなかなかだ。

■生命保険業界を取り巻く環境は大きく変化しています。生命保険業界、および第一生命で働きたいと考える理由を教えて下さい。〈300字以内〉

「生命保険業界で働きたい理由」
生命保険業は人々の一生における喜びだけでなく、悲しみの局面に際しても責任をもち人々を支えている点。また、保有資産が豊富で業務分野が広範なため、様々な大規模な業務を経験することができ、金融のプロを目指すことが出来る点。

「第一生命で働きたい理由」
ベトナムに現地法人を作った例など、貴社は同業他社と比較して、開拓意欲が強い会社であると考え、成長に対する姿勢を感じた。また、株式会社化したことで、情報公開責任が課されると同時に、利益を貪欲に追求しなければならない環境になったと認識している。このような環境が整う貴社で自分もストイックに目の前の業務をこなしていきたいと考えた。

業界研究ができている。またビジョンを明確にしているところが良い。

単なる事例の説明だけでなく、考察の上で見解を述べているところが良い。

■第一生命でどんな仕事をしてみたいですか？　自由に書いて下さい。自身の夢やキャリアビジョンを織り交ぜていただいても結構です。〈300字以内〉

ホールセール分野。中でも、団体保険や企業年金の営業に携わりたい。私は、豊富な課外活動経験から、所属コミュニティ外の人間と触れ合う機会が多く、その中で多様な価値観を吸収しまとめ、全体を前に進めるという強みを養った。法人業務は個人の力だけでは遂行できず、チームで協力し合い力を出さなければならない。このような業務において、私は自分の強みを発揮できると考えた。
また、今後グローバル化が進み、多くの企業が世界に出ざるを得ない状況がくると想定すると、そこで働く社員の将来に対する不確実性は更に高まる。そのような状況において、保険と言う手段で、働く社員達が安心して業務に取り組むことができる環境を整備したい。

！ 自分の「売り」と、「志望業務に求められること」を密接に関連づけられている。

今後の社会がどう変化していくのかについての意見も踏まえて、やりたいことを書いている。近年こういった設問が増えている。企業の5年後、10年後の姿をイメージできているとアピール度の高い文章が書ける。

［総評］「人間関係力」が伝わる。「美大や音大に所属する個の強いメンバー」という記述から、多様な価値観をまとめあげる力が読み取れる。「問題」「自分が工夫したこと」「結果」が箇条書きでまとめられているので、全体像がつかみやすい。業界や仕事への理解が深く、志望度の高さを感じられる。

東京海上日動の
エントリーシート

大学時代に力を入れて取り組んだことを3つ挙げてください。

1つ目は、競技チアリーディングチームで大会主将を務め、"入賞"を果たすために、受身姿勢で活動するメンバーの意識・行動を変えたことである。
2つ目は、上記経験より、団体において1人1人が当事者意識を持つために、運営サポート班を設立したことである。
3つ目は、カフェでのアルバイトにおいて、目の前のお客様が求めていること以上の提案・接客をしてきたことである。

> ! すべての項目から物事に対して能動的に、目的意識をもって行動する可能性を感じられる。

設問でお選びいただきました取り組みに関して、活動期間、役割、人数等具体的なイメージができるように内容を教えてください。

私が学生時代に力を入れたことは、大学で所属する競技チアリーディングチームで、大会キャプテンという立場で、入賞というチーム目標を果たすために、受身姿勢で活動するメンバーの意識・行動を変えた経験である。私のチーム(20人規模)は新入生が多く"大会に受身姿勢で取り組むメンバーが多い"という課題があった。この原因は、私たちの団体において"主将が仕切り・他のメンバーは従う" という関係が暗黙の了解であることではないかと考えた。しかし、この関係が続くと、全員で1つの大会目標に向かって練習できないと思った。そこで、【全員が当事者意識を持って活動すること】が必要だと考え、メンバー1人1人の各々の強みを踏まえた役職制度を導入した。例えば、表情が優れているメンバーは"表情部長"という役職で、メンバーの表情管理をする。これにより、1人1人が当事者意識を持って活動し、全員で入賞に向けて練習する環境に変えられた。最終的に入賞を果たすことができた。

> 文章だけでは理解が難しい。面接では次の文の内容とともに、どういった問題や課題があったのかを聞きたくなる。

> 結果を出すために、ほかのチームを分析したり、大会の評価基準を把握したりしたのだろうか。別の角度から自分たちを客観的に捉え、分析する取り組みの有無を聞きたい。

当事者意識とは何か、それを全員に持たせるとはどういうことか。想定通り進まなかったことに、どう向き合ったのかも気になるところだ。

【総評】

情報量は多くないが、主体性やバイタリティがあることを感じられる。面接では学生時代に力を入れた３つのエピソードを深掘りしながら、組織の中で自分の想いを形にするために何を考え、何を大切にし、どう行動する人なのかを聞かれるだろう。また、それぞれのエピソードから再現性と仕事への適性を確認される。特に、成果までのプロセスを細かく聞き、思考や行動の癖を明らかにしようとしてくるだろう。ゆえに、ESを書く段階で必ず言語化しておきたい。

三井住友海上の エントリーシート

設問1.　困難に向き合い、乗り越え、実現してきた経験を教えて下さい。〈300字以内〉

私は中学時テニスの団体戦で全国準優勝していたこともあり、大学のテニスサークルでは 1 年次からレギュラーでした。しかし 2 年次にインターハイに出場した後輩が 4 人入部したこともあり、私は補欠となってしまいました。試合に出られない日々が続き、高校からの差は埋まらないと考え始め練習すらしなくなりました。転機は偶然見たサッカー日本代表の内田選手の特集です。その中で彼は何度も「腐ったら終わり」と言っており、その言葉に私はハッとしました。心を入れ替えた私は、自分より上手な選手を練習に誘い真似するなどし、週 10 時間以上練習しました。その甲斐もありレギュラーに復帰し、大会優勝に貢献することができました。

一度諦めたところから挽回した様子が伝わってくる。負けず嫌いで仕事にも熱く取り組めるイメージだ。

設問2.　異なる価値観に影響を受けた経験を教えて下さい。〈300字以内〉

「生徒にとっての第一とは」
私は予備校で高校 3 年生の学習相談にのっています。生徒の第一志望合格を目標に、出来る事全てをしようと考えていました。そこで生徒に対し 1 週間のスケジュールを立て、業務外ではあったが 6 時間以上かけ模試や過去問の解説を作っていました。影響を受けたのは同僚のアドバイス方針を聞いた時です。彼は勉強は自分で考えてやるもので、生徒に聞かれたことには答えるがそれ以外は生徒次第という考えでアドバイスしていました。自走の必要性に同意したものの、責任感が足りないように思えました。そこで私は生徒が自身の課題と対策を考えるように面談を通じて導きつつ、これまで同様、適宜資料を配布しアドバイスしました。

周りのアドバイスをうのみにせず、活かせるところは活かしている。同僚と比べて結果は出せたのか。目標に対して結果が書かれていないのがもったいない。

設問3.　自ら学び考え、行動した経験を教えて下さい。〈300字以内〉

私は自分の考えが絶対に正しいと思い過ごしてきました。しかしゼミの討論会を通じて考えが変わりました。私の所属する民法ゼミでは 80 名のゼミ生が 8 班に分かれ、班対抗で討論会を行います。私は班の代表者を務めました。当初の話し合いでは、自分の意見に反対する人にただ反発するだけでした。しかし書記のメモを冷静に振り返った際、自分の考えの甘さを痛感し、他人の考えに耳を傾ける事の重要性に気づきました。その後は積極的に他人の考えを求めました。具体的には自由闊達に意見を言える場を作り、些細な意見にも耳を傾けました。発言に消極的な人には参考資料を配布し知識をより多くつけてもらい、例えを出す事で話を引き出しました。

意外な書き出しで、その後の展開が気になる。「絶対に」など幼さを感じさせてしまう表現は、改善の余地あり。

失敗を成長につなげている。討論会の結果はどうだったのか聞いてみたい。

設問4.　他者を巻き込み、リーダーシップを発揮した経験を教えて下さい。〈300字以内〉

「新たな仕組み作り」
私が勤める予備校のアルバイト先では、同じ曜日に7つクラスがあり、各クラス1名ずつ大学生が担当しています。曜日の合計人数は100名いますが、基本的には担当クラスの生徒に対してのみ学習相談にのるようになっています。私は生徒により良いアドバイスをしたいと考え、担当曜日で満足度調査を行いました。結果は各クラスで満足度にばらつきが大きいものでした。私はアドバイスの質をどのクラスでも維持し、かつ画一的なアドバイスにならない工夫をする必要性を感じました。そこで生徒からの相談には曜日メンバー全員で内容を共有し、話し合った上でアドバイスをする仕組みを作りました。

問題をそのままにせず解決しようとする責任感や行動力が伝わるいいエピソードだ。主体的に他者を巻き込んでいる。仕組みを取り入れた後の結果があるとさらにいい。

設問5.　三井住友海上を志望する理由を教えて下さい。〈200字以内〉

私はチューターの経験で感じた喜びを仕事でも経験したいと思っています。具体的には、人が動き成長する土台を提供したいです。保険を通じて実現したいのは、保険があらゆるビジネスに不可欠で多くの企業の成長をサポートできると考えるためです。またより多くの人に影響を与えられる法人営業を行いたいと思っています。貴社は機能別再編を行い、特に法人営業に強みがあると考えるため、志望します。

法人営業に強みがあると考える理由を、もう一歩踏み込んで書くといい。少なくとも面接では語れるようにしておきたい。

【総評】

「課題解決力」が伝わる。関わる組織をよりよくしたいと常に考えているのだろう。アンケートをとり数値化された事実を見つけにいくところに、本気度が伝わってくる。また、「自己変革力」も伝わる。結果が出せないとき、うまくいかないときは、必ず足りないものを明確にし、「具体的な行動」で自分を変革させている。社会に出てからも、同様に成長するイメージが持てる。

外資系金融

ESの質問はメガバンク同様オーソドックスだ。ただし、質問者の狙いが設問にはっきり書かれている場合は、しっかり答えられているかが見られる。
結果を出すことが重要視されるためか、内定者に共通の資質はタフネス。繁忙期には朝まで働くこともあるとか。上司からの指示への素早いレスポンスも求められる。その代わり年俸は2000万円から3000万円になることも。外国人とコミュニケーションができなければ、そこで後れを取るので、英語は必須。英語での提出物にAI翻訳で挑む猛者もいるようだが、面接での応答とESでの記載に乖離（かいり）があるとマイナスポイントに。

外資系金融

激務とプレッシャーに堪え、考え抜けるグローバル人材

激務とプレッシャーの中でも**考え抜く力や正確かつ迅速に仕事をこなす力**が求められる。過去を振り返り、そうした経験を積極的にアピールしよう。高い英語力は大前提。

・コミットメント力

成果主義で、結果への要求が非常に高い。プレッシャーのかかる場面で結果を出した経験や、専門性の高い勉強や、資格（○○検定1級、趣味なら「段」や「師範」）、インターンで高い実績を出した経験があれば、しっかりアピールしよう。

・チームワーク力

個人プレーに見えて、実は協働する力が非常に大切な業界だ。組織内に多国籍のメンバーがいることも多い。多様性を受け入れながらチームで成し遂げた経験があれば伝えたい。

・タフネス

高い目標を課せられ、常に激務のため、心身ともに飛び抜けてタフでなければ務まらない。

評価される志望動機作成に向けて、明確にすべきこと

金融のプロとして、**高いレベルで業務を遂行**することを求められている。そのため、志望動機作成の段階でも、高いレベルの思考力を求められる。また、なぜ日系ではなく外資系なのかも明確にしよう。

次に挙げる項目について、自分なりの答えを持った状態で志望動機を書こう。

- **□気になる金融ニュースと、それがもたらすマーケットへの影響は何か**
- **□なぜ日系でなく外資系企業を志望するのか**
- **□志望する部署と、他の部署の違いは何か**
- **□なぜ志望部署を選ぶのか、自分自身で貢献できることは何か**
- **□競合他社と志望企業の違いは何か。また、それを生み出している理由は何か**
- **□志望企業内でのキャリアプランは、どのようなものか**

ゴールドマン・サックス証券の エントリーシート

設問1. ゼミ研究室名

●●●●研究室　●●●●研究室

設問2. 教授名

●●●●　●●●●

設問3. 卒業論文のタイトルまたは取り組んでいる研究

■ ネットワークに基盤をおいたビジネスモデルの構築

設問4. クラブまたはサークル区分

サークル

設問5. クラブまたはサークル名

●●●●●●●

設問6. クラブまたはサークルでの役職〈全角20文字以内〉

イベント主催者

設問7. クラブまたはサークルでの経験〈全角100文字以内〉

「音楽を通じて文化交流を行う」という目的のもと、様々な音楽を組み合わせたイベントを私がリーダーとなり、主催していました。財務、広報、運営等のオーガナイザーとしての一連の流れを学ぶことができました。〈98文字〉

設問8. 職務経験（アルバイト含む）を入力して下さい。〈全角50文字以内〉

■ ●●●●大学メディアセンターにて、データベースに関するコンサルティングを1年間行っていました。〈47文字〉

設問9. 海外在住地域

北米

設問10. 使用できるソフト言語

Java, php, MySQL, HTML, ActionScript, VBA

設問11. 使用できるOS

設問12. その他保有資格やITスキルを記載して下さい。(システムアドミニストレータ、DBアドミニストレータ、ネットワーク関連、情報セキュリティ、テレコミュニケーション、市場調査など)〈全角100文字以内〉

・Microsoft－Word, Excel, PowerPoint, Access, Project, Visio, Onenote
・R, S-Plus, SAS, JMP IN, SPSS

設問13. 資格・特殊技能(取得済みのものや取得に向けて勉強中であるものをお書き下さい)(例:ファイナンシャル・プランナーの取得に向けて勉強中)〈全角50文字以内〉

書道検定三段

> 外資は書道系などの和もの、精神性のあるものが好きだ。ちなみに、外資金融はいわゆる"資格コレクター"を高く評価しない。

設問14. あなたが過去に達成した、誇りにしている事柄について教えて下さい。〈全角200文字以内〉

インターンシップで自ら新しい事業部を設立したことです。私は大学1年生の時から経営コンサルティング会社にて2年間の長期インターンシップをしていました。そこで私は破砕した木くずをリサイクルする事業部をクライアント先の企業で設立しました。この事業部では産業廃棄物として処分されていた木くずを再利用するビジネスを行っています。この事業は、企業活動の環境問題への意識向上においてもとても効果の高いものでした。〈199文字〉

設問15. 興味のある部門(複数選択可)

投資銀行部門

> ! 「コミットメント力」が伝わる。書道、アルバイト、インターンシップから、取り組んだことには「最上級の結果を残す」というプロ意識を感じる。論文、サークルからは、学内の活動からも、すべて将来の仕事に関わる経験を貪欲に追い求める人間性が見える。

【総評】 インターンシップ系、アルバイト系、仕事系の話をすればするほど、スポーツやクラブ活動など、学生らしいアクティビティでバランスをとることを忘れないようにしたい。

モルガン・スタンレーの エントリーシート

■志望動機を【日本語】でご記入下さい。〈全角1000文字以内〉

私が金融業界に興味をもったきっかけは、大学の勉強にあります。大学で経済学を学ぶようになり、刻一刻と変化するダイナミックな経済の動きを常に肌で感じながら世界を動かす金融業界で働くことが、非常に刺激的で魅力的だと感じました。そして今年の夏、JBIC（国際協力銀行）のプロジェクト・チームの一員として、ベトナムで金融機関の機能評価に関する現地調査を行なった際にも、金融機関がいかに経済や企業成長の根幹を握る大事な役割を果たしているかを強く実感しました。更に、そこで働く人々が困難な仕事も進んで受け入れ、誇りをもって働く姿を目の当たりにし、私もこの業界で働きたいと強く思うようになりました。
私は大学2年間、ドイツの学生との交流プロジェクトに参画していたこともあり、多様なバックグラウンドをもつ人と関わることに喜びを感じていたため、金融業界の中でも、よりグローバルな外資系証券会社を志望していたのですが、貴社はまさに多文化多国籍であり、欧米、アジアで隈なく高いプレゼンスや付加価値を発揮されています。それに加え、貴社で働く社員の方との対話を通じ、妥協を許さない高い志や、前向きな姿勢に強く共感しました。彼らの声は非常に説得力がありました。「高いプロフェッショナル意識を持った先輩や仲間」「若くても努力すれば責任ある仕事が出来る職場」「チャレンジングな環境を進んで受け入れる積極的な姿勢」。どれも心に刺さりました。
常に成長出来る環境に身をおき「常に自らの成長を加速させたい」という気持ちから、私は学生時代には、地元の強豪バレーボール・チームに参加したり、大学でスポーツ・イベントを開催してきました。だからこそ、貴社の社員の仕事ぶりや価値観に強い共感を覚え、将来一緒に働きたいと感じたのです。
学生時代、自分で情報を集め、深く分析し、それを他人にわかり易い形でアウトプットするということが私の誰にも負けない強みだったので、高い調査能力が求められる調査部での仕事に特に関心をもっています。大手外資証券でインターンとして調査部で働いた経験から、向上心が高く努力を決して惜しまない私なら、この厳しい環境の中でも自分の力を最大限に発揮し会社に貢献出来ると確信しました。特にリサーチ力に定評のある貴社の調査部で働くことは、私にとって最も魅力的な職場だと感じ、貴社の常にトップを目指すチームの一員に加えて頂きたいと思っています。
〈1000字〉

さりげなく他社でも評価されてきたことをアピールしている。外資系金融では、他社でのインターン経験はとても有利に作用する。さりげなくアピールするといい。

！ 勉強というインスパイア（受身）体験だけでなく、自ら行動する能動体験が盛り込まれていて、金融業界への興味関心の強さを感じる。このように、インスパイア体験だけでなく、自ら行動した能動体験やミニチュア体験を加えることで、話に説得力が出る。

この一文が長い。冒頭の切れ味を出すためにも、一文は短く。

？ いい強みである。調査部では重要な要素だ。だからこそ根拠がほしい。背景について長い時間軸で説明しよう。

■志望動機を【英語】でご記入下さい。〈半角2000文字以内〉

I apply for a job at Morgan Stanley because I consider your company as a very interesting and fast developing financial services provider that offers employees an enormously challenging and demanding working environment. Furthermore, I am convinced that Morgan Stanley is in an excellent position to profit from further positive developments in the Japanese capital markets since your company is already one of the most active participants in Japan.
This view has been shaped through the extensive information given on the recruiting home page of Morgan Stanley. Besides, several conversations with employees of your company reaffirmed my perception of your company.
I am strongly convinced that financial services providers, in particular Morgan Stanley, offers ambitious and highly motivated people as described in your employee profiles a unique working environment in which they can live up to their potential.
I am absolutely positive that I would perfectly fit into Morgan Stanley's working culture due to my willingness to learn fast and take new challenges. I had the opportunity to prove my team working capabilities and organization skills in several extra curricular activities such as organizing a sport event and research work in Vietnam. I consider my motivation, ambition and willingness to learn and contribute as key elements to a successful outcome.
Due to my particular interest in research work in economics and commodity markets, I would like to express my great interest in your research division. I have been working for a major investment bank as an intern for several months. The work experience helped me with developing a solid basis of approaching research work and financial knowledge. The experience of working with a research analyst convinced me of the challenging and exciting working environment in this specific division.
However, I regard any other tasks in which I can contribute to your success as equally interesting.

モルガン・スタンレーでは恒例の、1000文字&2000文字英文エッセイ。中途半端な気持ちの人は、このエッセイで脱落していくだろう。このエッセイ自体がスクリーニングになっている。逆に言うと、本気の人たちにとってはチャンスである。しっかりと自分の思いを書き綴ろう。英語でのライティングやスピーキングに不安がある人はアウトプットの機会を圧倒的に増やそう。

インターンでの経験や学びをもとに、どう貢献していきたいか説明できるようにしておく。

■学生時代に力を注いだ事柄等、自己PRに関して【日本語】でご記入下さい。〈全角1000文字以内〉

私が学生時代最も打ち込んだのは、ゼミでの活動です。中でも夏休みにゼミの仲間７人と一緒に行ったベトナムでの現地調査には特に力を注ぎました。私は開発経済学のゼミに所属しており、「マイクロファイナンス機関の自立的・持続的発展」をテーマにベトナムの貧困地域に２週間現地調査に行ってきました。市場経済化を進めるベトナムにおいてマイクロファイナンスは、貧困層の自立的な経済発展を促す有効な策として非常に注目を浴びる分野です。今後マイクロファイナンス機関が長期にわたり健全な経営を行なっていくにはどうすべきか、という問題意識を持ち調査を行った私たちは、ベトナムで実際に小口金融サービスを行なっている機関や貧困層の家々を訪問しました。また日本・海外援助機関や商業銀行を訪ねて様々な視点に立った人々から話を聞くことができ、現地ではとても有意義な時間を過ごすことができました。

■調査中、私はマイクロファイナンスに関する知識に加え人間として一歩成長する機会を得ることができました。私はどんな困難な状況でも決して諦めず最後までやり通すことを信念としています。調査中には、慣れない生活環境や過密スケジュールによる疲労とストレスから多くの班員たちが体調を崩し、しまいには貧困地域を訪問していた際に卒倒し病院に運び込まれる者まで出ました。この緊急事態によって調査自体の続行が危ぶまれ、班員が非常に動揺し、やる気を失いかけたことがありました。しかし私はそれまで皆で何ヶ月も事前準備をして頑張ってきたのだから絶対にここで諦めたくないと思い、班員たちを励まし彼らと相談をして今後の対応を考えました。そこで私たちは班員を３つの役割；具合の悪い学生のケアをして病院まで付き添う人、現地の知人や保護者と密に連絡を取り現状報告をして指示を仰ぐ人、そのまま現地調査を続行する人に分けて、それぞれが責任もって冷静に対処するようにしました。また訪問先に事情を説明し当初の予定を別の日に変えてもらったり直接訪問が厳しい場合は文献をホテルに送ってもらうよう頼みました。■

その時に冷静に皆で話し合って納得のいく判断をしたお陰で、体調を崩した班員に大事はなく、また皆の気持ちを尊重して当初の目的であった調査を最後まで満足にやり遂げることができました。私はこの経験を通し、困難な状況でも仲間を信じて諦めずに頑張れば必ず報われるのだということを学びました。

？ 素晴らしい信念であるが、そもそもこの信念ははどうやって培ってきたものなのか？　きっかけが入ると、グッと説得力が増す。

実際には、この学生は副代表の立場であったが、このあたりから、リーダーシップを感じる。大事なことは「役職」ではなくて、「事実上どんな役割ができるのか？」である。

「、」を入れよう。読みやすくするために、細心の注意を。

「マイクロファイナンス機関の自立的・持続的発展」のための具体的な提案がないのは非常に残念。目的を見失っている印象を与えてしまう。

■学生時代に力を注いだ事柄等、自己PRに関して【英語】でご記入下さい。〈半角2000文字以内〉

The most inspiring event in my school life was a field survey I concluded for my Development Economics seminar in several deprived areas of Vietnam. Our aim was to investigate the problems Microfinance Institutions face and how they can provide financial services more efficiently and effectively. After having decided on our topic "Independent and Sustainable Development of Microfinance Institutions", we visited not only JBIC and NGOs working in Vietnam and did a thorough research of these organizations, but also clients, development assistance agencies and Japanese commercial banks in order to gain multiple insights into the microfinance.
However, the field survey did not only give me a sound understanding of Microfinance Institutions, it also proved to be an enormously valuable experience for my character.
I believe in never giving up on something that I decided to do and sticking to my aims until the end even in a severe situation, and this survey confirmed this attitude. During the project, some members of our group fell severely sick due to the enormous stress given by both a new environment and a tight schedule. It seemed quite difficult to continue the survey and hence we were all discouraged. However, as we spent months preparing for the survey in Vietnam and made enormous efforts for it, I did not want to give up. I encouraged other members and so we decided to divide our group into three sub-groups; one for taking care of ill members and bringing them to hospital; one for informing contact persons in Vietnam and families in Japan, and one for continuing the survey. We also rescheduled our visits and asked contact persons we could not visit anymore to send reports and information on their own behalf. That is why our group succeeded in concluding the survey despite the difficulties depicted above.
I chose this project due to both the challenging analytical approach and the enriching experience of working in a group in a demanding environment.

?

- 英語の文章能力は問題ない。
- ただ、右の日本語バージョンにも言えることだが、コンセプトを変えたほうがよい。記入しているとおり、調査部を特に志望しているのであれば、アピールすべきことは、「最後までやり通すこと」ではなく、「自分で情報を集め、深く分析し、それをわかりやすい形でアウトプットすること」だ。
- 現地の調査結果はどうだったのか。調査を踏まえて、ゼミではどのような提案をしたのか。これらを書く中で、売りを伝え、「調査部にふさわしい人間」であることを印象づけよう。
- タフな環境の中であきらめずがんばったことは、アピールをしなくても行間から伝わってくるということも覚えておこう。

■インターンシップ、アルバイトなどを含む職歴についてお書き下さい。

ドイツ銀行
株式調査部のリテール・チームでのアシスタント業務。
プレゼン資料やレポートの作成、翻訳業務、データの整理などを行なっている。

JBIC（国際協力銀行）
慶應大学が JBIC から委託されたプロジェクトに、アシスタントとして参加。夏にはゼミの調査とは別に、ベトナムで JBIC が過去に行なった事業に関する事後調査を行い、銀行や中小企業等でヒアリングを行った。

RTL
ドイツのテレビ会社が日本のテレビ会社と取引する際の仲介役・翻訳業務を行っていた。

その他資格
Zertifikat Deutsch（ドイツ語検定）

［総評］

「コミットメント力」が伝わる。ゼミ、スポーツ、インターンのどれを見ても高い成果を残している。経験していることが1つに偏っていないのもいい。また、「チームワーク力」も伝わる。国内外の多様な人材の中で、いくつものプロジェクトを実行している。必要な時は前に出て周囲を引っ張り、困難を乗り越える力もある。
インターン経験からも、この学生が他の企業から評価されているのが分かる。さらに、ドイツ語のレベルが高いこともうかがえる。
このように、外資系投資銀行や外資系戦略コンサルにおいては、「どこでインターンしたのか？」ということも、チェックされる。だからといって「インターンをしていなければNGか」というと、そうではない。インターンをしてなくても受かる人はいる。
大切なことは「この学生は確実に活躍してくれるのか？」という確かさである。インターン以外でも、自身の活躍を裏づけるエピソードがあればいい。

バンク・オブ・アメリカのエントリーシート

■第一志望部門志望理由〈日本語全角300字以内〉

(1) コンサルティング的な要素が強い投資銀行部門に比べ、クライアント (投資家) に対する責務がより明確である (2) 個々の企業活動がマーケットを大きく左右する株式部門に比べ、その取引やマーケットの判断に関して、より数学的要素の介入する余地が大きい、という2点において、特に魅力を感じております。分野は異なるものの、私がこれまで学んできた行動理論や意思決定理論に用いる基礎的な数理は債券取引業務におけるそれと何ら変わりなく、また、それらに興味をもって取り組めるという資質自体も、大いに有用であり、私の能力を最大限引き出し、貴社に大きく貢献できると信じております。〈278字〉

・魅力を感じるポイントだけでなく、自分の能力・資質がどう活きるのかも書かれている。
・志望動機には、「会社にどんな貢献ができるのか？」という視点を入れたい。会社への貢献について、もう少し詳しく書きたいところだ。

一文が長い。

■第一志望部門志望理由〈英語150語 (900bytes) 以内〉

There are two main reasons for my application for a full-time position in Global Market Group: (1) The responsibility of Global Market Group to clients is clearer than that of Investment Banking Group, that is, our contribution can be evaluated quantitatively. (2) Especially in debt market, mathematical ability is more effective and useful than in equity market.
Basic numerical affairs (mathematics, statistics, etc.), which are needed in my major (i.e. decision making theory and consumer behavior theory), are also very useful in Fixed-income division. I'm accustomed to using them; furthermore, I can enjoy dealing them. They are inevitable qualities in doing jobs. I'm convinced that I can fully utilize my ability, maximize my potential, and greatly contribute to your division, as well as your firm.

■第二志望部門志望理由〈日本語全角100字以内〉

ミクロな個々の企業活動が、その株価に大きく影響し、その集積の結果マクロの株式市場が形成されるという、非常にシンプルなダイナミクスを体現しながら業務を行う事に、大きな魅力を感じております。〈93字〉

■第二志望部門志望理由〈英語50語 (300bytes) 以内〉

I'm greatly interested in working on equity market, where I can embody the dynamics between micro economic activity (i.e. each company's activity and its stock price) and macro economic activity (i.e. equity market).

・英語のイージーミスが目立つ。they can't → they could not 、what is → what was 、Actually はしゃべり言葉なので In fact にするなど。
・物理スキル以外の売りは？

商社
メガバンク
金融
外資系金融
コンサル
デベロッパー
GAFAM・他
IT
通信
広告・マスコミ
BtoBメーカー
BtoCメーカー
運輸・インフラ
人材

■当社志望理由〈日本語全角200字以内〉

私は就職を考える際、「自分の能力を最大限生かし」「社会に対して貢献する」事を、選択の第一基準としています。そのために、建築、都市計画などハード面からの手法を学んできました。しかし今夏参加したインターンシップの経験から、もっと根本的な部分で、金融などソフト面に、非常に大きな影響力と可能性がある事を教わりました。その世界の一員として、貴社にて自らをブラッシュアップし、貢献していきたいと思います。〈197 字〉

コアから派生した志望理由となっていて、自己PRとの一貫性がある。読んでいて「なるほど」とうなずける。

■当社志望理由〈英語100語（600bytes）以内〉

I have two main criteria about my future job:
1. Maximize my potential and fully utilize it
2. Affect and contribute to commonwealth
You are one of the biggest Financial Institutions in the world. Thus, you are closely related with world market. That means the activities in your firm greatly affect society and commonwealth. Furthermore, world top-level staffs are gathered in your firm. It's an ideal environment for me to develop myself at a maximum and contribute to your firm, society, and commonwealth by utilizing them.

■自己PR、クラブ活動・その他の活動〈日本語全角200字以内〉

学部卒業を控えた正月、大学院進学どころか、明日の生活費もままならない状態であることを両親から打明けられました。これを機にキャリアプランを全てリセットし、援助のために職に就く決意をいたしました。徹底的に他人に尽くす事を通じて、自己中心的な意識が180度変化しました。自己を最大限成長させ、それにより周囲に貢献する。この目標へ向けて大学院進学を達成し、現在、さらなる成長のために日々修練に努めております。〈200字〉

自分にとってインパクトの強い経験を書くことで、自分の価値観が変化したことを書いている。これもいい。並みの経験では、「本当に意識が180度も変化するのか？」となるが、これぐらい強烈なインパクトであれば、価値観が変わってもおかしくない。

■自己PR、クラブ活動・その他の活動〈英語100語（600bytes）以内〉

When I was about to finish my under graduate degree, my parents confessed the fact that they can't afford to send me to master's degree; what is even worse, they can't afford to make a living.
Actually, it's a little bit derived from my dependence on them; thus, I abandoned my career plan and decided to work for their living near in my hometown.
From the setback and working experience, I changed my mind and set objectives: maximize my potential and utilize them for people around.
Now, I'm in master's course and developing myself to achieve above objectives.

■学生時代最も力を入れたこと〈日本語全角200字以内〉

アルバイトです。1）修士課程における学費、生活費を全て自分で賄う事 2）研究とビジネスとの繋がりを常に意識する事、の2つを目的とし、現在、シンクタンク、ディベロッパー、マーケティング業務を行う3社から仕事を受注しています。収入はもちろん、継続して仕事を受注するためのあらゆる労力（時間の管理、プロジェクトの管理、質の向上、営業努力など）は、基礎能力として、今後も大きく生きてくると信じております。〈197字〉

・アルバイトの目的を見ると背負っているものが違う。どれだけ真剣だったか、強烈に伝わる。
・「仕事を受注している」という表現は少し分かりにくいが、自ら仕事を生み出していることは伝わる。安定的な収入のために自ら仕事を生み出していることは、高く評価できる。

■学生時代最も力を入れたこと〈英語100語（600bytes）以内〉

I've especially focused on developing my abilities and skills, which will be needed when I get a job, through part-time jobs.
I'm working on three part-time jobs ordered from companies (real estate developer, think tank firm, and marketing firm). To achieve stable outputs and receive orders repeatedly, I have to spend much labor (e.g. time management, project management, quality development, constant communication). These jobs are more practical than ordinal part-time jobs. There are lots of demands on me. But consequently, I can develop myself and prepare for working on real businesses.

work efficientlyがより適切。

！

・単なる知識の蓄積にとどまることなく、自ら動いて、講師を高校へ招いている。こうした主体的・能動的行動や多くの人を巻き込む行動は、とてもいい。
・自分が手がけたことが、その後も発展を続けていることは、非常に高く評価できる。それだけ影響力が大きいと言える。素晴らしい。

They are demanding, but consequently「要求があった」というより「現場で求められていた」なのでこちらの方が正確。

■あなたが今までに、個人またはチームによって何かを成し遂げたと自負している経験について述べよ。〈論文（日本語）：形式自由、A4サイズ1枚、100KB以下、文頭に学校名及び氏名を明記のこと〉

目標達成へ向けたプロセスにおける、特に（1）情報収集（2）俯瞰的視座に基づいた戦略立案（3）徹底した実行、という3点において、私は強い自信を持っています。
この3点の強みが如実に表れ、目標を達成した具体的な経験として、野球部での、データ分析によるトレーニングとゲーム戦略策定の、プログラムの導入が挙げられます。
これらのプログラムは、当時一部の私立高校では導入されていたものの、私の所属する地方の公立高校では、未知の存在でした。しかしキャッチャーというポジションの性質上、その導入の必要性を強く感じておりました。
（1）情報収集
まずこれらプログラムの理論を体得するために、関連書籍を買い揃え、徹底的に知識の蓄積に取り組みました。同時に、最新の動向を把握するために、監督に交渉し、近隣の私立高校を対象に行われるセミナーに参加しました。また、チーム全体の知識レベルを向上させるべく、最終的には講師の方を自分の高校へ招き、定期的な情報の蓄積、共有を促進しました。
（2）俯瞰的視座に基づいた戦略立案
導入段階では、進学校であるが故の問題に突き当たりました。私立高校とは比較にならない練習時間の短さと部費の少なさという制限です。そのため、限られた時間と費用を最大限効率化するべく、部員個々の特性に合わせたトレーニングプログラムを導入、そして部員全員が同様に取り組めるための、ビデオカメラの活用、チェックシートの作成、交代制の試合観戦などのデータ取得方法を体系化し、ゲーム戦略策定のプログラムを導入しました。また、イメージに近い近隣高校の野球部員へ協力を要請しての実戦練習を行い、本番に臨むという一連の枠組みを導入いたしました。
（3）徹底した実行
これらは導入するだけでなく、それを実行しなければ意味がありません。そしてその実行のためには、高い志と、強い動機が必要です。私の場合それが「甲子園初出場」と「進学校という言い訳をしたくない」というものでした。早朝、昼休み、放課後と、練習に費やす事の出来る時間は全て使い、同時に、最高の集中力を維持して一年間取り組みました。
もちろん他にも多くの要因はありますが、これにより、万年県予選初戦敗退の進学校で、初の準決勝進出という成果を達成し、また、この一連のプログラムは現在も後輩へ受け継がれ、さらに高度なものへと発展していると聞いております。〈986字〉

［総評］

「コミットメント力」が伝わる。アルバイトとは思えぬような、大きな成果を出していることが伝わる。ストレス耐性や集中力、体力は、求められる基準を満たしているのがわかる。
「チームワーク力」が伝わる。初戦敗退チームを準決勝に進出させたことは十分に評価されるだろうが、それ以上に価値があるのは「後輩に受け継がれ」たことだ。次の世代を巻き込みながら「再現性の高い」戦略を残した点が素晴らしい。

シティバンクの
エントリーシート

応募した部門への志望理由およびシティグループへ伝えたいことを自由にお書きください。
日英不問／日本語の場合は1000字、英語の場合500words程度でお願いします。
※英語の場合、1letter1文字としてカウントされますが500words程度まで入力可能ですのでご注意ください。

I would like to apply for the Markets Division for three reasons. First, I would like to work in a constantly changing working environment which I believe is the financial sector. I have been a member of the tennis club for 10 years, but on top of my six times a week training I have founded student organizations and volunteered for many organizations. Having interest in finance and having the passion to challenge myself through working in different environments, I strongly believe I am a fit for the Markets Division. Secondly, I can meet the expectations of my clients through the tasks. My reward is meeting the expectations of those around me. At the ●●●● Tennis Club, I was rewarded when I met the expectations of my teammates through winning as a player and acquiring sponsors. Thirdly, I would like to promote sustainable finance through selling ESG bonds. My interest in environmental and social issues sparked by my childhood experience of building a well in Africa through fundraising activities. From this experience, I created the SDGs department at the ●●●● Tennis Team and a student organization called the Athletic Association SDGs Club which both focused on environmental and social issues. Therefore, I would like to continually be involved in building a sustainable society from a financial perspective. As CitiGroup is a firm with strengths in ESG and fixed income, I would like to use the company's knowledge on sustainable finance to further promote and implement the SDGs related investments in Japan. For these three reasons, I would like to work in the Markets Division. Next, I would like to apply for the Investment Banking Division for two reasons. First, I would like to be involved in M&A and fundraising for ESG and SDGs purposes to add value to the company. As CitiGroup is firm with strengths in ESG and DCM, I would like to use the company's knowledge on supporting the growth of companies and be involved in adding their value. I was able to add value to an organization as a leader of the events division of an international tennis tournament. I organized a wheelchair tennis event to create a sustainable tournament. It was rewarding when I added value to the team and the tournament and as a result caught the attention of the public and increased the reputation of the tournament. Second, by using this strength that is the ability to engage others to achieve a particular goal, I would involve surrounding individuals such as GCM and lawyers to receive insights and to provide the best solution to meet the client's needs as a coverage banker. I have been on the tennis team for 10 years and worked towards the same goal of being the number one tennis team in Japan regardless of being a supporting member or the representing player. I would like to use this experience of being a team player and my desire to cooperate with my surrounding peers to work towards the same challenging goal.

? この論理展開は強引ではないか？　企業の成長に自分の経験がどう役立つか説明するには、実際の現場でおこなわれている仕事を理解することが大切だ。

【総評】

大学時代にがんばってきた経験を仕事につなげようしていることは理解できる。しかし、全体的に浅い印象をうける。この学生は、日本語では自分の経験が深掘りできていたのに、英語でうまくそれを表現できなかった。英語でも我究することをおすすめしたい。英文のESはハードルが高い、という人もいるだろう。ただ、英語で仕事をすることが当たり前の企業からすると、読み書きができるだけではスキル不足である。語学力だけでなく、思考力を要求され、考える過程やその結果まで見られている。

UBSグループの
エントリーシート

■就職活動を行うに当たり、様々な情報と選択肢を考えられたと思います。その中であなたが第1希望の部門・業務分野を選んだ理由を詳しく述べて下さい。〈400字〉

私は就職先を選択する際、
(1)社会に対する影響力、貢献度の大きい仕事ができること
(2)自分の能力を最大限に引出し、活用できること
という2点を主要な基準として設定しております。
そのため、大学では都市計画というハード面から社会を支える事を学んできました。しかし現実には、さらに根本的な部分で「金融」というソフト面が、より大きな影響力を持っている事を知り、今夏、某証券会社にてインターンシップに参加いたしました。当初は無学に対し不安があったものの、必要とされる能力は、基礎的な部分ではこれまで学んだものと何ら変わりなく、特に債券を扱う業務は、私が強みとする数学的思考を生かす要素が多い事を学びました。
また、セミナーなどを通じてお話しした社員の方々は、皆向上心と活力に溢れており、この様な環境であれば、常にブラッシュアップを心がけ業務に取組む事ができ、上記基準を最大化できるものと確信いたしました。

勉強してきたことと、インターンなどの実社会で体験してきていることの両方から考えているところがいい。

■自分が望んだまたは求められた成果を出すために、あなたが新しいまたは柔軟な発想で取り組んだことを教えて下さい。そのときの状況、あなたの取った手段とその効果・結果について述べて下さい。〈400字〉

野球部のキャッチャーとして、対戦相手に関するデータ分析と、それに基づいたトレーニングのプログラムを導入、実施いたしました。当時は一部の私立高校では導入されていたものの、私の所属する地方の公立高校では、未知のものでした。しかしポジションの性質上必要性を強く感じ、まず、セミナーへの参加により理論を学びました。導入段階では、部費の制約の中で最大限効率化するためのビデオカメラの活用、チェックシートの作成、交代制の試合観戦といったデータ取得方法を体系化しました。また、イメージに近い近隣高校の野球部員への協力を要請しての実戦練習を行い、本番に臨むという一連の取組みを導入いたしました。もちろん他にも多くの要因はありますが、これにより、万年県予選初戦敗退の進学校で、初の準決勝進出という成果を達成し、また、この一連のプログラムは現在も後輩へ受け継がれていき、さらに高度なものへと発展していると聞いております。

! 分析力とコミットメント力の高さが感じられる。苦労した点（困難や制約を乗り越えたこと）をしっかりと書いているので、アピール力が増している。

商社
メガバンク
金融
外資系金融
コンサル
デベロッパー
GAFAM・他
IT
通信
広告・マスコミ
BtoBメーカー
BtoCメーカー
運輸・インフラ
人材

■UBSを成功に導いているのは何だと思いますか。またUBSの成功のために、あなたご自身はどのように貢献できると思いますか？　資格や学歴ではなく、あなたの個人の資質や性質に基づいて答えて下さい。〈400字〉

数多くの合併と吸収を繰り返した歴史の中で、常に「UBS」であり続けている事だと思います。通常、これだけの組織の変化、人材の流動が繰り返されると、少なからずそこに亀裂が生じ、時としてその存在をも危うくする原因となります。しかしそれでもなおその存在を保ち続けられるのは、そこにそれだけの合理性や求心力といった、組織としての「軸」があったからであると考えます。私は、ある目的を持つ集団内においては、その目的とは関係の低い個々人の要素（例えば仕事に対する人種、国籍、学歴など）は度外視し、逆に関係の強い要素（特定の業務に対する能力、資質）を非常に重視します。今後も多くの変化を繰り返していくと思いますが、この様な考えを持った人材が集まる事で、結果として、揺るぎ無い「UBS」として、成功し続けるのだと考えます。

？「具体的にどんな貢献ができるのか？」が欲しい。そのあたりをもっと書ければ、さらによくなる。

【総評】 「課題解決力」が伝わる。チームを強くするための仕組みづくりができている。練習方法やデータ取得方法など、すべての場面でPDCAを繰り返したのが分かる。社会人になってからも同様に仕事に取り組む姿が想像できる。

ドイツ銀行（マーケッツ）の
エントリーシート

ドイツ銀行グループ、IB：フィクスト・インカム＆カレンシーズ（マーケッツ）にて、興味のある職種がある場合、ご興味、ご関心のある職種を〔Sales / Trading / Structuring / GCT / 未定〕よりお選びください。（複数回答可）

Sales / Trading

IB：フィクスト・インカム＆カレンシーズ（マーケッツ）への志望動機、及び希望する職種がある場合には、その理由についてお教えください。〈300文字以下〉

私がマーケッツ部門を志望する理由は２点ある。１点目は金融市場に関心があるからだ。私は豪州で出生し、中学時代も複数回に及び滞在した。そこで、為替に関心を持ち、スニーカー投資を行った。その際、為替や社会情勢に応じて価格が変化する魅力を学んだ為、金融市場に関心がある。２点目は、サステナブルファイナンスの促進に貢献したいからだ。私は募金を通じアフリカに井戸を作った経験から、環境・社会問題に関心がある。学生時代も、森林ボランティアや学生団体「体育会 SDGs 部」を立ち上げた為、今後も持続可能な社会を築くことに貢献したい。特に貴社は ESG 分野で強みがある為、目標実現が出来る環境であると考え、志望する。

面接で深掘りされる。意見をまとめておく必要がある。

自分を最もよく表すとおもわれる３つの項目について述べ、その理由も説明してください。〈500文字以上〉

私を表す３つの項目は、「グローバル」、「人の期待を超えたい」、「周囲を巻き込む力」である。まず「グローバル」については、私は豪州で出生し、学生時代もグローバルな接点が多かったからだ。所属する庭球部で、国際プロテニス大会「●●●●●」の運営に携わってきた。また、在日外国人に向けたテニスコーチにも携わり、今年の９月から豪州に留学する予定である。次に「人の期待を超えたい」については、私のやりがいであるからだ。きっかけは中学生の際、海外で自分がマイノリティーになった経験に由来する。当時、私はその方と繋がりたい想いから、落ち葉はきを３週間続けた。結果、自宅の食事に招待され、その方の期待を超える行動が出来た際にやりがいを感じた。以来、「人と信頼関係を築き、期待を超える」ことがやりがいとなった。最後に、「周囲を巻き込む力」は、人を束ねる立場や、人と人の間に入る橋渡しの役割を担ってきた際、培われた自身の強みだ。所属する庭球部では、スポンサーの獲得を行った際、部員や大学内の研究施設、企業を巻き込み、目標を達成してきた。また学生団体「体育会 SDGs 部」の立ち上げでは、19 の部活動を巻き込み、立ち上げに成功した。その為、「目標達成に向けて周囲を巻き込む力」が自身の強みである。

「グローバル」と「人の期待を超えたい」は比較的長い時間軸で書かれている一方、「周囲を巻き込む力」は２つのエピソードを経た、最近の出来事とともに書かれている。成長し、養われた力を発揮できたという論理展開にすれば、より分かりやすく、納得できる文章になる。

What was the biggest achievement in your life? in English over 800 letters.（例：book = 4 letters）〈800文字以上1000文字以下〉

> My biggest achievement was when I led the public relations department of the ●●●● Tennis Team. As a leader, I took on the challenge of acquiring sponsors. The team needed to improve the member's physical condition. To get sponsors, I had the goal to attract a company that sold protein products. At the beginning, I was turned down by 7 companies. Therefore, I conducted interviews with other club teams which succeeded acquiring sponsors. From interviews, I created the benefits of sponsoring our team such as providing data regarding the physical condition after consuming the company's product. Also, I promoted the companies through the Club's social networking sites. As a result, the team received 3-million-yen worth of products for 1 year. To keep the relationship, I worked with the research center at the university to gather the physical condition data. From these efforts even after 2 years, the company still provides support.

！ 単発ではなく3年間の関係構築を成し遂げた、長期的なパフォーマンスを語れていて素晴らしい。ただ、前半にあるチームメンバーのコンディション改善の結果が言及できていない。スポンサー獲得に向け必要な手立てを講じ、中長期的な関係を構築する仕組みができたエピソードに絞った方がより分かりやすく、伝わりやすい文章となる。

【総評】

今までにやってきたことと、これからやっていきたいことへの説得力がある文章だ。外資系投資銀行の狭き門をこじ開けるには、気持ちだけでは到底難しい。今までの日常で自分が何を想い、それをどう行動に移し、どのような結果を得てきたのか。彼のように人や組織、資金を動かした経験は、他者と差別化をする非常に重要な要素になる。
本気でこの業界に挑戦したい人は、圧倒的な成果を引っ提げて勝負しよう。成果に執着する強い想いとバイタリティは、入社後にも必ず求められるものなので、学生生活の中で養おう。

商社
メガバンク
金融
外資系金融
コンサル
デベロッパー
GAFAM・他
IT
通信
広告・マスコミ
BtoBメーカー
BtoCメーカー
運輸・インフラ
人材

コンサル

人気業界のひとつ。ロジカルであるかや、知性、教養、本質を捉える力を見てくる。現在は IT コンサルの大量採用が続いているが、このトレンドがいつまで続くのかは疑問が残る。会社のマネジメントが適切なら業界で生き残れるが、現場は厳しくなるかもしれない。

「なぜ?」と聞かれて、考え続けられる思考体力が重要。「なぜそうなのか?」「本当にそうなのか?」「具体的には?」の 3 つの質問で本質を突き詰める練習を。それを自分の能力とパーソナリティにひもづけ、ES に落とし込む。

コンサル

チームプレーとロジカルシンキングが求められる人気業界

コンサル業界では、個人プレーとチームプレーのバランスが求められる。思考力が何より大切なので、「とにかく行動」より、「まずは考える」「徹底的に突き詰めて考える」人に適性がある。

・コミットメント力

結果に対しての要求が非常に高い。学生時代に、プレッシャーのかかる場面で結果を出した話があればぜひ書きたい。専門性の高い勉強や、資格（○○検定1級、趣味なら「段」や「師範」など。

・課題解決力

顧客の「課題解決」が仕事だ。学生時代にそれに近い経験があればアピール度が高い。何に問題意識を持ち、どのように解決策の仮説を立てて実行し、いかなる成果を手にしたか。アルバイトやインターンの組織課題を解決した経験などを的確に言語化し、伝えられるようにしよう。

・チームワーク力

個人プレーに見えて、実は人間性や協力関係が非常に大切になる業界だ。多様な人々と力を合わせ、チームで困難を乗り越えられた経験があれば、ぜひアピールしたい。

評価される志望動機作成に向けて、明確にすべきこと

クライアントが抱える課題を抽出・分析し、貢献する仕事だ。そのため、志望動機作成の段階でも**高いレベルで思考し、突き詰められた内容であることが求められる**。

次に挙げる項目について、自分なりの答えを持った状態で志望動機を書こう。

□気になるニュースと、それがもたらすマーケットへの影響は何か
□なぜ事業会社でなく、コンサル業界を目指すのか
□競合他社と志望企業の違いと、それを生み出している理由は何か
□なぜコンサルタントというキャリアを選ぶのか
□志望企業内での、キャリアプランはどのようなものか
□思考し続けられる理由やモチベーションの源泉は何か？

マッキンゼー・アンド・カンパニーの エントリーシート

■就職希望業界（3つまで選択）

商社、コンサル

■志望業界を選ぶ条件〈3つ。各20文字以内〉

- 日本国内に加え世界を舞台に活躍できること〈20 文字〉
- あらゆる能力が高度に要求されること〈17 文字〉
- 他者を巻き込んで世の中を改変できる影響力〈20 文字〉

■卒業後5年間のキャリア目標〈100文字〉

コンサルティング業界で通用するようになるために、多くの人から、多くの書物から、そして具体的な個別の案件から、徹底的に学びます。そして、具体的な問題意識を得て、留学し、MBAを取得します。〈93 文字〉

> 何を学ぶのか？　それは書いておきたいところだ。MBA取得で結ぶよりも、「将来の○○に向けMBAを取得します」としたほうがいい。

■長期のキャリア目標（10年程度先の将来において達成したいこと）についてご記入下さい。

専門性を身につけ、経営者としての視点に磨きをかけた私は、次々と大きな案件で結果を出し、国内外から評価される人間になります。そして、実際の経営者として企業に招かれ、革新的な事業を展開させ成功に導きます。

> もう少し明確なビジョンを書きたい。この10年間で、どうなりたいのか？　何を手に入れたいのか？　社会に与えたい影響は例えば何か？

■コンサルタントになりたいと思う理由についてご記入下さい。

会社の行く末を左右する最も重要な選択と決定に常に関わっていくことができるからです。取引先の経営者と渡り合っていくだけの人格、能力を身につけ、困難な課題に挑戦し続けたいと思っています。

■マッキンゼーに入りたいと思う理由についてご記入下さい。

「ファクトベース」という、事実、証拠を追求することで本当の正しさを浮き彫りにする、という貴社の信念に共感を覚えました。その厳密さと、強い意志をもつ集団の中で自分の能力を活かしたいと思います。

冷静さを感じる。戦略コンサルにおいては、このように左脳レベルの思考上での感性が求められる。

■大学・大学院在学中の時間の使い方について、以下の記入例を参考にしてご記入下さい。

クラブ 70%　剣道部に在籍し、特別に●●●の剣道専門訓練生と訓練をともにしました。
勉強 25%　1、2 年生の間は剣道に打ち込みましたが、●●進学後に専門の経済学に目覚め、大いに取り組みました。
バイト 5%

文武両道を感じる。このあたりのバランス感覚も非常に重要だ。まじめな学生という印象だが、もっと人間の幅を感じさせたい。

■大学・大学院在学中に最も達成感のあったこと、最も記憶に残っていることなどをご記入下さい。

剣道部を率いた 1 年間、多様な価値観を持つ部員の心を一つの目標に集約することに、いつも心を悩ませました。最大の目標であった●大に、団結の力をもって勝利することができ、部員の取り組みに胸を打たれました。

！「チームワーク力」が伝わる。コンサルは「プロ意識の高い」人たちと協力して成果を出すことが求められる。その点、剣道部を率いた経験が、そのミニチュア体験として生きている。

■ご自身の強みについてご記入下さい。

やると決めたら、目標に向かって飽くなき努力をし、そのためにできることはすべてやります。自らを追い込み、苦しい状況のなかでも、決して諦めることなく、挑戦し続ける、芯の通った心を剣道で鍛えました。

【総評】**成長意欲が強く、能力向上に高いモチベーションを持っている。社会に対し、どう貢献したいかが見えてこない。経済学部で学んだことを踏まえて書いてみよう。**

ボストン コンサルティンググループ(BCG)の エントリーシート

■海外在住経験のある方は、国名・都市名・期間（西暦○○年○月～○月）をご記入下さい。〈全角30文字以内〉

アメリカ合衆国・デトロイト・西暦●●●●年８月～●●●●年８月

■英語の能力につきまして、選択して下さい。

ビジネス一般の話なら、討議したり、電話で会話することが出来る。

■ゼミ・研究室の研究内容、貴方の卒論テーマ等をお書き下さい。〈50文字以内〉

●●●●研究会：経営戦略
●●●●研究会：ネットワーク技術に基盤をおいたビジネスモデルの構築とその実行〈50 文字〉

■今までの人生の中で成し遂げたことで、人に話したいことは何ですか？〈200文字以内〉

インターンシップで自ら新しい事業部を設立したことです。私は大学１年生の時から経営コンサルティング会社にて２年間の長期インターンシップをしていました。そこで私は木くずをリサイクルする事業部をクライアント先の企業で設立しました。この事業部では産業廃棄物として処分されていた木くずを再利用するビジネスを行っています。この事業は、企業活動の環境問題への意識向上においても、とても効果の高いものでした。〈196 文字〉

自ら新しい事業部を設立するのは、貴重な経験だ。こういった「広範囲に影響を与える主体的な動き」は評価される。

■一生のうちに必ず成し遂げたい夢は何ですか？〈200文字以内〉

私の夢は「木くずと木炭による事業を成功させ、地球環境問題の解決に貢献すること」です。循環型社会による工業製品の循環利用、二酸化炭素削減問題などの難問が山積する現在、我々に求められているものは人間と自然の共存共栄です。そしてその一環として私は従来の木くずに脱臭・調湿効果のある木炭を取り入れたパルプ材を日本に普及させ地球環境問題の解決に貢献していきたいと考えています。〈181 文字〉

■学業以外に、力を入れたことについてご記入下さい。（趣味、スポーツ、サークル活動等）〈100文字以内〉

私が力を入れてきた活動はゼミの研究プロジェクトです。この活動では「日本の景観を保全する」という目的のもと、木くずと木炭を融合させた商品のビジネスモデルの構築・実践を行ってきました。〈90 文字〉

「学業以外に」とあるので、ぜひとも学業から離れたものにしたい。そうすることで人間としての幅も感じさせることができるはずだ。

！

なぜ BCG でこの夢を成し遂げたいのか。夢と仕事の関連性も伝えたい。「地球環境問題の解決に貢献できる」まではいいが、その方法が限定的すぎる。とはいえ、スケールを感じる。人間としての大きさ・目線の高さが伝わってくる。そして何よりも、そういった夢に向かって具体的にアクションを起こしていることが、話に説得力を持たせるのだ。「夢を大いに語るだけでなく、夢に向かって動いていることを示す」、これも大事なポイントだ。

【総評】

「コミットメント力」が伝わる。新卒でコンサルティングファームを志望する人にとって、自分で事業を立ち上げた経験は、その後のキャリアにも活きてくるはずだ。このように、志望企業の業務に活かせるような経験をし、成果を残した学生は評価が高い。

アクセンチュアの
エントリーシート

■これまでエネルギーを注いだことは何ですか。またそれが今のあなたにどのように影響していますか。〈800文字以内〉

私は現在「日本の景観を保全する」という目的で、木くずと木炭を融合させた商品のビジネスモデルの研究をしています。この研究は当初、活動資金もなければ、人材も集まらないという非常に困難な状況で始まりました。また批判の声も多く、大きな不安を抱きながら、失敗や精神的な挫折の連続を私は経験しました。しかし、現在では多くの支援者の支えをうけて、特許を申請するまでに成長しています。この時の挫折を超えていく経験こそ、私が最もエネルギーを注いだことです。
私がこれらの困難を克服するために行ったことは「魅力を引き出す」ということです。多くの人は自分の持っている資産の価値を過小評価しています。しかし私は自分の周りにある人やモノや環境の価値を再度見直すことで、魅力を最大限に引き出すことに全力を尽くしました。その結果、産業廃棄物として処理されていた木くずを再利用し、資金を作り出すことを思いつき、研究費を確保することが可能になりました。また研究開発に携わってくれるようになったメンバーの魅力を引き出すことで、皆が急成長することに成功しました。さらに批判していた人の意見を大切にし、常に改善を図り続けることで、現在では多くの支援者に支えられています。
今後、私達が生きていく中で、用意された環境がベストな状況であるとは限りません。そのような時に、目の前にある人・モノ・環境の魅力を最大限に引き出し、最高の場を作り上げるために挑戦し続けることの大切さを私はこの経験から学びました。そしてこの経験は、現在の私の強みである「成果に対する執着心の強さ」に結びついています。どんな困難な状況においても、自分や自分の周りの人やモノの魅力を最大限に引き出し、徹底的に考え抜けば、必ず解を導くことが可能です。成果に対して、絶対に妥協を許さない今の私を創り上げる上で、この経験は大きく影響しました。〈779 文字〉

! 現場で必要な力がアピールできている。

? 「魅力を最大限引き出す」ためにやったことは、「再度見直す」ことだけなのか。もっと他にもあったはず。それを書いて、「魅力を引き出すノウハウ」を提示すればさらによくなる。

「産業廃棄物」「メンバー」「批判者の意見」のどこに注目することにより「研究費」と「成長」と「支援」を得ることができたのか。短くていいので書きたい。

■なぜご自身がコンサルタントに向いていると思いますか。〈800文字以内〉

コンサルタントは幅広いネットワークから、領域横断的な視点で、瞬時に全体像を把握し、質の高いソリューションを提供していく力が必要です。また多様なバックグランドを持つ社員の方々や企業と接する機会が他のビジネスと比較して多いため、既存の枠組みにとらわれないゼロベースの柔軟な思考力が求められます。この「全体像を把握する力」と「柔軟な思考力」という2つの能力において、自分に適していると考えたため、コンサルタントを志望しています。
大学1年生の時から2年間継続したコンサルティング会社でのインターンシップでは、コミュニケーションが希薄になっていた社員間の結びつきをより深めたいと考え、自らプロジェクトを立ち上げ、社内新聞の発行を始めました。その際に私が最も工夫したことは「課題の全体像を掴み、ゼロベースで発想する」ということです。例えば、コミュニケーションが希簿になっている本質的な問題点を発見するために、社員の方々の意見を一人一人インタビューすることで、多面的に原因を探り、問題の全体像を見るようにしました。また、社内の制度や組織に関する問題なのか、人や風土に関する問題なのかなど、様々な視点から課題を検討するよう心がけました。その結果、それまでメールベースでコミュニケーションが行われており、コミュニケーションのチャネルは確保されていたのですが、本質的な問題は「共有できる物理的な媒体」が必要だということを発見することができました。そこで新聞という新しい視点を加えることで解決策をゼロベースで発想しました。こうした活動の結果、社員間の連携が高まり、プロジェクト横断的なナレッジの共有ができるようになりました。
このように私は、問題の全体像を掴み、ゼロベースの柔軟な発想で考えることが得意です。それ故に、自分の強みを活かし、コンサルタントとして、貴社のビジネスに貢献していきたいと考えています。〈792文字〉

?

「コンサルタントに必要な力はこうだ。これまでやってきたことで、その力を発揮してきた。だから自分はコンサルタントに向いている」という論理は分かる。しかし、コンサルティング会社でのインターンシップで社内新聞の発行とは、本質的に求められていた業務なのか？　本業では結果は出せているのか？　などが気になる。また、社員間の連携が高まり、ナレッジの共有が可能になったと書いているが、社内新聞でどの程度ナレッジの共有が可能になるのか、これだけではイメージがしにくい。そういう場合には、複数の社員の客観的な評価を挙げるべきだろう。

この強みが表れている経験は書けているが、そもそもこの強みをどこで培ってきたのか？　それが書ければ、説得力はさらに増す。

■あなたはアクセンチュアにおいてどのような貢献ができると考えていますか。〈800文字以内〉

私の強みは「成果に対する執着心の強さ」です。誰よりも顧客を想い、プロダクトを想い、最後の最後まで絶対に妥協を許さず、より良いアウトプットを徹底的に考え抜く姿勢こそ、私が誇れる力です。例えば、２年間継続しているインターンシップでは会社とクライアントとのリレーションシップをより深めたいと考え、自らメンバーを集め、メールマガジンの配信を行うプロジェクトを立ち上げました。この活動を始めた当初、技術者もいなければ、活動資金もなく、非常に困難な状況でスタートしました。しかし「クライアントに対して、いつまでも最高のサービスを提供し続けたい」という強い思いから、集まったメンバーで協力し、プロジェクトを進めてきました。特に最終的なアウトプットに関しては「これが今、自分たちにできるベストか」を常にチーム全員で何度も検討を重ね、細部まで徹底的にこだわりました。なかには誤字・脱字のチェック、レイアウトの修正などの地道な作業もありましたが、一つ一つの小さな作業が価値の源泉になると考え、丁寧に進めてきました。こうした活動の結果、現在ではそれまで不可能であったプロジェクト終了後のクライアントとの継続的なリレーションシップを築くことが可能になっています。このように人に喜んでもらう成果を生み出すために泥仕事でも責任を持って必死で頑張る人間、そしてそれを心から楽しむことができる人間が私です。
貴社のビジネスでは、解の見えない難題に対して、徹底的に考え抜く姿勢が求められます。また、限られた時間の中で、顧客に対して常に価値のあるソリューションを提供していく必要があります。顧客のためにベストを尽くし、最後の最後までより良いアウトプットを徹底的に考え抜く執着心の強さで、新たな付加価値を創造し、御社のビジネスに貢献したいと考えています。〈757文字〉

「貴社」と書く。

「課題解決力」が伝わる。インターン先の企業とクライアントとのリレーション改善策が実現できている。コンサル業界の実際の業務は地味で地道であることが理解できている。自分たちのベストを問い続ける姿勢や地道な作業をていねいに進める姿勢も、コンサルタントとしての資質をアピールできている。

■当社のホームページを見てアクセンチュアはどのような会社だと思いますか。またもっと知りたいことは何ですか。〈400文字以内〉

貴社はITコンサルタントとSI会社の融合体であり、部門を超えた領域横断的な視点から、包括的なソリューションを提供していくことが可能です。そのため、最先端の技術と優れたチームワークを活用し、顧客に最も適した幅広いソリューションを提供しています。また多様なバックグランドを持つ社員の方々が、互いに尊重し、支え合い、優れた結果を出そうと必死に努力をしています。この「包括的な視点からソリューションを提供する力」と「多様な社員が連帯し、素晴らしい結果を出そうと必死に努力する姿勢」こそ、貴社が卓越した成果を上げる要因であり、貴社の特徴であると思います。また文字からでは感じ取れない組織の風土やカルチャーなどを社員の方々とのコミュニケーションを通じて、もっと知りたいと思います。
〈334文字〉

【総評】

①自身の強み
②強みの形成背景や根拠（生い立ちや育ってきた環境）
③強みを活かしたエピソード
この3点を整理し、しっかり書くことが必要である。採用担当者はその人の強みは何か、それを入社後どう発揮し、活躍してくれるのかを知りたがっている。今回は②が抜けているので、書き加えるとよりよくなる。

デロイト トーマツ コンサルティングの エントリーシート

**■あなたが考えるコンサルタントのイメージはどのようなものですか。
また、コンサルタントに必要なものはどのようなものだと考えますか。**

私が考えるコンサルタントのイメージは「思い」を実現させる仕事です。クライアントが自社だけでは発見・解決できないことに対し、本当に実現したいゴールを一緒に見出し実現させる。そのような職業であると考えています。
そのために、必要なものは2つあると考えます。
①「当事者の気持ちに立って考えることができること」
クライアントが本質的に何を望んでいるのかを把握した上で、解決策を提供していくことが求められると考えます。そのためにクライアント以上にクライアントの身になり考え抜くことが求められると考えます。
②「組織、人を動かせること」
「思い」を実現させるためには組織を変え、人を動かすことが求められると考えます。そのためにプロジェクトを共に進めていくメンバーとも親密な信頼関係を構築し、「思い」を共有させることが必要だと考えます。
上記2つの能力が、コンサルタントとして必要なものと考えます。

! 文章全体から知性を感じる。またロジカルに書かれているので頭のキレも伝わる。提示した2つの能力も、コンサルタントには確かに必要なものだ。

■あなたが最終的に入社する企業を選択する場合、最も重要視することはどのようなことですか。その理由も含めて説明してください。

最も重要視するのは、私自身が成長できる環境かどうかということです。会社に依存し「会社の名前」で仕事をしていくのではなく、自分自身というブランドを構築し、「自分自身の名前と実力」で仕事ができ、自立した個人として主体的に活躍でき、結果を残せる市場価値の高い社会人になることが私の目標だからです。そういった意識の下で自分にシビアな姿勢で仕事に取り組まなければ、有益な成果は上げられず、結果として会社にもクライアントにも貢献することができないと考えています。そのために上から言われたことを受け身の姿勢でただ仕事をこなしていく環境であるか、自分自身の判断が求められ能動的に動いていかなければいけない環境なのかどうかを重視して選択します。

きみにとっての成長とは？

自分が成長し、市場価値の高い人材となったら、どんな貢献をしてくれるのか？ それを書くことで、採用担当者は、きみを採用するメリットを実感するのだ。

［総評］ コンサルに求められる資質は理解できている。あとは「なぜ事業会社ではなくコンサルなのか」についての説明を、2つ目の設問で書きたいところだ。

PwC JAPANのエントリーシート

■今までに成し遂げたことを教えてください

私は友人が抱える壁を打ち破る力になることができた。

私は昨年の12月に、「壁を打ち破る力になる」という方針のもと、自分たちで勝手に、大手町－箱根間を2日間かけて往復するという、「勝手に箱根駅伝」を企画した。15校以上の大学生と様々な職種の社会人、合わせて52名の参加者で一丸となって箱根を目指した。その参加者の中の1人に、この駅伝を機に、自分の見た目の弱さや自信のなさを克服したい、という大学院生がいた。

そして、勝手に箱根駅伝当日。彼は自分を変えるために20キロを走りきった。駅伝が終了した際、彼に「おまえのおかげで走れた。俺、変われた気がする。」と言われた。

1週間毎日2時間の睡眠時間の中で準備。当日も両手に電話を抱え、ランナーや各車両に指示。さらには、声が枯れるまで応援。時には並走して給水。「何故、こんなに頑張っているのだろう」と悩んだ時もあったが、この一言を聞いた瞬間に、涙がこぼれた。この経験を通じて、私は、彼が抱える壁を打ち破る力になれたと考えている。

■ご自身で自覚している性格と裏付け（強みと弱みの分析）

私の強みは「熱意」だ。「熱意」とは、人の心を動かす力だと考える。
大学4年生の春に、毎年開催されていた合同ゼミが、相手のゼミの廃止により開催できなくなった。「今年は中止にしよう。」と言う先生に対して、私は前年の合同ゼミを通じて、仲間との絆が深まったことから今年も開催したいと考え、「必ず開催します。任せて下さい。」と言った。そして私は、相手を探し回り、合同ゼミを開催までこぎつけた。そんな私の熱意に、先生も応えて下さり、金融庁・国税庁・国税不服審判所の方々を呼んで下さった。その結果私は、多くの方を巻き込んで、合同ゼミを開催することができた。

一方、私の弱みは「熱中しすぎて視野が狭くなる所」だ。
合同ゼミの相手を探す中で、商学部に所属していた私は、商学部の中だけで相手のゼミを探すことに熱中していた。しかし、相手のゼミが見つからず行き詰ってしまった。そこで、友人にアドバイスを求めると、法学部で探す事を提案された。なぜなら、ゼミの研究テーマは会計だけでなく法律の分野でもあるからだ。そこで私は、法学部で相手を見つける事ができた。この経験から私は、熱中するのもいいが、行き詰った時は一歩引いて考える事を学んだ。

■チームで活動した経験、およびその際の自分の役割と成果

私は、バンド活動の中で、リーダーとして、オリジナルCDの制作に寄与した。

私は、大学1年生から2年制の寮に入っていた。そして、大学2年生の夏に私は、その寮の友達とバンドを組んだ。バンド活動を続け、寮からの転居まで3ヵ月を切った頃、活動の集大成として、CD制作を始めた。録音が終わって編集の段階に入ったある日、編集の最中に、1人のメンバーの不満が爆発した。

「あいつの音が、俺の音を潰してるんだよ!」転居が近づいたにも関わらず、編集が進まない中での一言だった。編集では主に、互いの音が衝突しないように、異なる楽器の音色を調和させる作業をする。私のバンドには、5つの楽器があったが、各演奏者には各々の主張があり、全員を納得させるのは困難を極めた。煮詰まった状況をみて、私は、一旦編集を離れ、全員を飲みに連れて行った。そこで、お互いの曲への想いを再確認し、もう一度編曲に当たった。

1つ1つの音を聞きながら、音が潰し合わないように、すみ分けを決める作業を繰り返し、無事期限内にCDを制作した。この経験で、私は、リーダーとして異なる立場の人間を1つに纏め、CDを制作する事ができたと考えている。

【総評】
「コミットメント力」が伝わる。3つすべてのエピソードで、「一度決めたことは最後までやり切る」姿が見える。表現がやや感情的な点は注意を。

野村総合研究所（アプリケーションエンジニア職）のエントリーシート

■このキャリアフィールドで実現したいこと、
およびび実現する場として当社を志望する理由を教えてください。〈400字〉

ITを活用し最適な情報を提供できる顧客の一番のパートナーとして、付加価値の高い提案を行いたい。経営者の父がコンサルタントであることから情報と個人の能力を活かして、チームで企業の課題解決に寄与するコンサルティング業界に興味をもった。そして貴社の1 day-Jobに参加し、現代社会において欠かせないITを活用して顧客の新しいビジネスを創出することにやりがいを感じた。その中でもアプリケーションエンジニアを志望する理由は3つある。1、経営者の意思決定に携わることが可能であること2、若手のうちからプロジェクトに入り、自己成長できる環境があること3、業務分析から提案したものが実行され浸透するまでの全工程に関わり、一貫してサポートできることだ。システム提供だけでなく業界の「標準」を作ることができる貴社で幅広い業界の知識とITの専門性を身につけ、人を巻き込む私の強みを活かして企業価値の最大化に貢献したい。

！ 自分が育った環境をベースに自分の関心を語ると説得力がある。

この3点は、説明会で聞いたことを羅列しただけのようにも読める。要素を増やすと中身が薄くなる。面接で深く突っ込まれるところだ。注意しよう。

■あなたが大学入学後最も力を入れて取り組んだことについて教えてください。特に「なぜそれに取り組んだのか」「難しかった点」「自分なりに創意工夫した点」を重点的に教えてください。〈400字〉

ゼミ幹事として「ゼミ内の意識改革」に努めた。ディスカッション形式にもかかわらず、14人中3人しか発言しない現状に問題を感じ原因追究を行った。メンバーの学習意欲の低さが原因だった。そこで自主性を高めるために 1. 自由参加の勉強会 2. 全員参加型ゲーム形式のゼミ発表を行った。自分の担当課題をこなせばよいという消極的な声もあったので、「自由参加の勉強会における参加率向上」に力を入れた。原書のテキストを翻訳し、経済学書を用いて基礎理解を高めたのち予習段階で出てきた疑問点を質問シートにまとめることでゼミ中に活発な議論ができた。そのうえでゲーム形式の発表にしたことにより原書の表面をなぞるような発表から、深く内容を理解した上でその範囲をメンバーに楽しんでもらえるように工夫した発表に変化していった。その結果、勉強会参加者は3人から11人に増加し意欲的なゼミに変化した。この経験からチームの意欲向上が重要だと学んだ。

？ いい経験をしているだけに、この結論はやや軽い。チームの意欲向上が重要なことは誰もが理解している。自分ならではの気づきを言語化したいところだ。

【総評】
「課題解決力」が伝わる。組織の課題発見から、解決策の仮説を立て、実行までを力強く推進していること、そして周囲を巻き込む力もあるのが伝わってくる。面接では、最後まで巻き込めなかった3人について、なぜ巻き込めなかったのか、そこから何を学んだのかも聞いてみたい。

デベロッパー

商社と並ぶ人気業界。仕事のスケールが大きく、待遇もいい傾向にあるため、内定者のレベルが高い。商社に比べると人材の流動性が低く、大量採用はしていない。「強くて優しい」人が求められ、「類友」で採用される確率も高い。東南アジアなどに販路を拡大中で、海外でビジネスをやりたい人にはチャンス。
街づくりをする企業なので、その企業がつくった街を歩いてなぜそうなっているか、つくった側の視点で観察し、改善点などを言語化できるといい。「○○町」開発のためにどうしたらよいかという質問が出た企業もある。

デベロッパー

徹底的な企業研究でブランド戦略の違いを見つけよう

デベロッパーでは、「都市を開発する」「街をつくる」といった大規模な仕事に携わることになる。仕事の規模が大きいため、**関係企業との連携や、現場との協力体制を築く力**が求められる。自分の過去を振り返り、当てはまるものがあれば積極的にアピールしよう。

・課題解決力

ひとつのプロジェクトが非常に大きい。それだけに、起こり得る可能性をすべて洗い出し、リスクを回避しながらも、起きてしまった問題をどう解決してプロジェクトを遂行していくかが重要になる。その企業が手がけた開発プロジェクトのエリアや街に出かけて問題点やその解決策を整理することも必要。

・チームワーク力、人間関係力

協働する力が非常に重要な業界だ。取り組む仕事の規模が大きい分、多くの利害関係者が存在する。その人たちと調整業務をおこないながら、何がなんでも結果を出せるか。その素地があるかどうかを見られている。

評価される志望動機作成に向けて、明確にすべきこと

デベロッパーは、それぞれの企業が持ち味を活かして事業をおこなっている。実際に現地を訪れるなどして、**扱っている物件やプロジェクトを見ると各社の戦略やブランドの違いに気づく**はずだ。その中で、自分がもっとも目指したい企業を見つけ、なぜそう思ったのかを、自分のコア（社会に与えたい影響）と合わせて説明できるようにしておきたい。

次に挙げる項目について、自分なりの答えを持った状態で志望動機を書こう。

□なぜこの業界で働きたいのか
□なぜ競合他社ではなく、志望企業なのか
□志望企業の物件は見たか、何が課題だと思うか
□競合他社の物件は見たか、何が課題だと思うか
□興味のあるプロジェクトは何か。なぜそれに興味を持ったのか
□将来実現したいことは何か。それはいつから思い描いているか

三菱地所のエントリーシート

設問1：最大のチャレンジ
あなたが学生時代にした最大のチャレンジは何ですか。〈300文字以上500文字以内〉

大学時代に学生会議の新規開催に挑戦し、広報リーダーとして「参加団体の増加」に尽力した。この活動では、全国の国際系団体を対象にした学生会議を企画していた。だが、当初は参加申込が僅か4団体のみと集客に課題があった。そこで私は「多様な学生の参加がこの学生会議の醍醐味だ」と考え、広報リーダーに立候補して参加団体の増加に取り組んだ。特に意識したのは運営12人全員の「方向性の統一」である。具体的には、まず周囲と課題の要因を分析し、学生会議本番までの４か月間で事前イベントを開催して認知を拡大する計画を決めた。そして、「15団体の参加」という目標を共有した。目標達成のため、私は統括する立場として別部署の話し合いに自ら参加し、現状理解と部署間での連携に努めた。加えて、各担当者と個別の打ち合わせを重ねた上で全体ミーティングに臨み、進行役を務めて現状と目標の再確認を繰り返した。このように運営全員で密に意思疎通を図る組織づくりの下で広報に取り組んだ結果、当初の５倍となる19団体の参加を呼び込み、学生会議の開催も成功を収めた。この経験から、組織の全体像を捉えて行動する事がチームとしての成果に繋がることを学んだ。

！ 仕事で活かせる素養をアピールできている。

？ 参加団体が増えたのは連携を密にしたからだけなのか？

なぜこの目標になったのか？

設問2：大切にしている信念
あなたが大切にしている信念は何ですか。それを培ってきた経験をふまえて教えてください。〈300文字以上500文字以内〉

私は「人との縁を大切にする」という信念を大事にしている。これまで、私は目の前の人から新たな気づきや刺激を得て、自己成長に繋げてきた。その背景には、「留学生との交流」と「野球」という２つの経験がある。第一に、中学３年生で初めてアメリカからの留学生と交流した経験である。この時、自分とは異なる言語や文化に驚く中で、「違いの中に共通点」があることに魅力を感じた。それを機に、学年１位になるまで英語の習得に力を入れ、大学でも国際交流団体に所属して異なる価値観に触れることで、自らの視野を広げてきた。第二に、９年間打ち込んできた野球で常にライバルと共に切磋琢磨してきた経験である。私は投手を務めていたが、チームのエースとして追われる立場になることが多く、責任感と向上心を持って取り組むことで自らの成長に繋げてきた。このような背景から、私は他者との接点が自分自身の成長に繋がると信じている。社会人としては、同僚や周囲の人と刺激を与え合いながら互いを高め合い、成長することが出来ると考えている。そして人との「出会い」を大切に、異なる価値観や背景を持つ相手から学ぶ姿勢を心がけ、自己変革を繰り返していきたい。

次の設問に「自己変革」をつなげると、ES全体の説得力が高まる。

！ 自分の信念が形成された背景を、長い時間軸で述べられると説得力が高まる。

設問3：成し遂げたいこと
あなたは三菱地所でどのような仕事をし、何を成し遂げたいですか。そのように考える理由も併せて教えてください。〈300文字以上500文字以内〉

私は「多様な人、価値観が繋がる街づくり」を成し遂げたいと考える。私はこれまで東京都文京区という街で生まれ育ち、豊かな自然と地場に根付いた人々が織りなす街並みに魅せられてきた。加えて、留学生との交流や在留外国人の支援活動を通じて、異なる価値観に触れる魅力を学んできた。そこで、将来は国籍や言語、文化を超えて人々が出会い、繋がる空間を自らの手で創り上げていきたい。その中で、私は貴社で「大丸有エリアの価値向上」と「ASEAN地域での街づくり」に携わりたいと考えている。第一に、貴社が手掛ける大丸有エリアは多様な企業や人々が集まる中心地になっている。私はこのエリアに頻繁に足を運ぶ中で、平日から休日まで多種多様な人々で賑わう空間に魅力を感じた。特に、貴社が今後力を入れる有楽町エリアにおいて、官民一体で外国人や老若男女が集う街づくりに挑戦していきたい。第二に、成長著しいASEAN地域でのプロジェクトに携わりたいと考える。日本で培ってきたノウハウを活用するだけでなく、海外での知見を日本に取り込んでいきたい。それにより、異なる価値観が交わり合い、新たな「価値」を生み出す街を創造することができると考える。

面接ではこの内容を深掘りされ、情報感度の高さや思考力、分析力を判断されることになるだろう。

具体的なイメージを面接で話せるようにしておく。

［総評］ **総合デベロッパーの仕事で大切なことを、適切に捉えている印象を強く受ける。この学生は、企業研究としてワードで40枚以上の情報をまとめた上でこのESを書いていた。徹底的に企業と自己を理解してきた努力が表れている。**

三井不動産の
エントリーシート

■母国以外への留学/在住経験についてお伺いします。
母国以外に滞在された期間を、月数でお書き下さい。
（複数回のご経験がある場合は、通算での期間をご記載ください）1 桁以上 3 桁以内

1か月

■留学／在住経験がある方は、国名／ 滞在経緯等についてお書き下さい。〈100文字以内〉

ドイツ／ボン大学夏期短期留学プログラムに参加

■あなたが所属するゼミナールや研究室の名称、研究テーマ、卒業・修士論文等についてお書き下さい。〈100文字以内〉

特になし

■課外活動についてお伺いします。最も力を入れて活動されていたことは何ですか？　団体名や活動内容をお書き下さい。〈100文字以内〉

イタリアンレストランサイゼリヤにて、高校2年〜現在まで5年半勤務。現在は店舗で一番の古株として社員とアルバイトをつなぐ役割を担い、店舗の良い面を残しつつ店長の方針に沿った変革に注力した。(92文字)

具体的な内容はここでは分からないが、目的意識や柔軟性を持っている学生だと想像できる。

■あなたが三井不動産を志望する理由についてお書き下さい。〈400文字以内〉

私は「人の人生を支える空間作り」が出来る仕事に就きたいと考えているからである。高校時代、祖父母の家の近くの商業ビル再開発が地域の人々のコミュニケーションを生み、次第に地域のニーズにあった再開発となっていく過程を見て、不動産開発が地域に与える影響を実感した。この経験から次第にデベロッパーという職業に興味を持った。今後資本が集中し、発展する都市と衰退する都市の二極化が進むと考える。その中で貴社は会社全体でハードとソフト両面に力を入れて「柏の葉キャンパスシティ」をはじめ新たな面開発に力を入れている印象を受け志望した。私はオフィスへのテナントの営業・リーシングを通じて社内では「一番お客さんのために頑張る男」、社外からは「私達のために最善を尽くしてくれる人」として評価され、信頼を勝ち取れる人になりたい。
（389文字）

！ 自分の生い立ちをもとに語られているので説得力がある。街が変わりゆく姿が鮮烈な印象だったことが伝わってくる。

■以下の質問では、今のあなたを形成するうえでの重要な経験（競った事、失敗した事、成功した事等）についてお伺いします。経験の詳細・経緯、またその経験が、今のあなたの考え方や行動にどうつながっているのかをお書き下さい。

大学入学までの経験の詳細と、その経験が今のあなたの考え方や行動にどうつながっているのかをお書き下さい。※枠内で改行をしたり、箇条書きにしたりせず、所定の字数内でご記入下さい。改行・箇条書きをされた場合、正しくお受け取りできない場合があります。〈400文字以内〉

私はひたすら結果をつかむための努力をしてきた。その始まりは小学校での野球チームに所属していたときのことである。運動は苦手で、後から入ってきた仲間に定位置を奪われ5年次までキャプテンだが補欠という悔しい思いをした。スタメンを再び得ようと毎夜素振りと走り込みを始め、時にはコーチに付き添ってもらい自主トレに励んだ。これらを続けているうちに、次第に自主トレに協力してくれる仲間が増え、切磋琢磨し打力と守備力を向上させた。結果、最後の地区大会で一回戦目からスタメン起用をしてもらい、決勝戦では試合を決める決勝打を放つことができた。このような経験が、「努力をすれば結果が付いてくる」という自分の行動における一つの価値観になった。高校でアメリカンフットボール部を怪我で辞めた後、怪我を克服し大学時代ロードバイク６時間耐久レースを完走することが出来たのは、この価値観を現在も心がけてきたからである。（392文字）

！ 地道な努力ができる人物だ。「努力をすれば結果がついてくる」という価値観が伝わってくる。

■上記の経験の時期（または期間）を具体的にお書き下さい。（西暦年月～西暦年月）〈30文字以内〉

■大学・大学院の学生生活での経験の詳細と、その経験が今のあなたの考え方や行動にどうつながっているのかをお書き下さい。〈400字以内〉

高校２年の秋から飲食店でのアルバイトを５年間続け、４人の店長と仕事をする機会があった。その中で「他人に自分の考えを実践してもらう難しさ」を痛感した。例えば、「売上重視」の店長の時、「商品ロス」を減らす必要があった。当初私はピーク時に頻発する全体のミスを減らすことでロス改善できると考えた。そこで自分のこれまでの経験から「声かけ」で店内の状況を共有し、ミスを未然に防げると考え店長の許可を得て連絡ノートに書いた。しかしノートを読まない人もいたため、徹底できず実践してもらえなかった。そのため自分から積極的に声かけをすることで他のクルーに意識をしてもらい、少しずつ定着させることが出来た。これを導入にした２カ月後、商品ロスをほぼゼロに減らすことが出来た。これは他のクルーが共に店舗を良くしようと協力してくれたおかげでもあった。現在も自分の考えを共有する時、相手に利点が見えるようにする工夫を心がけている。(398文字)

■上記の経験の時期（または期間）をお書き下さい。（西暦年月～西暦年月）〈30文字以内〉

**■就職活動を通じて、あなたが感じたことをご自由にお書き下さい。
※枠内で改行をしたり、箇条書きにしたりせず、所定の字数内でご記入下さい。改行・箇条書きをされた場合、正しくお受け取りできない場合があります。〈400文字以内〉**

様々な社会人の方と会う中で、「自分は世間のほんの一部しか知らない」ということを痛感した。日本の現在の情勢や問題について学術の視点や媒体を通じて活字や数字の世界で理解をした気になっていた。しかし様々な業界の説明会に足を運び、市場状況をそれぞれのエキスパートから聞く過程で、今後の日本社会全体における展望が暗いこと、海外での事業進出が急務であるほどの深刻な問題になっていることを実感した。また今まで世界に目を向けてこなかったこと、海外勢に押されている事実を知っていても探求しなかったことを後悔した。そして自分に何ができるのか、何を実現できるのかということを真剣に考えるようになり、次第に実現したいことができるフィールドを絞れた。今後反省点を活かし、就職活動を終えたら残りの学生生活で資格取得と東南アジアへの短期留学をはじめ、やれることを全てやりきりビジネスの場で活かしていけることを増やしていきたい。(397文字)

!

上司が変わると方針も変わる。社会に出てからも、当然このような状況に何度も身を置くことになる。このエピソードを通して、どんな上司の下でも方針を尊重しながら部下や後輩を指導していける人であることが伝わる。

これも実践するのは難しいが、できていれば仕事をする上で役立つ。面接で具体的な事例を聞いてみたい。

謙虚にこれまでの学生生活を反省した上で、今後の計画を書けている点がいい。

【総評】

「課題解決力」が伝わる。関わる組織をよりよくしようとする人間性が伝わる。デベロッパーは、現在あるものを「よりよく」していくことが求められる。その点は評価されるだろう。

森ビルの
エントリーシート

設問1
あなたはどんな人ですか。また、あなたを知る上で欠かせない、これまでの経験や具体的なエピソードを教えてください。(設問1と設問2のエピソードのうち、必ず1つは学業のことを中心に書いてください。)

あなたはどんな人ですか〈50文字以内〉

仲間を繋ぐ架け橋として、組織の成果を生み出す人

タイトル〈30文字以内〉

広報リーダーとして、学生会議に参加する団体を約5倍に増やした経験

とはいえ、全団体の2割にも満たない。より多くの団体を巻き込むためのアイデアや方法を聞きたい。

経験や具体的なエピソード〈500文字以内〉

大学時代に学生会議の新規開催に挑戦し、「参加団体の増加」に尽力した。この活動では、国際的な活動を行う約120団体を対象とした学生会議の開催を目指していた。だが、当初は参加申込が僅か4団体のみと集客に課題があり、運営側の危機感も希薄だった。そこで、「多様な学生が集まる場を生み出したい」と考えた私は自ら名乗りを上げ、広報リーダーに就任して集客に取り組んだ。最も意識したのは運営12人全員の「方向性の統一」である。まずは「15団体の参加」という目標を全員で共有し、本番までの4か月間で事前イベントを開催して認知を拡大する広報計画を定めた。準備段階では、私は統括する立場で3つの部署にまたがって話し合いに参加し、部署間での調整役を担った。加えて、各担当者との事前準備を重ねた上で臨んだ全体ミーティングでも進行役を務め、現状共有と目標の再確認を繰り返した。このように、自ら中心となって全体で密に意思疎通を図って広報に取り組んだ結果、当初の約5倍となる19団体の参加を実現し、学生会議も成功を収めた。この経験から、仲間を結び付ける自らの強みを自覚し、目標の共有と密な意思疎通が組織の成果に繋がることを学んだ。

! 最後のまとめに説得力がある。文章の流れとそのまとめとが合っていないESは多い。まず主張したいこととその理由を明確にしてから、文章構成を考えよう。

設問2
あなたについてもっと知りたいと思いますので、さらに他の経験や具体的なエピソードを教えてください。(設問1と設問2のエピソードのうち、必ず1つは学業のことを中心に書いてください。)

タイトル〈30文字以内〉

所属する国際社会学ゼミで学んだ「場」の重要性

経験や具体的なエピソード〈300文字以内〉

所属する国際社会学ゼミで、在留外国人の中高生を支援するフィールドワーク活動に力を入れてきた。私は留学生との交流を通じて異なる価値観に触れることに魅力を感じ、「日本社会での多文化共生」について学びを深めるために参加している。具体的には、○○市で毎週土曜日、多様な国籍を持つ生徒が自由に過ごす教室の運営をゼミ生主体で行っている。その中で、私は「毎週行きたくなる」教室を目指し、生徒との対話で「傾聴」と「自己開示」を心掛けて信頼関係を構築し、生徒同士の接点を自らが起点となって作り出してきた。この活動から、国籍や言語を超えた人々を繋ぎ合わせるものとして、彼らが集う「場」の存在が重要な要素であると学んだ。

この背景と志望動機が関連しているかが気になる。

このとき気をつけていたことを聞いてみたい。

設問3
あなたが当社に興味を持ち、働きたいと思っている理由を3つ教えてください。
ご自身の経験やエピソードを交えて書いていただいても構いませんし、具体的なプロジェクトにフォーカスして書いていただいても構いません。

3-1　志望理由〈300文字以内〉

明確なビジョンの下で掲げる「東京を世界一の都市にする」という理念に共感し、貴社を志望する。私はこれまで21年間都心で生まれ育ち、街それぞれが異なる顔を持つ東京に誇りを感じてきた。その一方で、大学時代にバンクーバーを訪れた際に、計画的な道路機能や自然と都市が調和した街並みを目にし、東京はさらなる発展の余地が残されていると実感した。貴社は多様な社会課題に向き合い、世界的な視野から東京を見つめている。特に、「立体緑園都市」というビジョンを持ち、建物だけでなく交通や自然までを含めた都市構造の根本的な転換に挑戦する貴社の姿勢に強く惹かれた。私は、貴社で世界中から「人を惹き寄せる東京」の実現に挑戦したい。

具体的な内容を面接で話せるようにしておく。

！ 仕事で挑戦したいことが実体験とともに具体的に述べられている。

3-2　志望理由〈300文字以内〉

「多様な人々を繋ぐ都市づくり」の実現のため、貴社を志望する。私は「人との縁」を最も大切にしてきた。特に、留学生との交流や在留外国人の支援活動を通じて異なる価値観に触れ、新たな気づきを得て自己成長に繋げてきた。そこで、将来は多様な人々が結びつく環境を自らの手で生み出したいと考える。これは、都市開発からタウンマネジメントまで多岐に渡る事業を手掛け、多様な価値観を持つ人々の「出会い」を大切にする貴社の姿勢に通ずると感じた。貴社の虎ノ門・麻布台プロジェクトにおける"人と人を繋ぐ「広場」"というコンセプトはまさに私の理想像だ。私は、貴社の「人を繋ぐ都市づくり」を通じて多様な人々の出会いを生み出したい。

具体的な内容と、それが会社にどう貢献できると考えているのか聞きたい。

3-3　志望理由〈300文字以内〉

「こだわりを持って考え抜く」貴社の姿勢に魅力を感じた。貴社には、思考を凝らして都市づくりに細部までこだわる風土が根付いている。特に、地権者や行政等の多様な利害関係者と対話を重ね、長い年月をかけて作り上げてきた六本木エリアがその象徴だと考える。実際に六本木に足を運んだ際には、他の街とは一線を画す「一つの世界観」がエリア全体から感じられた。それは、都市の人や生活、未来までを考え抜く貴社だからこそ成し得る都市づくりだと考える。私はこれまで９年間投手として野球に打ち込み、粘り強く試行錯誤を重ねて成果を生み出す力を培ってきた。この強みを生かし、街に寄り添って未来を創造する貴社の都市創りに貢献したい。

？ もったいない。こだわり大事にしている会社の姿勢だけでなく、その理由と自らの経験が結びつくことをアピールしたい。

【総評】 ESや面接において、同じ内容を繰り返し聞かれることは多く、エピソードを１つしか用意していないと対応できない。ESであれば事前に考えておけるが、面接ではそうはいかない。特に志望度の高い企業では、自己PRや志望動機を様々な角度から話せるように準備しておこう。

NTT都市開発の
エントリーシート

あなたが大学・大学院での学生生活において周囲と協力して取り組み、成果を得たことをご記入ください。〈400字以下〉

学生会議に参加する団体を増やす活動に尽力した。当初、参加申込が対象の約120団体中で僅か４団体のみと集客に課題があった。だが、運営の中では危機感が希薄だったため、「多様な学生の参加が一番の醍醐味だ」と考えた私は、自ら名乗りを上げて広報リーダーに就任した。最も意識したのは運営12人全員で同じ目標に向かう事である。まずは本番までの４か月間で認知を広げるための事前イベントの開催を決め、「15団体の参加」という目標を共有した。その上で、私は統括する立場で別部署の話し合いにも参加し、現状理解と部署間での連携に努めた。加えて、各担当者と打ち合わせを重ねた上で臨んだ全体ミーティングでは進行役を務め、現状と目標の再確認を繰り返した。そして全体で密に意思疎通を図って広報に取り組んだ結果、当初の約５倍となる19団体の参加を実現した。この経験から、目標の共有と密な意思疎通がチームでの成果に繋がることを学んだ。

成功した背景にある物事の進め方や、その元にある、自分の考え方や価値観を明確にしておく。

あなたが大学・大学院での学生生活において個人で力を入れて取り組み、成果を得たことをご記入ください。〈400字以下〉

副代表としてゼミ内の交流促進に取り組んだ。この国際社会学ゼミでは授業内で議論する機会が多いにも関わらず、コロナ禍で前年度から教授が学生の名前をうろ覚えであるほど関係性が希薄だった。私にとってゼミに入った理由の１つである人間関係構築の為、ゼミ内のまとめ役を担う副代表に立候補して交流促進に取り組んだ。最も力を入れたのは総勢39人が参加する交流会の企画である。飲食禁止かつ教室内での開催という制限の下で、「フランクな関係づくり」を目指して熟考し、UNO等の５種類の遊びを通した企画を考案した。さらに、最後には誕生日が近い教授を全員でお祝いし、ゼミ生の写真付き名簿をプレゼントすることで教授と学生間での距離が縮まるように工夫した。この交流会後には、ゼミ生が毎週授業後にも自然に集まるようになり、学年の壁を超えた交流を生み出すこともできた。この経験から、課題解決に向かって自ら考え、やり抜く達成感を強く実感した。

？ 個人で力を入れたことのアピールになっていない。学業など、他の設問で言及していないことを書いた方がいい。

あなたはNTT都市開発で何にチャレンジし、何を成し遂げたいと考えているかをご記入ください。〈400文字以下〉

私は地域の人に向き合う姿勢を貫き、「人と人の繋がりを生む街づくり」を成し遂げたい。私がこれまで21年間生まれ育った東京都文京区という街は地元の繋がりが多く、温かい友人に囲まれながら成長することができた。そこで、将来は人々が繋がり、人が成長する土台となる環境を自らの手で創り出したいと考えている。その中で、貴社が手がける品川シーズンテラスに足を運び、会社員だけでなく地域で暮らす家族が共に賑わいを創出する光景を目にした。そこで、地域の個性を生かして繋がりを大切にする貴社の街づくりが、私の理想であると確信した。また、社員訪問を通じて貴社の「地域の人々に誠実に向き合う」風土に魅力を感じた。そして、私がこれまで９年間野球に打ち込む中で培った、他者と徹底的に向き合う強みを発揮できると考える。以上のように、日本全国で地域の人々に寄り添った街づくりを行う貴社で、「人々の繋がりを生む街づくり」を実現したい。

こう書くのであれば、地元の街づくりがどのようにおこなわれてきたのかも知っておこう。

！

現場を知った上で自分の意見を述べられていていい。

デベロッパーとしてあなたが創造したい社会や都市の姿を自由に述べてください。〈250文字以下〉

私は「日本人と外国人が共生する社会」を創造したい。これまでの国際交流活動や外国にルーツを持つ中高生の支援活動を通じて異なる価値観に触れる魅力を学んだ一方で、日本では外国人が暮らす環境に改善の余地が残されていると感じる。だが、地域の過疎化が進行する現代で多種多様な人々が共に地域を創る環境は極めて重要である。そこで、人々にとっての憩いの空間や新たな出会いを生む環境を創り、異なる価値観を持つ人々の出会いを生み出す。そして、観光や研究にも生かすことで、活力に溢れて地域の人々が共に育む社会を実現したい。

？

前の設問への回答との一貫性が伝わりづらい。

あなたが社会人として働くにあたり、最も大事にしたい考え、価値観、想い等を自由にご記入ください。〈250文字以下〉

私は「人との縁を大切にする」という価値観を大事にしたい。これまで、留学生との交流を機に英語が好きになり学年１位まで上り詰めた経験や、９年間打ち込んだ野球でエースを勝ち取った経験など、身近な人から刺激を得て切磋琢磨してきた。このような背景から、他者との接点が自らの成長に繋がると信じている。社会人としては、同僚や周囲の人と刺激を与え合いながら互いを高め合い、成長することが出来ると考えている。そして人との「出会い」を大切に、異なる価値観や背景を持つ相手から学ぶ姿勢を心がけ、自己変革を繰り返していく。

? 街づくりとどう関連するのか？

［総評］ 「人をつなぐ」という想いを大切にしたい一貫性は見えるが、NTT都市開発でがんばりたいことがやや定まっていない印象を受ける。入社してやりたいこと、その理由を盛り込み論点を整理すると、より伝わりやすいESになる。

GAFAM・他

変化の速い業界。情報収集能力や実行力、そして、他業界よりも、クリエイティビティが求められている。現場では、その場でできることを探し、改善する力が求められる。知見を広め、実績を積むことで、より上流の仕事に携われる。このサービスはどうするとカスタマーサービスが向上するのかといった、自分なりの提案ができるといい。
職種によっては、コードが書け、システムが組めるかなどのスキルが見られる。エンジニア職ではどのコンピュータ言語が使え、何を設計したかが問われるため、ポートフォリオの提出を求められることも。技術力をアピールできれば大きな優位性がある。

GAFAM・他

価値を生み出す企画提案力とサービスへの理解が求められる

変化の激しい業界の中で、新しい企画を提案し続ける能力が求められる。自ら考え、価値を生み出す経験や多様性を培ってきた経験、時代の流れを敏感に察知する能力を伝えたい。

・コミットメント力

何かひとつのことに没頭した経験があるといい。入社後に専門性を磨く機会も多い。仕事を究める資質があるかどうかを見られている。

・創造力

0から1を生み出した経験、自分のアイデアをもとに、何かを立ち上げたり、始めたりした経験は有利。入社後は、変化に即応して新たなサービスを次々とリリースするため、その素地があるかが見られている。エンジニア志望で何かのサービスをつくり上げた経験があればアピールしよう。

・チームワーク力

チームで新たな価値を創出するため、個性的な人たちと協力し困難を乗り越えた経験があれば有利。

評価される志望動機作成に向けて、明確にすべきこと

これらの企業のサービスを使ったことのある人は多いので、何をするかイメージしやすい業界だろう。しかし、それを仕事にするとは受け手から提供側へと回ること。**あらゆるサービスを体験し、それらの改善点を提案できるよう調べておこう。**きみがどんなサービスやデバイスをよく使うのか、各社聞いてくるはずだ。万全の準備で挑むようにしよう。

次に挙げる項目について、自分なりの答えを持った状態で志望動機を書こう。

- **□なぜ志望業界で仕事をしたいと思うのか**
- **□自分が特に扱ってみたいサービスは何か**
- **□自分だったら、そのサービスをどのように改良していくか**
- **□志望業界は10年後にどのようになっているか**
- **□そのときに自分は、どのようなサービスを提供していたいか**
- **□志望企業のサービス（アプリやコンテンツ）の改善点はどこか**

Google（Advertising Sales）の エントリーシート

1.Googleで働きたいのはなぜですか？ また、Googleで成し遂げたいことは何ですか？

人と情報をつなぐパイプ役として、世界中の人々の人生の選択肢を増やしたい。

世界では10億人もの人々が貧困に苦しんでいる。その事実に衝撃を受け、自分にできることを探すため、世界5カ国のスラム街を訪れた。現地で出会った子供たちは、生まれた場所によって人生の大半が決まってしまう。自分が生きたいと思う人生を歩むことができない。

ホームステイを通して、現地の人々の目線から世界を見る中で、情報へのアクセスが限定されており、得たい情報を得たいときに得られないことが人生の選択肢を少なくしていると感じた。

インターネットの普及によって、国境を超えて情報の送り手と受け手をつなぐことが容易になった。私がパイプ役となって人と情報をつなぐことで、世界中の人々の人生の選択肢を増やし、一人でも多くの人に生きる希望を与えたい。グローバルネットワークとメディアを持つ貴社でその夢を実現したい。〈381字〉

？ 志を持っていることは強く伝わってくる。しかし、アプライしているポジションはSalesだ。将来の展望も大事なのだが、地に足のついた志望動機を書くべきだ。そのためには、入社後にSalesとしてどのような活躍をしたいと思っているのか、2、3年後のイメージをふくらませよう。もう1点。情報へのアクセスが均等に行き渡っていない社会の実情が、スラムの現状に最も大きな影響を与えている、という論理が分かりづらい。

2. 次の（1）と（2）の質問からどちらかを選んでお答え下さい。〈字数指定なし〉
（1）今後、インターネットまたはオンライン広告はどう変わっていくと思いますか？
（2）今後、Google がビジネスを伸ばすために必要なことは何だと思いますか？

オンライン広告は広告市場における存在感を高め、マーケットを牽引する媒体へと成長していくと思う。

スマートフォンやタブレットPCなどの革新的なデバイスの発達によって、これまでアナログ媒体を通して情報を得ていた消費者が、インターネットを普通に利用するようになった。デバイスのユーザー増加に伴い、インターネット人口が世界中で激増している。メディア上に存在する消費者の人口が多くなる分、他のメディアに比べてオンライン広告が存在感を高めることは間違いない。

実際に、サーチエンジンやSNSサイトにおける広告収益は高い成長率を誇り、広告業界のビジネス構造を大きく変化させている。そして、オンライン広告は、このままの勢いで成長を遂げて、近い将来、新聞広告を抜いてトップのテレビ広告に次ぐポジションを獲得する。いずれはテレビ広告も抜き、広告業界でナンバーワンの媒体として、大きな存在感を発揮すると思う。〈389字〉

現状の説明になってしまっている。スマートフォンやタブレットPCユーザーがますます増える未来で、広告はどのように変化していくのか。鋭い考察でこの業界で活躍すると予感させたいところだ。

3. 次の（1）と（2）の質問からどちらかを選んでお答えください。〈字数指定なし〉
(1) 今までで一番成功したことは何ですか？　また、なぜ成功したと思いますか？
(2) リーダーシップを発揮した経験は？　また、その経験から学んだことは何ですか？

アフリカの子供たちの給食支援サークルを立ち上げ、10人の仲間と共に活動に取り組み、これまでにトータルで約5000食分の寄付を実現した。困難に挫けることなく、仲間と連帯しながら、粘り強く行動したことが成功に繋がったと思う。

食堂の売上げの一部をアフリカの子供たちの給食支援にあてる事業を大学に導入するためにサークルを立ち上げた。しかし、食堂から収益が下がるという理由で断られてしまった。

減少する利ざやを販売数の増加でカバーするため、学生のニーズに合った新メニューの開発に取り組んだ。まず、100人の学生にアンケート調査を実施したところ、「野菜不足を解消したい」という回答が全体の約6割を占め、ヘルシーメニューに対する大きなニーズを発見する。そこで、野菜を豊富に用いたレシピが紹介されている本を購入し、私の家で実際に試食会を開催した。

そして、3ヶ月後に再び臨んだ食堂との交渉では、ヘルシーメニューに対するニーズを説明した上で、試行錯誤の末に生まれた自信作「サラダボウル」を披露した。最終的に食堂は寄付の仕組みを導入することを了承してくれ、これまでに約5000食分の給食支援を実現できた。〈507字〉

！ ニーズを把握してから開発に挑んだ姿勢がいい。ネット業界で求められる資質だ。

4.これだけは誰にも負けない自信があることは何ですか？〈字数指定なし〉

チャレンジ精神と絶対に諦めない粘り強さでは誰にも負けない。

不可能と思えるようなことにチャレンジして、自身を大きく成長させたいと、標高約6000メートルにもおよぶキリマンジャロの登頂を決意した。しかし、それまで登山をしたことがなかった私にとって、氷点下の中で5日間も登り続けることは、あまりにも無謀な挑戦であった。

アタック開始直後は順調に登り続けていたのだが、登頂を目前にして高山病にかかってしまった。激しい目眩や頭痛に襲われ、歩き続けることすら厳しい状況に陥った。その中で、登山にチャレンジする意味を改めて自分に問い直した。

登山の目的は、自己成長のためだけでなく、困難を乗り越えて達成する喜びを人々に伝えるためである。それが原動力となり、粘り強く歩き続けた結果、最終的に登頂することに成功した。

困難をやり抜いたことで、チャレンジ精神と絶対に諦めない粘り強さを培った。将来の自分を支える自信になると思う。〈400字〉

人がなかなかしないユニークな経験だ。この力は他の活動にも活かせていないか。得た力を他の場面でも応用できる姿をアピールできるとなおいい。

【総評】「創造力」が伝わる。隠れたニーズを発見し、新しいサービスをリリースできている点がネット業界での活躍を予感させてくれる。GoogleのSalesとしての素要を書き納得感を高めたい。

アマゾンジャパンの
エントリーシート

1.これまでにとてもがんばったけれども、うまくいかなかったことと、そこから学んだことについてご記入下さい。〈必須／2000文字以内〉

■とてもがんばったこと：教育系ベンチャー企業にて、アジアでの企業説明会開催の企画立ち上げ
学部4年の秋から1年間、教育系ベンチャー企業でインターンシップを経験した。中でも、日本でアジア人採用促進を図るチームのリーダーを務めた。自身の「多様性のある人材を活かせる社会を創りたい。日本をグローバル化させたい」という思いを実現させる為だ。国内での外国人留学生採用促進活動では、半年間で20回強のゼミを開催し、300人以上の外国人留学生を集め、企業向けの説明会も成功を収める等、成果を挙げていた。そこで、次に、アジア（特に北京・上海・香港・シンガポール等）の大学から、直接日本企業への採用を促進するプログラムを創る事になった。日本の総合商社等から需要の高い、北京大学の学生等の採用を行うプログラムだ。具体的には、アジア地域のトップ大学で自社の個別説明会を行う事が出来、更に学生のレジュメ収集が可能なプログラムを作成する事になった。そこで以下の準備を行った。
1. 各トップ大学学生課とのコンタクト
2. 現地学生を企業と直接繋ぐ為の、個人情報入力ツールづくり
3. 参加企業への営業。
特に、学生インターンで取り仕切っているアジアチームでは、1. と 2. に注力した。

■うまくいかなかったこと：
しかし、結論的には、全ての作業が中途半端な達成段階で中止となり、このプログラムは途中で頓挫してしまった。これは、新規プログラム作成を国内で成功させていた自身にとっては、自信を喪失する挫折であった。

■うまくいかなかった理由：
最も大きな理由は「自身のリーダーシップが十分でなかった点」にあると考えている。私たちのチームは、学生6名（香港大生1名・バイリンガルの中国人東大生2名、同志社生1名・早稲田生1名・自身）と社長で構成されていた。チーム全員が非常に優秀で、言語や作業を進めるスピードに関しては問題が無かった。しかし、リーダーとしての自身の力量が足りず、全員の力を十分に発揮し、纏めていくことが出来ていなかった。例えば、社長と2人で決めたタスクをメールだけでチームに振り分けるお願いの仕方をする等、チームが、どの様に感じるかをきちんと配慮する事なく、プログラム作成を進めてしまっていた。更に、リーダーとして重要な目標設定に関して、リーダーである自身が、納得感を持って取り組むことが出来ていなかったにもかかわらず、議論をする事なく、物事を進めていた。ただでさえ、国籍の違いのある学生とチームを組んでいるにもかかわらず、多くの議論をする事もなく物事を進めようとしていた点は、大きな反省であり、現在に繋がる大きな学びにもなっている。

■学んだこと：
それは、国籍や立場が異なっても、自身の思いを共感して貰えるまで説明し、且つ相手のニーズにも合わせ、きちんと考えや思いの共有を行う事で、物事を達成していく事の重要性だ。その学びを、この新規プログラム中断の後につくった、国内プログラムチーム（モンゴル人一橋生1名・ベトナム人一橋生1名・米国学部生1名・自身）での活動でも活かす事が出来たと考えている。今後、この学びを活かし、より良いチームを創り、より良い目標達成を行っていきたいと考えている。

?

力量不足だった点についてイメージしやすい。しかし、ここで重要なのはなぜチームへの配慮ができなかったのかだ。また、なぜ議論を尽くさず自分で物事を進めようとしてしまったのか、ではないか。力量不足だったと、至らなさを認めている点はいいが、上記の原因は分析し書くべきである。そもそも、なぜリーダーの力量不足が、計画中止となってしまったことの最大の理由になっていると思うのだろうか。丁寧に説明したい。

2.これまでに“やらなければならない”という状況下において努力したことと、その成果についてご記入下さい。〈必須／2000文字以内〉

■アルバイトでの街頭営業、1日1件の契約を取らなければならないという状況：修士1年の秋から3ヶ月間、難民支援を行う国際機関の日本窓口でアルバイトを経験した。ショッピングモールや都内駅周辺の街頭で、一般の方々にお声がけをし、1ヶ月あたり1,000円からの継続的なご支援のお願いをするというアルバイトであった。週に平均4回程度の出勤で、毎回3人一組でチームを組み、事務所から指定された場所で、活動を行った。この際、毎日、1人1件以上の契約を取る必要があった。なぜなら、その組織の活動国の中でも、日本でのプロジェクトは初の試みであり、プロジェクト継続の為には、必ずそのノルマを達成する必要があったからである。更に、上層部の方の中には、自身と同じ大学出身者で、非常に自身を可愛がって下さる方もおり、期待をされることに大きなプレッシャーを感じていた。世界中で同じ形式の事業が展開されており、その調査から平均100人話しかけて1人の人がやっと入ってくれる様な営業活動とわかっていた。更に、冬の寒い街頭に7時間立ち続けるという厳しい状況だった。

■努力した事：
結果を残す為、私は主に以下3点の努力を継続した。
1. 自身の活動が、どんなに辛い状況であっても、現地に居る難民の人たちの命を救う活動に繋がっていると意識し続け、活動の意味を忘れないこと。
2. 毎日同じ方法で活動を行う為、マンネリ化しやすい環境を、出来るだけ変化にとんだものにする為、メンバー間で話し合いながら、配置換え等常に頭を働かせながら工夫をした事。
3. 事務所の方と、メール・電話・ミーティング等のコミュニケーションを取り、現場だけではわからない疑問点を随時つぶすことである。

■成果：
この結果、チーム全体、また、私個人としても、平均1日1件という目標を達成することに成功した。そして、このプロジェクトを継続することが、国連本部より許可された為、私自身現在もアルバイトとして活動を続けている。

！ 失敗から学び、次の行動に移せているのはいい。成長意欲を感じる。

努力した3つのことを読むと、真剣にこの活動に打ち込んでいたかがわかる。一方で、ノルマ達成にこの3つのソリューションがどのように効果を表しているか、そのつながりが分かりづらくはないか。やみくもに努力をするタイプという印象になってしまっている。

3. あなたのアイディアについてお聞かせください。
(20XX年、あなたはアマゾンの商品とサービスを統括している責任者です。今回、あなたは新しい商品とサービスをアマゾンで始めることにしました。あなたは何を始めますか?)
〈必須/2000文字以内〉

■サービス名:「人材出品サービス Nile.com」

■価格:無料

■対象:人材探しをしている人や組織

■概要:「Nile.com」は Amazon.com の商品出品機能を人材探しに使った今までにない安全でかつ総合的な人材検索サービスである。Amazon.com の「地球上で最もお客様を大切にする企業」であるという理念を実現する新たな手段として、商品のみでなく、「人」と「人」の出会いをつくり出すサービスを始めることを考えた。「モノ」を越えたプラットフォームという意味もこめて、「アマゾン川」より長い「ナイル川」をプラットフォーム名として使用した。本サービスの特徴は、あらゆるシーンに適切な人材を、Nile.com 側で探し出し、紹介し、且つ安全な条件で出会いを提供できる点だ。

■主な機能:
(1) 求める人材を検索機能により1発で発見できる(現在の Amazon.com 商品カテゴリー検索の人材版。例えば、人の強み毎のカテゴリー・取得資格毎のカテゴリー・趣味や興味毎のカテゴリー・ライフヒストリー毎のカテゴリー等)
(2) 自身の人生ストーリーに適した人材を紹介してくれる(現在の Amazon.com のおすすめ商品の人間版。例えば、自身が今までどの様な人たちと付き合ってきて、将来、どの様な人になりたいのかを記入すると、その目的に必要な人材を紹介してくれる)
(3) 実際に会うスペース・コーディネーター・証明書の提供。(安全の確保のため。商品以上に、人どうしの触れ合いが生じることで、今まで以上に安全性を確保する必要があると考える。その為、紹介された人材どうしが出会う安全なスペースと立会人・Nile サービスによる証明書を発行する)

■利用事例:
(1) 父親を亡くした青年が就職活動中に悩んだ時、相談出来る人生の先輩を探す時
(2) 海外から移住してきた難民が、日本に馴染むお手本として既に日本に居る同じ民族の人を探す時
(3) 地方にある酒蔵の、跡継ぎが必要だがなかなか見つからなくて途方に暮れている店主へ
(4) 起業に成功し、お金が沢山出来た為、何かしらの慈善団体等に寄付をしたいが、既に知られている事前団体がいまいちピンときていない資産家の方へ
(5) 最近階段を降りるのが辛くなってきて、ガーデニングのお花に水をあげるのが難しくなってきた初老のおばあさんへ

■このサービスを始める理由:未だなかった出会いを創り出すことで、思ってもみなかったヒトの強みや多様性を活かせる社会をつくりたいという思いから、このサービスを始める事を考えた。テクノロジーを駆使し、「商品と人」が出会う「プラットフォーム」をつくってきた貴社であれば、「人と人」が出会うプラットフォームをつくることも可能だと考えている。勿論、ビジネスがそんなに簡単に進むとは思わないが、このサービスにより近いサービスをつくっていくことができれば、日本を世界を、より適材適所で人が輝く、すばらしい世界にする事が可能になると信じている。また、今後、日本国内の市場が縮小していく中で、外国人の国内への流入や日本企業のアジア進出に伴い、人材の流動が加速すると予測される事から、人材ビジネスとしても、高い収益性が見込めるのではないかと考えている。

マネタイズの仕組みにまで言及できていると、さらに説得力がある。

【総評】

「創造力」が伝わる。2つの経験はいずれも新しい事業を生み出す経験だ。失敗はしているが、そこから学んだことを生かし、次の挑戦ができている。常に新しい価値を生み出すことが求められるネット業界において重要な資質だ。

ヤフーの
エントリーシート

現時点で興味のある職種について、下記より選択してください。(複数選択可)

提案営業(コマース営業)　提案営業(メディア営業)

上記回答の理由と、その職種で実現したいことを記入してください。
※複数選択の場合はそれぞれ記入してください。〈400文字以内〉

私は将来 IT 技術を用いて幅広い層の人々が使えるサービス提供に関わっていきたい。個人を対象とするのではなく、企業の課題を解決することで、その先の大勢の人々の暮らしを支えたいと思っているため上記職種を志望する。貴社は提供するサービスが 100 を超えており、貴社が保有するビッグデータやサービスを有効活用して提案すれば幅広い業界の課題を解決できると考えており、それができるのは貴社の上記職種である。また、これまでの営業経験で、顧客やお客さんに寄り添った提案をすることで現場のお客さんも気付いていない潜在的なニーズを掘り起こすことができ、お客さんの課題を最前線で解決できることに楽しさを感じた。貴社の多様なデータ・サービスを用いて、貴社に所属しているからこそできる提案で顧客に貢献し、多くの人々の生活を支える仕事に従事したい。

?　企業のことを調べ、理解しているというアピールも必要だが、ここでは自分が何をどう解決したいのか具体的に述べるほうが有効だ。

面接では具体的に何をしたいのかを聞かれる。ESを書く段階で自分の言葉で言語化しておきたい。

!　実体験に基づいて実際の職場で役立つであろう点に言及できていていい。

最も自分を成長させた経験について教えてください。
記入する際は、活動した期間やその期間内での活動の質や量、目指していたゴール、ゴールに到達するためにとった行動について、具体的に記入してください。〈500文字以内〉

1日 30 人に断られながらも 1 年間続けた長期インターンシップでの営業経験だ。私は営業力をつけたいという思いで営業の最難関といわれる訪問営業に挑戦した。しかし、アポなしの突撃営業のため、訪問してすぐに信頼を獲得することは難しく、成果報酬というシビアな環境で最初の方は契約が取れず苦しい時期が続いた。その中で私は原因を具体化するために、契約が上がっている人の振る舞いやフレーズを模倣し、自分の音声データと比較することで毎日繰り返し仮説検証を行い続けた。また、信頼関係を構築するためにお客さんの会話に傾聴することを意識し、お客さんも気付いていない潜在的ニーズを掘り起こすことに注力した。以上のように毎日少しずつ改善していくことで 3ヶ月目以降少しずつ契約が取れるようになり、最終的には 100 人のインターン生の中で top10 の売り上げを上げて社内で表彰された。この経験から、目標達成のための【徹底的な実行力】と【継続力】が得られた。

質問の意図を理解し、端的に表現できていていい。

！

入社後も活躍できる可能性を感じさせられていてとてもいい。どちらも提案営業をする際に必要な力である。

この理由と前の設問の「実現したいこと」がリンクしているとES全体の納得感が上がる。一貫性と納得感を高める工夫はこういうところに施す。

【総評】

質問の意図を的確にとらえ、無駄のない文章で答えているため、非常に優秀な印象を与える。
ESを書く際に、質問の意図を適切に理解していない人は多い。まずは設問を読み、企業側が求めていること、聞きたいことを考え、理解する。その上で自分の伝えたい論点を整理し、文章にしていこう。設問を3回音読するだけでも理解は断然深まる。苦手意識のある人は、まずそこから始めてみよう。
※2023年10月にLINE株式会社と合併

LINEの エントリーシート

あなたが大切にしている信念・価値観は何ですか。それを培ってきた経験をふまえて教えてください。〈300文字〉

私が大切にしている価値観は「何事にも熱量を持って挑戦し続ける」ことだ。その一例として１年間の浪人生活の経験が挙げられる。予備校に入学した当初、偏差値は 38 しかなくクラスで最下位の成績であった。理想の自分と現状の自分との間の大きなギャップへの強い憤りが原動力となり、１年間毎日 12 時間以上机に向かった。量と同時に質も意識し、電車の中では英単語を聞き、集中力が高い午前は長文、暗記系は寝る直前と翌朝起きてすぐ同じ内容の復習というように自分で毎日のスケジュールを立てて取り組んだ。その結果１年間で偏差値を 30 上げることに成功した。このように私は挑戦を恐れず、何事にも本気で取り組む姿勢を大切にしている。

? 論旨との整合性がなく、表現として不適切である。

? 1つの経験からここまで言い切るのはやや無理がないか。信念や価値観が養われたプロセスは点(単発の経験)ではなく線(複数の経験)で語ることを意識したい。

今までの人生の中で最も苦労したことを教えてください。大学時代以外のエピソードでも構いません。結果が失敗していても構いません。〈400文字〉

社員２人のベンチャー企業での長期インターンで営業成績が上がらなかったことだ。そこでは法人向け商材の代理店の新規立ち上げ、営業を行なった。社員さん、業務委託者を含め７人いたが、負けず嫌いの私は誰よりもアポイントと契約を取ることを目標として活動を開始した。この目標を達成するために（１）優秀な人の営業トークや振る舞いを徹底的に模倣すること。（２）当事者意識を高く持って誰よりも行動して経験を積むこと。（３）積極的に提案し変化を恐れないこと。の３つを常に意識して取り組んだ。立ち上げ１ヶ月目私はアポイント２件、契約を獲得することはできなかったが、５ヶ月目でアポイント数 22 件で社内トップ、６ヶ月目で契約数４件で社内トップを獲得した。スピード感と常に変化の求められるベンチャー企業の長期インターンを通じ、営業スキルやビジネスマンとしてのあり方はもちろんのこと吸収力・行動力・主体性を身につけることができた。

! 苦労した経験をどんな学びにつなげ、どう成長ができたのかを述べられていていい。

この理由が1つ目の設問の内容とリンクしていると、より納得できる。

商社
メガバンク
金融
外資系金融
コンサル
デベロッパー
GAFAM・他
IT
通信
広告・マスコミ
BtoBメーカー
BtoCメーカー
運輸・インフラ
人材

LINEの中で1番好きなサービスとその理由を教えてください。〈300字以内〉

私は LINE の中で、リプライ機能が一番好きだ。理由は２つある。１つ目はどのメッセージへの返信であるかが明確になり誤解を防ぐことができるからだ。特にグループでメッセージに返信したいときに便利である。多くの情報が飛び交うグループであっても、返信先のアイコンとテキストが表示されるため、誰の、どのメッセージに返信しているかがひと目でわかる。２つ目は会話が流れてしまうことを防止できるからだ。画面から見切れてしまったコメントを引用して再び目に止まるようにすることで、話を戻すことが出来る。このようにコミュニケーションをより正確かつ円滑にしてくれるリプライ機能が好きだ。

> サービス提供者になる人に、ユーザーとしてどんな視点を持っているかを聞いている。自分なりのプラスアルファの視点や意見を述べられるとなおいい。

［総評］

目標に対して熱量をもって取り組めるバイタリティを読み解ける。セールス職としての素養は垣間見られたこともありESは通過したのだろうが、より企業や仕事への理解を重ねないと面接を突破し、内定するのは難しい。
※2023年10月にヤフー株式会社と合併

楽天の
エントリーシート

高校卒業以降に携わった有給の業務（アルバイト、インターン、起業含む）がある場合、概要を箇条書きで記載ください。複数記載いただいて構いません。

アルバイト：派遣バイト／フリーランス：物販、アフェリエイトなど／インターン：長期インターン半年以上

高校卒業以降に所属した団体がある場合、概要を箇条書きで記載ください。複数記載いただいて構いません

株式会社●●● 長期インターンにて法人向け商材の代理店の新規立ち上げ、営業
広告研究会　ミス・ミスターコンテストの主催

部活動やサークル、アルバイトなど、学生生活で力を入れて取り組んだことを教えてください。その際、ご自身が務めた役職や実績、活動内容も具体的に記載してください。これまでに回答いただいた活動と重複しても構いません。〈600字以内〉

長期インターンで事業部長として、組織の売上向上に取り組んだことだ。社員２人、業務委託者５人の合わせて７人で LINE 公式アカウントの機能拡張ツールの営業をしていた。個人として長期インターン開始から５ヶ月目にアポイント数 22 件、６ヶ月目で契約数４件で社内トップを獲得したことから、希望していた事業部長を任せてもらえることとなった。組織で月間売上 400 万を目標としていたが、私が事業部長を任された当初、未達の状況が続いていた。テレアポのコール数から商談、契約までの徹底した数値分析とメンバーへの聞き込みを行ったところ２つの原因が考えられた。コール数に対してアポイント数が少ないこととメンバーのモチベーションに差があることである。１点目の解決策として、他社の優秀な営業マンに話を聞きに行ったり、SNS に上がっている営業トークを徹底的に研究してトークスクリプトを作り直し、自ら社長に提案し実行した。２点目に一人一人との面談を通して、今取り組んでいる業務への明確な意味付けを行った。具体的には、それぞれが達成したい目標から逆算して日々の活動を行うことの必要性を認識してもらった。その結果、メンバーの協力もあり事業部長を任されてから３ヶ月後に売上目標を達成することができた。この経験から、営業スキルやビジネスマンとしてのあり方はもちろんのこと、どんな時も効果的な方法を考え、行動に移せる力を身につけることができた。

このインターン以外の経験を聞いてみたい。

チーム目標達成において、自分の貢献と仲間からの助けの両方を明確にして書くことは大事だ。

！

実施した項目から原因追究の必死さを感じられていい。

？

次にある「目標達成の逆算」のまとめとしては不適切である。

弊社を志望する理由を教えてください。〈400文字以内〉

社会にインパクトを与え、自己成長の角度を高く保てる環境であるからだ。私はこれまで多くの人から影響を受け価値観を形成してきたことから、将来は社会に影響を与える存在になりたいと考えている。貴社はイノベーションを通じて人々と社会をエンパワーメントするという理念のもと、これまでに70以上のサービスを展開することを通して社会にポジティブなインパクトを与え続けている。特に生活に密着したサービスでの経済圏の形成は、人々が暮らしのあり方を見直すきっかけになったと考えている。また、「楽天主義」を掲げ、起業家精神を重要視し、若いうちから主体的に裁量のある仕事を経験できるため、成長に不可欠な挑戦を支える環境がある。このようなビジネスの規模と挑戦の両立ができる環境で、どんな時も効果的な方法を考え、行動に移せるという自身の強みを活かし、貴社の一員として成長を続け、社会をエンパワーメントしたい。

具体的な定義と、そういう存在になりたい理由を明確に語れるように準備する。

！ 会社が大事にしていることと、自分の強みを重ねて述べているところはいい。「エンパワーメント」という言葉は、ほかの学生も使う可能性が高いので、自分なりの定義や具体的な説明を準備したい。

コミュニケーションズ&エナジーカンパニーを志望される理由を教えてください。〈400字以内〉

コミュニケーションズ＆エナジーカンパニー、特にモバイル事業に興味を持っている理由は2つある。1つ目は、モバイル事業の将来性の高さである。モバイルの月額料金などの支払いに楽天ポイントが使えたり、楽天市場で購入した商品の支払いをキャリア決済で支払うことができるなど、成長市場であるキャッシュレス決済市場ともシナジーが高い。また、完全仮想化クラウドネイティブモバイルネットワークはコスト削減、5Gへの迅速な移行の観点からサービス拡大の可能性が非常に高いと考える。2つ目は、長年大手3社が独占していた市場の開拓者の一員となりたいからだ。私はこれまで浪人時代に偏差値を30上げて逆転合格した経験、大学時代に営業未経験で飛び込んだ長期インターンの経験など常に上だけを見て這い上がることに強いやりがいを感じてきた。モバイル事業は自身の向上心が刺激され魅力に感じている。以上の理由から私はモバイル事業に興味がある。

【総評】

最後の設問への回答は説得力があり、非常にいい。
現在企業がおこなっている事業とその将来性への理解。加えて、競合他社から見た志望企業の立ち位置、今後の展望に自分の人生や生き方を重ねて述べている点。これらは自己理解と企業理解ができていないと書けない。このESは、書く段階で面接において話すべきポイントを押さえられている。面接ではより詳細なやり取りをする可能性があるので、自分のことも入社後のこともさらに具体的に語れるように準備しておきたい。

ZOZOの
エントリーシート

あなたが人より突き抜けていると思うもの・ことについて詳細をご説明ください。
(800字以内)

熱狂的努力と行動力だ。私は、欲しいもの、やりたいことに対して〝リスクを厭わずに行動し必ず手に入れる〟ことを常日頃から心がけている。具体的に、大学2年時にテレビでハワイの綺麗な海の特集を見た。その瞬間「行ってみたい」という衝動に駆られた。即座になけなしのお金で2ヶ月後の航空券のチケットを買った。残金は2000円だった。その日から、新しいアルバイトを2つ始めた。60連勤して旅費を稼ぎ無事にハワイの海を堪能することができた。中でも、勉学面では努力をしてきた。周りから無理だと言われる逆境を乗り越えて高みを目指し達成してきた。英語が苦手な私が正規留学をするという挑戦では、週に45時間以上半年間勉強を続け、20のエージェントで大学選びをし、520万円の資金を自ら調達した。
もちろん行動力だけを優先して失敗してきたこともある。その象徴がこの写真だ。カナダ留学中に撮った写真だ。朝起きた瞬間に今までにないくらい天気が晴れていた。その瞬間に隣町までサイクリングに行こうと決めた。隣町までは200kmあったが、気合で乗り越えようとして失敗した。日が暮れてきて真っ暗になりかける瞬間の写真だ。死ぬかもしれないと動揺している際にあまりにも綺麗な夕焼けに心を奪われた。考え込んで悩んでしまうよりも即座に〝行動〟し大小様々な壁にぶち当たりそれを超えていけることこそが私の持ち味で人よりも突き抜けていることだ。

?

話の展開が急だ。読み手を意識しよう。「ハワイと学習という2つのエピソードについて述べる」と冒頭に記載するとより分かりやすくなる。

具体例があることで、常日頃から意識していると伝わる。

【総評】

エピソードが具体的で人柄がにじみ出ており、本当に熱狂的努力と行動力があることが伝わってくる。数字を使って、具体的にどのくらい行動したのか明確に説明できている。そのため、「突き抜けていると思うもの・こと」という問いに対して適切な内容と感じられる。
このレベルであれば、エピソードのおもしろさで書類選考は通過できるだろう。ただ、内容の論理性に関しては課題が残る。「ただ勢いがあるだけのヤツ」と思われて終わらないよう、面接では論理性や冷静さを伝える必要がある。

DMM.comのエントリーシート

Q1. 成功体験や失敗体験を交えて、あなたが今までで最も頑張ったことを書いてください。成果は問いません。

４年以上続けている新橋駅前のカフェバーでスタッフ20人のリーダーとして、新人育成の仕組みを構築した。当初、新人のお客様対応が遅くクレームが増加し、また新人を補助するベテランスタッフの負担増加から不満も発生。主な原因は、教育制度がない事による「スタッフの指導内容のばらつき」だった。私は仲間の不満の解消を目標に、指導のバラつきの標準化をするため、教育項目と進捗度を可視化する「新人教育管理シート」と「作業マニュアル」を立案した。そこでベテランに協力をお願いしたが、一部からは通常業務外の仕事のため反対されてしまった。しかし「○○のこの力が必要なんだ」と粘り強く仲間の必要性を感情に訴えることで、ベテランの協力を得ることができ施策実行に移せた。施策実行の中で、マニュアル等の使用意見などを教育担当者・新人から常にヒアリングし、それらを基にベテランと毎週改善を繰り返した。結果クレームが月８件から２件に減少し、不満も解消された。■

僕が面接官なら、「0件にするためにすべきことは何か」を聞く。「アルバイトだから」と妥協せず、常に改善する意識と行動をしよう。

自分が何をがんばったのかには言及しているが、志望動機を意識できていない。

Q2. インターンシップの経験がある方は業務内容や期間・エピソードなどを書いてください。

１社目
社内情報共有ツール（SaaS）を提供しているスタートアップ
業務内容：オウンドメディアのライター、その他雑務
期間：６ヶ月
エピソード：スタートアップのWebメディア事業部で、ライターとして記事の執筆方法を仕組み化し、メディアの月間閲覧数を倍増させた。同メディアは、閲覧数が少ないことが問題だったが、メディアに詳しい人が誰もおらず、閲覧数が少ない原因が分からなかった。そこで私は①原因特定と改善②知識の共有の２点の取り組みをした。①では、効率的に問題を解決するため、書籍を読み込んで原因の仮説を複数立て、その後メディアに詳しい外部の15人の方と仮説検証をすることで「記事の見出し」が原因だと特定した。有名メディアの分析を基に、記事30本以上の投稿と修正・改善を行い、自分の中での記事作成の型を見出した。②では、自分が得た知識や経験を社内に共有して、記事の執筆方法を仕組み化し、記事を100本以上量産した。その結果、４ヶ月後にはメディアの月間閲覧数が３万から約６万に増加した。

？ エピソードの最適なまとめになっていない。ライター業務だけでなく、「社内業務の効率化と仕組み化」とも書ける。

【総評】

どちらの設問に対しても具体的な内容が書かれていて、何をおこない、どう成果につながったのかが理解できる。ただ、「自分が採用される価値のある人か」という視点が抜けている。限られた時間で多くの企業にエントリーするために、一度作成したものを使いまわして提出してしまいがちかもしれない。ただ、激しい競争倍率を勝ち抜くために、「なぜその企業なのか」という視点だけは、提出企業ごとに盛り込む必要がある。

マネーフォワードの
エントリーシート

会社説明会・グループワークから共感したことを、自身のこれまでの経験を踏まえて教えてください。

主に２つある。１つ目は、私の就活の軸である「世の中の時間やお金のもったいないをなくす」ということと、貴社の目指す方向性が同じだと感じたことだ。具体的に与えたい影響は、「節約だったり、生産性や効率性の向上を通して、有意義な時間を増やす」ことである。貴社は、「お金を前へ、人生をもっと前へ」をミッションに掲げ、バックオフィスの効率化のためのクラウド事業を行っている。そして個人法人問わず、ユーザーに対して、自分たちが生き生きとできるような未来を作ることを目指しており、それは私が実現したいことをどこの企業よりも達成できると考えているため、共感している。
２つ目は、貴社のVALUEであり、特にユーザーフォーカスの部分である。なぜなら、私の相手のことを第一に考え、行動するという思いやりの価値観と同じだと考えているからだ。実体験として、働いていたカフェバーで新人育成のためにマニュアルなどを作成した際、常に使用する人の感想を聞いて、使う人が使いやすいようにするために改善を繰り返していた。貴社のユーザーフォーカスはユーザーのことを第一に考え、本質的な課題を理解し、解決策を提供することだと考えている。実際に会社説明会でも、日常的に「この施策とかってユーザーフォーカスだっけ」と社員の方々で投げかけあうと伺った。これは私の思いやりの価値観と同じであり、共感しているところである。

？ 「もったいないをなくすこと」や「効率化を図る」と「生き生きとできるような未来を作る」には論理の飛躍を感じる。納得してもらえない可能性がある。

【総評】
論点が２つある文章だったが、どちらにより納得感があっただろうか。僕にとっては２つ目の方により納得感があった。まず、自分の大切にしている価値観（抽象）を語ったあとに、具体的なアルバイトの経験（具体）が述べられている。そして、企業が大事にしていること（抽象）と説明会でのエピソード（具体）を語るという形で論理構成を整えていて非常に分かりやすいからだ。１つ目は抽象的な部分が多く、納得しづらい文章になっている。

IT

システムに関わる仕事が多いので、技術の変化に対応し、常に勉強し続けられる能力が求められる。日々の業務改革についていけるかも重視される。
会社には豊富なリソース（多様なツール）がある。それを活用して、何をしたいのか、それはなぜなのかを語れるようにしておく。ツールと分野をどのように組み合わせるか、という掛け算は自由にできるので、どこに問題意識を持っており、どうやって稼ぎたいかの部分を志望動機で語れることが重要。

IT

入社後も学習し続けることができるか「適性」を見られている

変化に対応するため学習を継続する必要がある。地頭のよさと、体力の両方が求められる。それに加えて、個人プレーとチームプレーの両方も求められるので、バランスよくアピールしたい。

・コミットメント力

何かひとつのことに没頭した経験があるといい。入社後に、業界の中での専門性を磨く機会も多い。仕事を究める資質があるかどうかを見られている。

・課題解決力

やや抽象的な顧客の課題を具体化、言語化し、開発部門では、システムで解決策を提案することになる。組織の課題発見に対して力を発揮した経験があれば書きたい。様々な事象への問題意識も持つこと。

・チームワーク力

実際の業務は、社内外の人とのきめ細かい調整が肝になる。仲間の意見を調整しながら困難を乗り越えた経験があればしっかり伝えよう。

評価される志望動機作成に向けて、明確にすべきこと

ＩＴ業界は、社会のインフラとして生活に欠かせないものになっている。就職活動を通して、その仕事の規模や影響力の大きさを知り、志望度を上げる人が多い。

この業界で大切なのは「適性」だ。きみは、この業界の業務内容や働く実態を理解した上で志望しているか。そこを理解してから志望しよう。

次に挙げる項目について、自分なりの答えを持った状態で志望動機を書こう。

□なぜＩＴ業界を志望するのか
□どんな職種を志望するのか。その理由は何か
□その職種で活きる自分の強みは何か
□その職種で将来実現したいことは何か
□最近気になったニュースを世の中の動きとあわせて語れるか
□既存のツールを組み合わせて、自分ならどのようなサービスや商品を開発できるか

NTTデータの
エントリーシート

志望する職務を選択して下さい。(複数選択可)

営業

現在の学生生活において経験した、現状を打破してきたエピソードを記入して下さい。〈全角300文字以内〉

「創立11年目の改革。100件のリーダー創出プロジェクト」
大学3年時、海外インターンシップに学生を斡旋するNPO団体で副代表となり、80名のメンバーの成長を応援したいと想いから、より多くのメンバーがリーダー経験をできる環境作りに取り組んだ。伝統的にリーダーポジションが少なく、一部の人しかリーダーを経験できていないと考え、個人単位での活動をすべてチームで活動するよう代表に提案、リーダーポジションの増加に努めた。また、事業計画書の整備や、個人個人の目標達成度を毎週確認しつつフォローを重ねることで、年間100以上のチームが立ち上げに成功、NPO団体の24支部の中で日本一のリーダー経験者数を実現した。

素晴らしい成果だ。一方で、100件のリーダーはどのような成長を遂げたのか。組織にどのような好影響があったのか。採用担当者はそこも知りたいだろう。

今までの人生の中で一番苦労したことについて記入して下さい。〈全角200文字以内〉

大学2年時、NPO団体でインターンシップを学生に売り込む部門のリーダーとなり、25名のメンバーとインターン応募を募る説明会を開催した。だが、周りのメンバーを巻き込むことができず、仕事を抱え込み説明会の集客に失敗、まったく人が来ないという状況に陥った。自身と向き合い、一人一人と打開する案を徹底的に議論、友人らに声をかけてもらい、口コミでの集客を図った。結果、昨年度以上の集客数を獲得することができた。

失敗と正面から向き合うことができている。失敗や挫折を成長の糧にすることができたという、貴重な経験はしっかり伝えよう。社会に出てからも、きみが同じように、失敗しながらも確実に成長してくれる人だと、採用側に期待してもらえるはず。

就職活動を通じて知った、NTTデータで働くことの魅力を記入して下さい。〈全角300文字以内〉

「SI業界トップでありながら、顧客の便利さを追求し、企業の未来を創造し続けている点」に魅力を感じました。現在まで10年間、日本では、ERPパッケージの導入などさまざまなICTツールが、企業の成長に必要不可欠なものになっていると考えます。その一つ一つが過去の予想を超えたものであり、大きな可能性を秘めているものだと考えます。私は、学生時代のNPOの活動を通して「時代の変化に対応」した人材の育成を目指してきました。また、参加希望学生の「ニーズを把握し、的確な提案」をすることにやりがいを感じてきました。以上2点は、貴社の事業で追究することが可能であると考えており、志望するに至りました。

NTTデータというフィールドを利用して、国内外を問わずチャレンジしたいことを記入して下さい。〈全角300文字以内〉

「グローバルに企業の発展の一助となりたい」
子供の頃から人の役に立ちたいという想いを持ち、高校、大学と生徒会、ボランティア、NPO 団体で活動してきた。特に海外インターンシップを大学生へ斡旋する NPO 団体で活動した際には、年間 100 回以上のインターン参加者と面談し、その一人一人が夢に向かっていく姿を見続け、大きな喜びを感じ、もっと多くの人や企業の発展を応援したいと考えるようになった。入社後は、法人営業を行い、信頼性のある顧客の変革パートナーとなるために勉強を重ね、専門性の高い人間を目指していきたい。10 年後、十分に問題解決されていないあらゆる地域に赴き、グローバルで多くの企業の発展を応援していきたいと考えている。

？ なぜ「システム業界」で、人の役に立ちたいのか。ほとんどの業界が人の役に立っている。自分の具体的な経験とあわせて1、2行書かれているだけで印象はグッとよくなる。

！ 想いと行動に再現性が見られ、説得力がある。

趣味・特技を記入して下さい。
〈全角50文字以内〉

趣味：小学生の頃から、10 年以上スキー、スケートを続けています。

保有している資格について記入して下さい。(ITパスポート保有の場合は「ITパスポート」と記載し、横に点数を記載して下さい。特にない場合は「特になし」と記載して下さい)
例：ITパスポート(700点)
〈全角100文字以内〉

特になし

【総評】
「課題解決力」が伝わる。関わる組織の課題を発見し、解決策を実行する。これを常に意識していることが分かる。本人も「人の役に立ちたい」と言っているように、「すべての人」にとって有益な組織作りを心がけているのが分かる。リーダーとしてもサポーターとしても活躍できる人柄が伝わってくる。

日本IBMの
エントリーシート

1. 営業に対して強い希望を持つ理由〈200文字〉

お客様と第一線でコミュニケーションがとれる、またお客様から持ち上がった課題を解決するために社内スペシャリストとの連携が必要になってくる、その上で、お客様と企業を繋ぐ役割、また両者間の信頼構築という部分でも企業代表としての役割を担うことができる点に魅力を感じています。持ち前の天真爛漫な性格、また情が深い性格を活かせるという点を考慮した上でも営業を志望しております。

?「強い希望」を持つに至った経緯が知りたい。より具体的な経験とともに書いてあるといい。

2. あなたを表すキャッチフレーズ〈20文字〉

情が深く、組織コミットメントは人一倍

3. あなたがIBMを志望する理由は何ですか。IBMのビジネス内容に触れ、具体的に記述して下さい。〈500文字〉

日本企業の海外での活躍に貢献したいという想い、また世界で通用する人材になりたいという個人的な目標があります。世界はビジネスフィールドとして国境がなくなり、ビジネスチャンスがどこへでも広がっていく中、日本企業はまだまだ世界へ出ていくための力を養えると感じています。技術力がある、チャンスもある、その中で世界のニーズの把握や発信力が足りないなど、改善できる課題をお客様と共に解決していきたいという想いがあります。貴社は世界最先端の技術を生み出す真のグローバル企業であることから、日本企業の弱みであるIT力を強め、スマートな企業づくりに貢献できることに魅力を感じています。また、「将来は海外で活躍する人材になりたい」という目標があります。昨年はシドニー留学中に現地企業でインターンシップとして就労しました。そこでは、自分の未熟さを思い知ったとともに、多国籍スタッフと共にビジネスをするという楽しさを知りました。世界中の社員とコミュニケーションをとり、自身もグローバルレベルで自己成長することができる環境が整っていると考え、志望しました。

?日本企業の国際競争力を上げていくために、どういう戦略を持っているのか。自分のキャリアの中でどう貢献していこうと考えているのか。長いキャリアの中で、なぜ新卒でIBMなのか。上記の考えが足りない。一見よく書けているように見えるが、IBMやIT業界へのこだわりはさほど感じられない。

4. 営業職で、あなたはどのような活躍をしたいと考えますか？　あなたの強みやこれまでの経験に触れ、具体的に記述して下さい。〈500文字〉

お客様それぞれが持つ課題や目標を伺い、それに対して専門家の知識を結集し、的確なソリューションを提供できるスペシャリストになりたいと考えます。シドニー留学中、語学学校でインターンシップとして就労していました。世界各国からそれぞれの人生の目標を抱き訪れる生徒の相談に乗る中で、どうしたらそれらを実現できるお手伝いができるのかを各専門スタッフと考え提案する。生徒が目標を達成していく姿を見て、スタッフとともにチームとしてサポートすることにやりがいを感じました。お客様が企業であっても、そのやりがいは変わらないと思います。スピードが求められ、複雑化していく社会、また海外本格進出をしていく企業が増える中、それに関する問題や課題が増えています。そこで営業として、お客様である企業が更なる成長に向けて取り組むべき課題を吸い上げ、貴社の高度なシステムによって解決し、お客様の目標達成に貢献したいと考えます。その上で、組織を改善し変革をしようという情熱は大いに役立つのではないかと考えます。

！

国籍の違う専門性の高いスタッフと協働した経験が書かれている。外資ではこのようにプロ意識の高い、多様な人材とチームを組むことが求められる。この記述によりそれができることを伝えられている。

情熱が営業で役立つというロジックではやや弱い。面接では経験とともに語れるようにしたい。

5. あなたが様々な人との協業を通じて挑戦したことで経験した困難や挫折について、それをどのように乗り越え、何を学んだかを教えて下さい。〈500文字〉

シドニー留学中、語学学校でインターンシップとして就労したことが挑戦でした。積極的姿勢で挑まなければ誰も教えてはくれないという環境の中、ある日、わからない箇所をそのままにして提出したところ、のちに、生徒のビザに関する大きな問題へと発展する原因となってしまいました。受動的という甘い考えでは仕事にならず同僚に迷惑をかけるだけ、そう学んだ私は自らの働く姿勢を変えることにしました。まずは同僚や上司になんでも聞くことから始め、生徒や先生、現地エージェントとも近い立場でいることで何を求めているのかを常に汲み取る努力をしました。生徒の進路決定に貢献する「高校見学プログラム」、学校紹介特集ＷＥＢページの作成などを同僚や先生方、現地エージェントの助けを得ながら、自主的に提案しました。そのかいあって、「無給インターンシップがここまでやるのか」と同僚や上司から評価され、その後長期インターンのオファーを頂くことができました。人任せにするのではなく、逆に個人だけでこなそうとするのではなく、周囲との連携があってこそお客様が求めるサービスを提供することができると肌で感じ、チームとして働くことの意味を学びました。

客観的な他者からの評価があると信頼性が高まる。

提案内容の具体例をさらりと入れている。面接時に聞きやすい。

！

この設問のテーマにきちんと沿って書けている。この人は、自分の課題を自分一人で変えていくのではなく、様々な人との協業で挑戦し、困難を克服している。例えば、「同僚や上司になんでも聞くことから始め」というところや、「現地エージェントの助けを得ながら」という表現に注目してほしい。最後に書いてある、「人任せにするのではなく、逆に個人だけでこなそうとするのではなく、周囲との連携があってこそお客様が求めるサービスを提供することができると肌で感じた」につながってくる。

【総評】

「課題解決力」が伝わってくる。関わった組織を少しでもよくしようとした姿勢が見える。海外かつインターンという立場から、これだけの提案ができるところに、優秀さを感じる。

セールスフォース・ジャパンの エントリーシート

学生時代に一番力を注いで取り組んだこと／達成したことについて教えてください。〈300文字程度〉※自己PRなどの内容と重複しても問題ありません

私は留学先で英語力を伸ばす為に５つの学生団体に参加した。留学以前の私は元々のシャイな性格と英会話への自信の無さから、アメリカ人に話しかける事は簡単では無かった。しかし留学先では英語力向上の為に沢山の人と話すと決心し、現地の学生団体に参加し数人に話しかけてみた。すると皆良い人で英語が下手でも会話を楽しむことができるとわかった。結果的に５つの団体に参加し帰国時には 100 人の現地の友達が出来ていた。この経験から勇気を持って話しかける事で国籍関係なく誰とでも友達になれると学んだ。帰国後も様々な国の人と話したいと思い、テナントの半分が外国籍のコワーキングスペースでインターンしながら国際交流を続けている。

留学先で変わったことや、帰国後も挑戦を続けている姿が企業にとってどう魅力的なのかを言及したい。

?

やや幼稚な印象を与える。適切な表現とは言えない。

あなたが仕事を通して実現したいこと／挑戦したいことについて教えてください。〈300文字程度〉※自己PRなどの内容と重複しても問題ありません

私は顧客にビジネスに役立つ情報を提供する事で、経営判断の支援をしたい。私は小さい頃から両親の意向に沿って生きてきた。正直に言って受験、留学も自分の意思で実行した事ではない。しかし留学を経て私は、大げさかもしれないが生まれ変わった。一番大きな変化として、視野が広がった事がある。留学先で様々なバックグラウンドを持つ人と交流して視野が広がり、帰国後は自分に必要な経験を考えて自分の意思でインターンを始めるなど、留学前では考えられない選択をするようになった。情報がある事でより合理的な選択が可能になるのは人生もビジネスも同じだと思う。貴社のサービスで顧客に役立つ情報を提供し、私が経験したような視野の広がりを提供し、経営判断の助けになりたい。

面接でどれだけ具体的に、かつ相手を納得させられるように語れるかが大事。準備しておこう。

!

自分のネガティブな側面を書くことに抵抗がある人もいるが、マイナスからプラスに変わった点を述べることには価値がある。

【総評】

大学生活の中で自分に変化が起き、成長する人は多い。自分のネガティブな側面をESや面接で語ることに抵抗があるのも十分に分かる。ただ、今の自分が昔よりも大きく成長していると確信しているからこそ、過去のネガティブな自分を語れる。もちろん、入社後さらに成長し、活躍できることまで言及できなければ選考倍率の高い競争を勝ち上がれない。そのためにも我究し続けるのが大事なのである。

サイボウズの
エントリーシート

■サイボウズに関する記事、ニュースやページで、あなたが最も関心を持ったものとその理由、およびそれに対するご自身の考察を教えてください。（字数制限なし）（ビジネス職/ビジネス専門職）

私は日本経済新聞掲載の、『多様な社員を生かすリーダー』（https://www.nikkei.com/article/DGKKZO54926320Y0A120C2ENI000/）という記事と『最軽量のマネジメント』についての広告（https://note.com/hoshinomaki/n/n26604b184b57）に興味を持った。どちらもこれからのリーダーのあり方について提言する内容で、大学のゼミでリーダーシップ開発論について学んできた私にとって興味深い内容だった。特に、マネージャーに必要な力として、「自分の弱さを認める勇気」が挙げられていたことに共感した。なぜなら私は今まで高校のバスケットボール部や大学のフットサルサークルでリーダーを務めた中で、この勇気がなく失敗した経験や、勇気を出してタスクを分担したおかげで成功した経験をしてきたからだ。私のリーダーシップ持論は、「傾聴を通じてメンバーに気づきや納得感を与えること」だ。多様性を活かすためには、全員が同じ目標に向かって取り組む必要があると考える。多様な働き方を通して個性を最大限活用することを目指す貴社で、組織に求められるリーダーやマネジメントのあり方を学び、実践したい。

なぜそれについて学ぼうと思ったのか。具体的に興味深かったポイントはどこだったのか。その理由は何か。これらを面接で語れるようにしておくこと。

! 学んできたことと、仕事の内容を関連付けて述べていていい。

■サイボウズはチームワークあふれる会社を創るために、「理想への共感」「多様な個性を重視」「公明正大」「自立と議論」を大切にしています。
この4つにまつわる、あなた自身の過去のエピソードを教えてください。※1つのうち、少なくとも1つに触れていれば構いません。（字数制限なし）（ビジネス職/ビジネス専門職）

私は所属大学で初開講した 20 人クラスの授業講師として、傾聴力を生かして受講生の意識変革を起こした。私は大学の人気ゼミで組織の発展に必要な意識変化について研究している。この研究の実践の場として、私は意欲のあるゼミ生 30 名の内の 2 人として教授から推薦され、2 年生の前期に毎週 100 分の問題解決型授業の運営を担当した。私たち学生派遣講師の役割は、授業の設計、進行、課題の添削まで運営に関わること全てであった。授業はグループワークが主体で、目標とする次年度の継続開講のためには受講生の 8 割以上からの高い評価が必要だった。私はそのために、受講生にとって「大変だけどためになった」と思える授業を作りたかった。しかし、所属大学での開講は初年度だったため、受講生の真剣味が足りず学びを放棄している学生が複数発生した。私は彼らに意識変化を起こさなければならなかった。そこで私は粘り強く彼らと何度も議論をし、本音を傾聴する中で一人一人の「授業終了時に目指す人間像」を明確にし「長所を生かした結果グループに貢献できること」を気づかせることができた。以降、彼らは見違える程主体的に授業に取り組むようになり、授業に対する意識は明確に変化した。授業後のアンケートでは 90% の受講生から「非常に満足」の回答を得た。結果として次年度の開講が決定された。

サイボウズで働くことを志望する理由と実現したいことを教えてください。(字数制限なし)(ビジネス職/ビジネス専門職)

世の中の当たり前を崩し、社会の不便や不満を解消したいからだ。なぜなら私はフットサルサークルで、固定観念の破壊が人々の幸せに繋がる経験をしてきたからである。副将を務めた際、私は人に頼るのはかっこ悪いと思い込んでいた。しかし一人では仕事をこなせなくなり、勇気を出して後輩に状況を説明し細かくタスクを分担した。その結果役割分担が明確になり、チーム内の風通しもよくなった。メンバーが主体的に動ける信頼関係を築くことができ、2月の大会で優勝を飾った。
貴社では、グループウェアの提供によって組織のチームワークを向上させ、不便や不満の解消を実現することができると考える。そのためには、世の中の「もっとこうならいいのに」という多様なニーズを正確に汲み取らねばならない。私はリーダーシップ開発論を学ぶゼミでのグループワークを通して他者の意見を引き出す傾聴力や質問力を培ってきた。貴社でも、顧客や社会のニーズを深掘りする中でそれらの力を生かしたい。

面接ではここを突っ込んで聞かれるだろう。そう思う理由と、なぜサイボウズでそれを叶えたいのかを語れるようにしておく。

！ これまでに学んだことや自分の強みを、仕事で貢献できる点のアピールにつなげていていい。

？ グループウェアの提供は他社もおこなっている。なぜこの会社でなければいけないのだろうか。

この設問はサイボウズが大事にしている考え方を、学生が今まで体現してきたかどうかを確認している。
そのため、これから述べることが4つのうちのどれに言及しているかを最初に書こう。その方が読み手が理解しやすい。

推薦理由を一言付け加えられると、よりよい。

［総評］

自らの興味関心を語ることは得意なようだが、企業側の質問の意図を汲む意識が欠けている印象がある。
芯をもって学び行動してきており、これまでの学びや経験を現場でどう活かしたいのかまで語れているところはいい。この点を面接で堂々と語れるように、ESを書く段階で深く思考する必要がある。

通信

競合間での競争が激しく、サービスの内容がどんどん変わっていく。
その企業で何をしたいのか、それには何の意味があるのかが整理できていることが重要で、その整理をするためにインターンや社会人訪問で現場の人に触れる機会を設けた人と、そうでない人には差がでる。

通信

サービスの幅が広いからこそ求められる調整能力

通信の仕事とは、**多くの関係者との意見調整をおこない、課題解決すること**。過去の経験で当てはまるものは積極的にアピールしよう。既存のサービスを着実に運営しつつ、新規開拓もするというビジネスモデルを理解しておく。その企業で何をしたいか、それに何の意味があるのかを社会人訪問などできちんと整理しておくこと。

・課題解決力

顧客の課題を、多様なサービスを通して解決するのが仕事になる。個人から法人まで、提供するサービスの幅が広い。個人や組織の課題に目を向け、提案力、解決する力の有無を見られる。

・チームワーク力、コミットメント力

協働する力が大切になる業界だ。取り組む仕事が大きい場合は、非常に多くの利害関係者がいる。粘り強く調整をおこないながら、結果に執着できるか、その素地があるかを見られている。

評価される志望動機作成に向けて、明確にすべきこと

次々と**競合が新たなサービスを提供してくる通信業界で、きみが志望する企業は何を目指しているのか**。どのようなポジションなのか。そのような中で、自分は何を成し遂げたいのかを明確にする必要がある。

次に挙げる項目について、自分なりの答えを持った状態で志望動機を書こう。

□通信業界は今後どのようになっていくか、その理由は何か
□志望企業と競合他社の違いは何か
□志望企業は、今後何を目指していけばよいと思うか
□なぜ通信業界を志望するのか
□どんな職種を志望するのか。その理由は何か
□その職種で活きる自分の強みは何か
□その職種で将来実現したいことは何か

ソフトバンクの エントリーシート

1. これまでの経験の中であなたの強みを発揮して成し遂げたエピソードを教えて下さい。〈500文字以内〉

東海地区の学生テニスサークルの代表として、東海地区優勝を掲げ120人の意識改革を行った。これは野球部全国大会出場等のスポーツ経験から、組織に貢献したいという想いと、高い目標を掲げ、全員で頑張ることに充実感を感じてきたからだ。私のチームは勝つことを目的としている上級者が多いチームであったが、中級者、初級者もおり、個々の意識に隔たりがあった。私は、主体性を持ちにくい環境が課題であると考え、上達する喜びを伝えるとともに、全員で頑張ることが楽しいと思える環境作りを行った。まず私自身がインストラクターのアルバイトによって指導力を磨き、チームに最適な練習メニューを提案した。また、上級者・初級者混合の8人1チーム編成にし、各チームが自主的に考え、独立した練習内容を実施する機会を設けた。さらに、外部のプロコーチによる指導の場や社会人サークルを巻き込んだ対抗試合を企画した。これらを実施し、メンバーと共に検証・改善し続けた結果、技術共有がされるとともに全員が当事者意識を持ち行動できるようになり、地区大会優勝を果たした。この経験から、自ら行動で示し信頼を獲得すること、個々が主体性を持つことの大切さを学んだ。

「課題設定」→「対策」→「検証」→「改善」のサイクルを全員で回しているのが伝わる。「個人としての努力」「チームを巻き込む力」の両方がアピールできている。

?

大切にしている価値観は伝わってきたが、読み手のために、「強み」を明確に言葉にするといい。例えば、「組織のことを考えた提案、環境づくりができる」など。

!

経験に再現性があるので、読み手が納得しやすい。

2. あなたがソフトバンクで成し遂げたいことは何ですか？　モバイルインターネットNo.1を目指すために、ソフトバンクに必要なことを踏まえて記入して下さい。〈500文字以内〉

会いたい人が遠く離れていたとしても、まるで隣にいるように感じられる世界をモバイルの力を使って実現したい。そして、モバイルの可能性を世界に発信し、世界中の人の孤独感をなくし、楽しみを与えたい。私は、福井という地方で育ったため、インターネットの恩恵を日々感じてきた。中学時、地域の人の孤独死を目撃したことをきっかけに、それ以後ボランティア団体を創設し、高齢者の自宅訪問や地域祭の企画・運営等、人々を元気づける活動を行ってきた。しかし、直接自宅訪問等では距離や時間の制約があり限界を感じた。その後、考えた末、モバイルの力なら距離・時間等の制約を越えて人々を元気づけられるのではないかと考えた。大学生になり、アルバイト、インターン等を通じ様々な国籍の人と接する中で、地方だけでなく、世界の人々にもモバイルを通じて楽しさを届けたいと感じた。貴社のユーザーの層は他キャリアと比べ隔たりがあり、シニア層が少ないと考えられる。全国各地に整備を広げ、貴社の革新性と安心感を伝えることで幅広い層の支持を獲得できると考えている。世界を見据える貴社で国内だけでなく、海外での信頼獲得に努め、世界中の人々に楽しみを与えたい。

？ 課題を提示できている。データをもとに書いてあるとなおよい。

「ソフトバンクに必要なこと」を踏まえて、「ソフトバンクで成し遂げたいこと」を書く必要がある。前者も後者も単独では書けているが、両者が論理的につながっていない。

【総評】 「課題解決力」が伝わってくる。所属するサークルや地域社会をよりよい場所にしようと、動くことができている。めまぐるしいスピードで改善を積み重ねる通信業界で求められる力があることを具体例で示せている。

NTT東日本の
エントリーシート

設問1.　あなたが大学時代に周囲を巻き込んで取り組んだ、最も大きな挑戦は何ですか？〈100文字〉

私は、アメリカ留学中に英語の実力を格段に上げ、英語を話すことに留まらず、英語を使って授業をリードし高成績を残すことに挑戦しました。その方法として、授業以外の時間に先生を巻き込み課題に取り組みました。

設問2.　設問1.で回答した挑戦の中で直面した最も困難だったことと、それをどう乗り越えたかを教えて下さい。〈300文字〉

私が最も困難と感じたことは、ネイティブの生徒との授業では英語力のハンディキャップが非常に大きく、英語力の不足を補いながら授業に付いて行くだけでも、他の生徒の数倍の準備を必要としたことでした。これを乗り越えるために、以下の4つの活動を継続しました。第一に綿密な準備と課題発見をした上で授業に臨み授業の進行に貢献する。第二に授業で積極的に発言し、分かるまで質問する。第三に宿題に対して先生のニーズを聞き出して準備する。最後に直接先生を訪問し、レポートの事前提出と添削を受けることでした。以上の活動により、留学先でのGPAは、3.81を獲得し先生からBest Studentと言って頂きました。

課題に対して誠実に取り組める人という印象がある。努力の積み重ねをいとわず、継続的にがんばれるのではないか。さらにこのエピソードをよくするには、「どの科目を特に力を入れて学んでいた」「そもそもの目標は何だったか」を含めて書くことだ。また、学業は自分との戦いでもあるため、気になるのは周囲の学生とのコミュニケーションはどうだったかという点だ。同級生と協力したことがあればぜひ入れたい。

?

「コミットメント力」が伝わる。結果を出すために、あらゆる手を尽くすことや、人の手を借りることもできる。プレイヤーとしての活躍イメージがわく。どこかに「チームプレー」や「リーダーシップ」の話がほしかった。設問にあるように“未来”をつくるためには多くの人の助けが必要だ。その力があることを見せてほしい。

設問3.　通信には暮らしやビジネスを大きく進化させる無限の可能性があります。「NTT東日本」というフィールドで、あなたはどのような未来をつくりたいですか？〈300文字〉

私は、「通信を活かして日本の良さを外国人にも知ってもらえる未来」を作りたいと考えます。貴社の光ステーションにおける無料 Wi-Fi を発展させることと電子旅行ガイドブック（日本語・英語版）アプリの提案で、この未来を実現したいです。具体的には、旅行者の行きたい所をクラウド上の旅行ガイドブックに登録すると、そこへの行き方や電車等のチケット、ホテル・劇場などの予約ができて、スマホ自身がチケットや地図になることでストレスの無い効率的な旅行を提供できると考えます。また、効率的な旅行は、旅行者がより多くのお金を使う環境を作ることになり、旅行ガイドブックへ参加を希望するお客様が増加し、貴社の利益にも貢献すると考えます。

？ おもしろい提案だ。しかし、収益が限定的すぎるようにも感じる。NTT が実現するのであればもっとスケールする未来を語れるようにしたい。

設問4.　設問3.の未来を実現するために、あなたはどのような経験を重ね、成長していきたいと考えますか。〈150文字〉

私は、説明会で先輩社員の仰っていたゼロベースからサービスを考えていくということに感銘を受けました。営業経験で商品知識の向上とお客様へ説明・販売する経験を積み重ねていき、お客様とその顧客の現況とニーズを正しく聞き出す力と、これに既成概念に囚われない創造的な提案と企画ができるように成長したいと考えます。

［総評］　**「コミットメント力」が伝わってくる。加えて、組織で活躍できる「チームワーク力」や、企業研究をもとにやりたいこと（志望動機）を語り高い視座と思考力をアピールしよう。これらが伝われば、より評価は高くなる。**

NTTドコモの
エントリーシート

NTTドコモを志望した理由を教えて下さい。〈300文字〉

お客様の「最高のパートナー」を目指し続ける姿勢に共感した。
私は「企業や公共団体などにICTソリューションを提供して、業務改善に貢献したい」と思っている。
大学時代に経験した、組織への課題解決にやりがいを感じたことがきっかけだ。法人との最高のパートナーシップ・信頼関係を築いておられるのはいつの時代も貴社だ。「携帯電話・スマートフォン"法人利用"実態調査」では、通話品質・法人営業担当者の対応・アフターサービス・サポート体制など、長期的なパートナーシップを築く上で重要な項目において、常に高評価を得ている。
私は貴社でお客様と最高のパートナーシップを築き、多様なソリューションを提供したい。

やや絶賛しすぎか。志望度が高いのは分かる。しかし、なぜドコモでなければならないのか、その理由までは分からない点がもったいない。

あなたのアピールポイントについて、エピソードを交えて教えて下さい。
(1)アピールポイント〈30文字以内〉

(1)粘り強い交渉力(2)「押す」リーダーシップ

(2)エピソード内容〈400文字以内〉

学園祭委員会の組織改編
私が所属した学園祭委員会は、「広報力が弱い」「企画の演出力が弱い」という問題を抱えていた。部署間の連携不足、人員の偏りなどが原因で、結果として集客や外部からの評価が伸び悩んでいた。
私は数人のメンバーと共に、広報・装飾(看板製作等)・編集(パンフレット制作等)の3つの部署を1つにまとめる、組織改編を提案した。
10年以上続く体制を変更することには、少人数局への愛着、他局の人とのコミュニケーションへの不安などから多くの反発があった。
メンバーの不安を取り除くため、5ヶ月の間に8回の説明会、50人との個人面談を行い、粘り強く組織改編の必要性を訴えた。ビジョンを押しつけるだけでなく、新体制で各個人がどんなことに取り組みたいかイメージしてもらうようにした。
最終的に投票で全体の合意を得て、改編を実現。学園祭本番では、集客数が20%アップし、メディアの評価も上昇した。

! 組織を変える、困難を乗り越える熱い想いを感じる。

あなたの夢を教えて下さい。その夢の実現にあたって、ドコモでどのようなことに「情熱」を持ってチャレンジしたいですか?〈400文字〉

「ICT技術の提供によって、個人と組織のパフォーマンスを引き出し、人々が活き活きと働く社会を創ること」
中学校の教員である私の兄は、毎日疲れきった表情で帰宅する。教育の現場は書類の山。処理と整理に1日2時間はかかる。上司との打ち合わせのために、逐一職員室に戻る。日々の雑務が多いことを理由に、授業内容や教育現場の改善に満足に取り組んでいない。教育の質の向上が阻害されている。
仮に現場にタブレットを導入すれば、事態は大きく改善される。書類の整理・共有がスムーズになり、会議や打ち合わせも、1カ所に集まって行う必要がない。日々授業内容の改善に取り組む時間が確保できるので、教育の質の向上につながる。教員の高いパフォーマンスを引き出せる。
このように、私は法人営業として様々なお客様の最高のパートナーとなり、教育やビジネスなど、さまざまな現場で、パフォーマンスを引き出すソリューションを提供していきたい。

? この夢へ向けて取り組むべき課題は何か。なぜそれをこの会社で解決できると思っているのかを聞きたくなる。

組織を前に進めていった具体的なプロセスを面接で聞きたい。

【総評】 「学園祭委員会の組織改編」の話から「課題解決力」が伝わる。また、すべての設問から、彼のコアである「組織の課題を解決したい」が伝わってくる。このように、どの項目を読んでも同じコアが伝わってくるエントリーシートは評価が高い。

NTTコミュニケーションズの
エントリーシート

■志望職種において、挑戦したいことや夢、目標を教えて下さい。〈全半角200文字以上600文字以内〉

「ICT 技術の提供によって個人と組織のパフォーマンスを引き出し、人々が活き活きと働く社会を創ること」●小学校の教員である私の兄の職場は、書類の山。処理と整理に 1 日 2 時間はかかります。新人なので何かと教育委員会のオフィスに出向きますが、ちょっとした確認などがその大半を占めます。●日々の雑務が多いことを理由に、授業内容や教育現場の改善に満足に取り組んでいません。生徒にとっては、教育の質の向上が阻害されていると言えます。●仮に貴社の「ファイル共有・ストレージ・ファイル転送」サービスが導入できれば、書類の整理・共有がスムーズになります。また、「WEB 会議」を導入すれば、教育委員会のオフィスに出向く時間を節約できます。●日々授業内容の改善に取り組む時間が確保できるので、教育の質の向上につながります。教員の高いパフォーマンスを引き出せると考えます。●私は教育現場だけでなく様々な法人に赴き、ICT ソリューションの提供によって業務のスピードやクリエイティビティの向上に取り組みたいと思います。そして、個人や組織のパフォーマンスがフルに発揮され、人々が活き活きと働ける社会の創出を望んでおります。

?

なぜそう思うのか。お兄さんの例に加えて「自分がそう思った理由やきっかけ」を具体例とともに聞きたい。

■上記を自分が実現できると思う理由について、これまでの具体的な経験やエピソードを交えて教えて下さい。〈全半角300文字以上800文字以内〉

●営業成績ナンバーワン、予備校の授業料売上げ年間 2,000 万円●私は予備校の営業として、千葉県内最高額となる年間 2,000 万円の売上げを達成しました。●校舎に来校した高校生に授業を体験してもらい、その後保護者と面談して入学交渉を行います。私が担当したお客様の入学率は 8 割を超えています。●ポイントは、交渉相手の徹底理解。交渉の前に、生徒の成績や人としての性質を把握するように努めます。そして、同じく家庭及び保護者の方の性質と心配事を(特定の教科の不出来、部活との両立、入学資金など)を聞き出して記録します。●これをリスト化して交渉の段取りを立てます。特定の教科の不出来が問題であれば、それを克服するカリキュラムを作成。部活との両立が問題であれば、過去の成功事例を資料として提示します。どのポイントを突けば、お客様の心を動かすことができるか、準備段階で追求するのです。●また、交渉の場でも相手に歩調を合わせて話を良く聞き、阻害要因を丁寧に消していきます。自分の想定通りに話を進めるだけでなく、その場その場でお客様の側に立って考えることを忘れません。●こうして「個々人の問題をフレキシブルかつ丁寧に解決する」ことで、お客様と信頼関係を結び、上記の実績を上げることができたと考えています。●貴社に入社できましたら、法人営業としてお客様の現状を丁寧にヒアリングし、潜在する問題点を洗い出して適切な提案ができるよう努めてまいりたいと思います。

!

挑戦したいこととの整合性は疑問だが、まさに営業の仕事を体験している。ヒアリング能力から提案力まで、すぐにでも働けそうなイメージを伝えられている文章だ。

■自らリーダーシップを発揮し、組織やチームに影響を与えた具体的な経験を教えて下さい。〈全半角200文字以上全半角600文字以内〉

●粘り強い交渉力～学園祭委員会の組織改編～●私が所属していた学園祭委員会は、28年の歴史と約200名の部員を抱える組織です。●しかし長年、「広報宣伝が機能しない」「装飾・演出に統一感がない」という問題を抱えていました。人員の偏りや部署間の連携不足などが要因で、仕事が一部の人に集中するために広報活動の幅広い展開ができず、キャンパスを彩る装飾物のテイストがばらばらで、来客者の評価を得られないという状況がありました。●結果として来客数やメディアなど外部からの評価が伸び悩んでいました。●この状況を変えるために、私は3人のメンバーと共に、広報・装飾（看板製作など）・編集（パンフレット制作など）の3つの部署を1つにまとめる、組織改編を提案しました。●10年以上続く体制の変更には当初、少人数局への愛着、他局の人とのコミュニケーションへの不安などから多くの反発がありました。●私はメンバーの不安を取り除くため、5ヶ月の間に8回の説明会、50人との個人面談を行い、粘り強く組織改編の必要性を訴えました。ビジョンを押し付けるだけでなく、体制移行後の、各個人の活動をイメージしてもらえるように工夫しました。●最終的に選挙で全体の合意を得て、改編を実現。学園祭本番では、集客数が20%アップ、メディアの評価も上昇という成果を得ることができました。

目的、行動、結果が伝わってくる。「3人のメンバーとどう力を合わせたのか。自分はどのような役割を担ったのか？」に着目して書けるとなおよい。

「人間関係力」が伝わる。長年の慣習を変更するのは、どんな組織においても内部からの反発がつきもの。この経験は通信業界の仕事でも活きてくる。扱うサービスが大きいだけに関係者との調整業務も多いので、こういった仕事を進める機会もあるだろう。

【総評】

非常にオーソドックスな設問だが、一つひとつは字数も多く、しっかり書くことができ、それゆえ具体的な内容が求められている。学生時代に打ち込んだことがあるかどうか、すぐに見抜くことができる。
この学生の場合、「なぜそう思うのか」「なぜその行動をとったのか」が明確で、読み手が知りたいことを押さえて書いている。

広告・マスコミ

表現力や文章力が見られており、いまだにESを手書きで提出させるところもある。広告代理店では文章のロジックがずれていないか徹底的に確認しよう。テレビ局志望者は減っている印象だが高倍率ではある。
近年、広告やメディアでは、自分でアカウントを運用して発信しているかどうかが問われる傾向がある。情報発信をする側になるので、そこに対する経験やモチベーション、能力が重要視され、SNSのアカウントを教えてくれと言われることも。

広告・マスコミ

世間へのアンテナの高さと、あらゆることへの好奇心

社会の動きに敏感か。多様なメディアやデバイスに精通しているか。新しい価値を生み出してくれる予感があるかを、見ている。ＳＮＳで、何か情報発信しているかどうかを聞かれることも多い。そうした経験をアピールできると有利。

・人間関係力、チームワーク力

社内外でプロ意識の高いクリエイターたちと対等に関係を構築できる人間性や、多様な個性・価値観の人たちと力を合わせることができるかを見られている。

・コミットメント力

何かひとつのことに没頭した経験があるといい。自分の仕事を徹底的なプロ意識で遂行する人が求められている。その力があると感じさせる経験をアピールしよう。

・創造力

０から１を生み出した経験があるといい。既存のサービスに縛られずに、新たな価値を生み出せるかが見られている。

評価される志望動機作成に向けて、明確にすべきこと

広告・マスコミ業界で何を成し遂げたいのか。**各社が世界展開したり、インターネットや新たなデバイスに対応しようとする中、きみは何に挑戦しようとしているのか**。現在の各社の立ち位置や戦略をしっかりと把握した上で、志望動機をまとめたい。
次に挙げる項目について、自分なりの答えを持った状態で志望動機を書こう。

□広告・マスコミ業界は、今後、どのようになっていくと思うか
□その中で、志望企業が目指すべき姿はどのようなものか
□自分が成し遂げたいことは何か、なぜそれが自分にできるのか
□競合他社よりも、その企業を志望する理由は何か
□最近おもしろいと思った広告・番組・書籍・記事はどのようなものか
□日常的に自ら何かを発信しているか。その際に意識していることは何か

電通のエントリーシート

あなた自身にキャッチフレーズをつけて下さい。〈20文字以内〉

現状に満足せずアクションを

あなたの趣味を教えて下さい。〈20文字以内〉

アカペラ、卓球、スノーボード

あなたを一文字で表して下さい。また、その理由も教えて下さい。〈1文字以内〉

巻

その理由〈200文字以内〉

私はこれまで「周囲を巻き込んで一つの目標に向かわせていく」ことにやりがい感じてきた。大学1年生から入ったアカペラサークルでは全国大会出場を目標に活動してきた。しかし途中で3回の落選を経験し、一度は解散の危機に追い込まれた。練習方法の改善や、意見交換の機会の創出など自分が熱意を持って周りを巻き込むことで4回目の挑戦で念願の全国大会出場を果たすことができた。これからもこのやりがいを追い求めていきたい。

成功するまでがんばり続ける姿勢が素晴らしい。

?

アイデアはおもしろい。しかし、廃線ということもあり、周辺の人口は極端に少ないだろう。また、都心部からの集客を狙っても、距離が離れすぎていないか。ユーザーの確保ができなければ、運営資金が重たくのしかかる。鉄道事業と同じように、ビジネスの継続が難しくなるだろう。そのあたりを踏まえ、プランを練り直せると、さらによくなる。

現在のあなたを形成している、人生の3大エピソード(体験)を挙げて下さい。〈400文字以内〉

1. これまで10年間卓球に打ち込んできた。しかし高校3年の引退試合を前に肩を怪我してしまい、出場断念を余儀なくされた。始めはショックで立ち直れなかったが、自分に出来ることをやろうと主務に転向することを決意。部のサポート役に徹することで、団体戦では4年ぶりのベスト8に導くことができた。
2. 大学1年生からアカペラの全国大会出場を目指して活動してきた。3回の落選を経験し、一時は解散に危機に追い込まれたが、練習方法の改善や意見交換の機会を創出することで、4回目の挑戦で全国大会出場を果たした。
3. 海外のTV局で3ヶ月間のインターンシップに参加。当初は社内の教育環境が整っておらず、業務を覚えるのに多くの時間を費やした。今後のためにも研修マニュアルを作ろうと協力を仰ぐも、年も国籍も違うメンバーからは断られてしまった。丁寧な説明とこまめな連絡を心がけることで、最終的にはマニュアルを作り上げることができた。

組織に貢献する姿勢がとてもいい。「部長」や「レギュラー」ばかりが評価対象ではない。このように「サポートできる」人もとても評価される。組織には必要不可欠な存在だ。

志望企業とアクションがつながっている。業務内容にも触れてほしかった。

世の中で使われなくなったものを一つ挙げ、それをみんなに使ってもらえるようにするにはどうしたらよいかを具体的に考えて下さい。〈400文字以内〉

【廃線の再利用】
利用者の減少に伴って廃線となった線路が全国各地に存在している。これらを新たに「廃線→貸し農園」へと再利用したい。
【問題意識】
近年、東北大震災の放射能問題を受けて食に対しての安全意識が高まっている。一番安全な材料の調達方法は、自分自身で作ることであると考えている。そこで廃線となったスペースを利用して、個人が農作物を作れる貸し農園として再利用する。
【ターゲット】
健康志向の家族や高齢者向け
【利用するメリット】
1. 線路なので広大な面積が確保できる
2. 線路の構造上一定間隔でスペースが区切られている
【利用方法】
1. 利用者には月額料金という形でスペースを貸し出し、育てたい作物を植えられる。
2. 農作業道具も貸し出しできるようにし、手間がかからない。
3. 忙しい利用者に対しては常駐するスタッフが栽培を代行してくれる。
4. 出来上がった農作物は住所を登録すればそこに直送してくれるシステム。

「地図」をテーマに、ちょっといい話を考えて下さい。〈800文字以内〉

僕は今2枚の地図を眺めながら飛行機に揺られている。これから欧州での鉄道開発プロジェクトに向かう途中なのだ。夢にまで見た初の海外プロジェクト。かつてない程に僕の気持ちは高まっている。ここに至るまでには父の影響が大きく関係している。ちなみに先に言っておくと僕は父が嫌いだ。父は根っからの仕事人間である。大手の建設会社で働いているのだが、海外出張が多く一度出張に行くと半年以上帰ってこない。そのため僕には父の記憶がない。唯一あるとすれば小学校の頃、国語の授業で「私のお父さん」というテーマで作文を書かされたのだが、書く内容が思いつかず、母について書いて周りから笑われた苦い思い出くらいだ。そんな父嫌いの感情を抱いたままいつの間にか大学3年生になり就職活動の時期を迎えた。ある時ふと気になる、「父はどんな仕事をしているのだろうか」。その時は丁度、父も日本にいたのでお昼の時間を利用して話を聞きに行くことにした。父からは日々の仕事内容やら業界の話を中心に聞いた。さすがに父も子の将来を決めるイベントなだけあって、真剣に話をしてくれた。その日僕には父にどうしても聞きたいことがあった。お昼休憩の時間も終わりに近づいた時にこう聞いた。「なんでそんなにこの仕事が好きなの?」すると父は2枚の地図を取り出した。片方の地図は父が働き始めた頃の地図で、もう片方は最新の地図だった「父さんの仕事は地図に載る仕事なんだ。俺はこのやりがいがたまらない」父は自分が携わったプロジェクトを2枚の地図見せながら説明してくれた。その時覚えているのはなによりも父の楽しそうな顔だ。僕はその時初めて父が仕事人間である理由に納得した。同時に僕も父のように働きたいと思った。それから3年後、父のような仕事人間になってしまうのではないかと不安を覚えながらも、これから携わる"地図に載る仕事"に期待で胸を膨らませながら、僕は飛行機に揺られている。

！ いかにもできそうな文章だ。話の展開としてもおもしろい。広告業界の仕事に向いていることが分かる。

［総評］ 「チームワーク力」が伝わる。卓球とアカペラのエピソードで、「周囲と協力しながら結果を出せる人物」であることが伝わってくる。両者ともに全国レベルの結果を出せている点も評価できる。また、海外インターンの話で、多様性の中でもプロジェクトを推進できる人物であることが伝わってくる。

電通の
コミュニケーションシート

communication sheet 1

(西暦)　年　月　日　記入

(フリガナ)

「『体育会は頭が弱い』という評価を覆したい」という記述から、負けず嫌いなキャラクターが伝わってくる。また、GPA（Grade Point Average の略。成績評価値。全成績の平均であることが多い）や TOEIC® なども超一級まではないものの、レベルの高い結果を出しているため説得力がある。

写真

年　月卒業

年　月入学　年　月卒業

年　月入学　年　月卒業

年　月入学　年　月修了見込

専攻している学問の内容
(ゼミ・研究室・卒論テーマなど)

職歴

習得した外国語　※内定された場合、内定後にスコアを提出していただきます。

専門知識・スキル等

[英語] TOEIC　点、TOEFL　点、英検

[その他外国語]

海学留学
滞在経験

資格・受賞歴

学業以外の課外活動

学生時代に一番力を入れたことを具体的なエピソードを交えながら、ご記入ください。

文武両道であることに力を入れてきた。私は体育会アメフト部に所属している。部内ではポジションリーダーを任されている。大学２年時、靭帯断裂の怪我を負い試合で貢献することができなくなった。一時は退部も考えたが、自分ができることを考え、選手のサポート役に全力で取り組んだ。選手一人一人のトレーニングの様子を動画に収め、研究の材料を蓄えた。他校との試合の動画を研究し各ポジションの弱点の洗い出しに力を入れた。この行動が認められ、８カ月後に試合に復帰した後、ポジションリーダーとう役割をいただくことができた。
一方で、学業にも力を入れた。「体育会は頭が弱い」という世間からの評価を覆したいと考えたからだ。GPA3.5。TOEIC は 860 点である。卒業までには 900 点超えを目指している。また、大学の中国語インテンシブクラスを受講し、中国語の取得にも励んでいる。あまり頻度は高くないが、大学の ESS にも所属し、留学生や他学部の学生との交流を積極的に行っている。普段アメフトに集中してしまう分、留学生や他学部の学生と会話することで自分の知らない視点や考え方を学ぶ機会を得て、視野を広げることを意識している。

電通を志望する理由をご記入ください。

「いかなる要望にも応える電通パーソンになりたい」
貴社の 34 名の方に OBOG 訪問をさせていただいた。ほぼ全員の方が発した言葉が、「考え抜くこと」だった。営業の方からクリエイティブまでさまざまな職種の方にお会いし、「考え抜くこと」が貴社の強みの本質なのではないかと気がついた。貴社の華やかなイメージの裏側には、たくさんの電通パーソンが粘り強く考え抜いているということを知った。私自身、所属する体育会アメフト部でケガなど思うようにいかない時でも、チームの勝利のために考え抜くことに力を入れてきた。そして、仲間を巻き込み、チームの全員が考え抜くことで、新たな突破口が見出せるということも体験してきた。正直、私には斬新なクリエイティブ力はまだないかもしれない。しかし、足りない部分をとことん考え抜くことで補うことはできると考えている。
私は貴社において、クライアント企業やひいては日本社会が抱えるさまざまな課題を考え抜き、解決策を見つけ出す電通パーソンになりたい。

「考え抜く」ことに挑戦したいのはよく伝わってきた。しかし、広告代理店で何を実現したいのか。目標や動機が曖昧なのが残念なところだ。

communication sheet 2

ID
(フリガナ)
氏名

※このシートは、面談時に使用します。面談員が目を通して質問しますので、工夫してあなたをアピールしてください。

あなた自身にキャッチフレーズをつけてください。

あなたを自由に表現してください。

キャッチフレーズは、「自身の売りをどう表現すると印象に残るか」を考えてつけよう。独りよがりにならないように、誰かに見てもらうこと。

「聞かれたくないこと」は、面接で聞かれる可能性もある。弱みや短所、受験の失敗、就職留年、人間関係での失敗などネガティブなことを書くケースが多いが、懺悔にならないように。そこから深掘りして、原因を分析し、学んだことや、克服したことを伝えられるように書こう。企業側は、過去の失敗が仕事をするうえでのつまずきにつながるので、それをどう克服してきたかを見ている。

あなたが面談で聞かれたくないことを３つ挙げてください。

［総評］

「コミットメント力」が伝わってくる。文武両道のポリシーを貫き、部活動だけでなく勉強にも取り組んでいる点が素晴らしい。体育会をしながら勉強時間を捻出するのは簡単ではなかったはずだ。代理店のハードな仕事にも適応するイメージがわく。

サイバーエージェントの
プロフィールシート

自己PR

私は中学校受験以来、中高一貫校かつ大学付属の自由な校風で学び、自分のやりたいことにひたすら没頭しながら、ハングリー精神を大事にしてきました。中学入学後、野球部に所属、3 年間、ひたすら部活に没頭しました。最初はレギュラーになれず、ベンチを温め続けていたものの、決して諦めず練習に打ち込み、最終的には部長という大役を任せていただきました。高校最後の大会ではレギュラーとして大会に出場し、県ベスト 8 入りという結果を残しました。

また、大学のゼミで、半年間、企業訪問のリーダーをしていました。この経験から、どんな過酷な状況においても行動者としてあり続け、チャレンジし続ける大切さを学びました。例年、訪問先の企業は指導教授の紹介先と決まっていましたが、私たちの学年は自分たちで見つけることになりました。「1 カ月以内に訪問先企業が決まらなければ企業訪問は中止」という中で、プレッシャーと時間に迫られながらも、企業への電話、企画書の送付、プレゼンを行い続け、最終的には大手外資メーカーへの訪問を獲得しました。この経験から、どんなに苦難な状況でも止まることなく一つひとつ決断を下し、成功への確率を少しでも上げるために、実行し続ける姿勢を学びました。

そして、アメリカ・ボストンへの長期留学とインターンを経て、モノの価値や本質を伝える仕事に興味を抱きました。ボストンでは、主にデジタルメディアのデザインを専攻、html, CSS, Javascript を使った簡単なウェブデザインや、Adobe Photoshop, Illustrator, InDesign, Premiere 等でのマーケティング資産の作成に没頭、学期末の GPA は 3.7 を収めました。
学業の傍ら、大学内でデジタルマーケティングのインターンを行い、留学生の視点から、マーケティング資料の作成に努めました。最後には、留学生用の大学のプロモーション動画の作成を任され、世界中の人々と価値を共有する喜びを感じました。と同時に、街中を走る日本車、白人の行列ができるラーメン屋、日本人女子大生のようなメイクやファッションをしたアジア人など、日本文化がインターネットを通してはるか遠くの世界に与える影響を目の当たりにしました。

このような経験から、私はもっと国境や時差を超えて、日本発のインターネットサービスや広告サービスを浸透させていきたいと考えています。

！ 部活やゼミ活動をやりきる力と、仕事を「やりたいし、できる」というアピールができていていい。モチベーションの源泉であるコアに触れられるとさらにいい。

特技・趣味・コンテスト入賞経験等

TOEIC955点
特技は英語でのコミュニケーションです。アメリカへの長期留学では、英語を共通言語にして友人と何かをすることに面白さを見出し、学業以外にも、クラブでのDJ、ボランティア、動画作成など、積極的に行って参りました。また、海外インターンシップでホテルでの接客経験から、ビジネス英会話にも多少対応できます。

プロ意識を感じる点数だ。勉強のことを書かずに、スコアだけをサラッと書いてあるところに迫力を感じる。

クラブ・サークル・学生団体活動

私は、大学で演劇に目覚め、小さな演劇サークルに入っていました。サークルのコンセプトが、「人の心に一石を投じる」であり、私はキャストとして舞台に立ちながら脚本も書いていました。特に私が留学する直前の夏の演劇発表会では、「過去最高の集客数で過去最高の感動を」という目標を立て、練習から舞台作りに没頭してきました。マイナーな演劇サークルのため、毎年の集客数は100人を満たないのですが、この夏は集客に力を入れ、200人以上の人に見ていただきました。「最高に感動した。震えた」と言ってもらえたことが、自分の中で大きな自信になっています。

?
なぜこれに挑戦してみたいと思ったのだろうか。行動の裏にある動機を書くことによって人柄が伝わりやすくなる。常に意識してほしい。

【総評】

「コミットメント力」が、自己PRに書かれているすべての経験から伝わる。
「自分のやりたいことにひたすら没頭しながら、ハングリー精神を大事にしてきました」という冒頭からも、強烈なコアを感じる。
「創造力」も垣間見える。海外留学や演劇サークルの経験から、デジタルとアナログの両方で新たな価値を生み出すことに興味を持っていることが分かる。今もっとも求められている感性だ。

NHKの
エントリーシート

あなたがNHKを志望した理由と、NHKでやってみたい仕事を述べて下さい。〈500〜600文字程度〉

「多様性を受け入れ、考える力を養える番組作り」に取り組みたいです。貴社の番組から、自身の常識を疑う経験や、常識自体が覆るような経験を何度もしました。無縁社会や女性の不妊問題、障害者のお笑いまで、一見するとタブー視されるテーマに迫り、事実を視聴者に突きつける姿勢に、視聴者自身に考えること、視野を広げることをうながしていると感じております。私自身の経験ですが、幼少の頃より日韓関係に興味をいだいておりました。日本にほど近く、顔も文化も似ている国同士の関係がなかなか改善しない。その理由を知るために韓国の大学へ１年間交換留学しました。そこで見えてきたことは、日本人も韓国人も背景にある知識や視点が違うということです。クラスでディスカッションの場においても、互いの知識と価値観を頼りに議論をするので、話が前に進まない。私は、時間をかけて対話をすることにより、相互理解を深めることができました。しかし、多くの人はその機会はありません。人種や政治問題、性的マイノリティは社会的弱者など、多様性を受け入れ本質を考えることができる機会をテレビは作り出すことができると考えています。世間の大多数の意見や常識に沿う番組を作ることも大切ですが、今の世の中に知る必要のあるものを視聴者に提供することができるのは、公共放送である NHK 以外には難しいと考え志望しております。

学生時代に取り組んだことや、あなた自身について述べて下さい。〈500文字程度〉

ESSという英会話サークルです。これは、海外からの留学生や英語で会話を楽しみたい日本の学生が定期的に集まる場です。韓国留学を経て、自分には海外の国だけでなく、自国である日本すらよく知らないのだということに衝撃を受け、少しでも日本及び海外の理解を深めるために参加しています。参加当初は、和気あいあいとしたサークルである一方で、ルールも企画も少なく、集まっても雑談をするだけの日が多く、もったいないと考えていました。そこで、留学生にアンケートを取り、体験したい「日本」について調査をしました。留学生が期待していたことは、「ガイドブックに載っていない日本体験」でした。さっそく、サークル内で共有し、週に一回、都内の隠れた名所ツアーを企画しました。最初は隠れた名所が思い浮かばず、皇居や東京タワーなどありきたりなツアーとなっていましたが、慣れてくると日本人学生が個別に色々と調べてきてツアーを組み立ててくれるようになりました。「日本人なのに知らなかった」「拙い英語なのに興味を持って話を聞いてもらえるのが嬉しい」そんな言葉を同期や後輩からもらった時は嬉しかったです。

!

問題意識を持ち、主体的に行動できている点がいい。実際に、テレビ局で働くことになったら、このようなことを仕事としておこなうことになる。人間関係を築く力、伝える力、巻き込む力という文脈で文章をまとめられるとよりよくなる。

「私はこうして"壁"を乗り越えた」をテーマにあなたの体験に即して述べて下さい。〈700文字程度〉

「自信喪失の留学生活スタート。そのおかげで乗り越えられた自分の弱さ」
私にとっての韓国留学は自信喪失の連続でした。まずは、得意だと思っていた英語がほとんど通じなかったことです。留学先の大学では授業を英語で受講するため、留学生も韓国の学生もすべて英語でコミュニケーションを取ります。拙い英語では授業を理解することが精一杯で、ディスカッションでは貝のように一言も発せず終わることが当初ありました。そんな中、クラスメイトからは拙い英語を笑われ、質問を無視されることが多々ありました。また、ディスカッションでは、議論の早さと、世界各国から集まった主張のはっきりした留学生たちに圧倒され続けました。最初は、自身の英語力が低いため相手を納得させられていないのだと考えていました。しかし、次第に、そもそも知識や価値観が根本的に違っていることに気がつきました。話しやすい友人を間に挟んで対話をするも、まったく議論をまとめることができませんでした。しかし、ある時仲の良いクラスメイトに「あなたも頑固だからね」と一言言われ、はっとしました。相手が理解してくれないと思っている一方で、私こそが正しいと思いこみ、相手に「理解させる」という態度でいたことに気づきました。相手の不理解を非難している姿勢こそが、私の「弱点」であると知りとても恥ずかしくなりました。それからは、反論せず、じっくりと相手の話に耳を傾け、大学以外でも食事やサウナなどとにかく一緒に過ごし相手のこれまでの人生背景から知る努力をしました。ここで出会った友人は、日本に帰国した今でも友人として強い絆でつながっています。

至らなさを受け入れ、成長したことを具体的に書けていていい。

自由記述（あなたの意見、考えや自己PRなどを自由に述べて下さい）

私は、興味を持ったものはとことん調べることを大切にしてきました。幼い頃の私の得意技は「なんで？攻撃」だったそうです。知らないことは周囲の人に聞く、本で調べる、その場に行ってみることで、真実を探ることが大好きになっていきました。留学や英会話サークルを通して、知らなかったことを知る喜び。そしてそれを人に伝えて喜びを伝播させることは、私が一生続けられることだと思っています。日本だけでなく世界にはたくさんの知らないことや複雑な課題があふれています。多くの人がそこに意識を向け、考えることができるようになったら、日本も世界も今よりももっと素敵になっていくのではないかと考えています。私は貴社において、そのお手伝いができるようになりたいです。

！ 自分のやりたいことを、人生という長い時間軸で書かれているので説得力がある。

「総評」 **留学の話から「人間関係力」が伝わる。主体性を持って人と接し、時には自分を変えながら、人間関係を築いている。メディアで働く人は、多様な人々と接する仕事だ。このような力がなければ、仕事にならない。その点において、「人間関係力」があると評価されるだろう。**

講談社のエントリーシート

特技・趣味〈50字〉

特技：いつでも足をつれること。
趣味：ラジオを聴きながらお風呂に入ること。出汁から味噌汁を作ること。

志望分野（1）〈30字〉マーケティング・プロモーション

多くの本を届けることで、人々の孤独を和らげたい。

その詳細と理由〈240字〉

心の支えとなる本を多くの人に届ける役割を果たしたい。
私は、高校３年生の頃、クラスに馴染めずに孤独感を感じていた。その中で、私と同じ受験生の主人公が、夢を見つけて奔走する「ブルーピリオド」に出会った。当時、彼が私の心の支えだった。
コロナ禍の今、多くの人が孤独感を感じているという。一冊一冊の本について、その魅力を熟慮して、その本にあった広告・宣伝によって、多くの人に本を届けたい。そして、かつての私のように孤独感を感じている人々に、物語を届け、読者の心の支えになりたいと思う。

！ 経験と世の中の状況を重ね合わせて書けている。孤独に対する、本や物語の効果について書かれているとさらに説得力がある。

志望分野（2）〈30字〉ライツ・グローバルビジネス

作品の聖地で、作品の世界観に没入する体験を提供したい。

その詳細と理由〈240字〉

私は、漫画やアニメの聖地巡礼に行くことが好きで、大学の論文も聖地巡礼がテーマである。聖地に行くことは、作品のキャラクターと繋がる体験であり、その没入体験によって、深く幸福感を感じることが出来る。近年はアニメ聖地巡礼が盛んだが、映像化していない作品の方が、読者に想像の余地があり、より作品の世界観に没入できると考える。そこで、様々な作品において、その聖地でイベントを実施したい。聖地で作品の世界観を味わうことで、作品をより楽しみ、更に、同じ作品を愛する人達と思いを共感して欲しい。

当事者ならではの視点で魅力を書いているが、より一般化できるアイデアがあるとなおよい。

！ ただ好きなだけではなく、研究するほど没頭している点がPRポイントになっている。

志望分野（1）（2）以外に講談社でやりたいことがあれば簡潔に書いてください。〈40字〉

編集者として、読者の孤独を和らげ、気持ちの拠り所となるような漫画を作りたい。

出版業界以外で、興味のある職種や業界など〈40字〉

「社会的な孤独感」を含む社会課題を伝え、解決に導く新聞業界に興味を持っている。

あなたが講談社に、他の会社よりも魅力を感じる部分はどこですか？そう考える理由も書いてください。〈120字〉

長期的な将来を見据え、行動する力に魅力を感じる。その一例が、FRaU を中心とした SDGs への取り組みである。私は、FRaU から SDGs という言葉を知ったが、今は聞かない日はない。女性誌丸々一冊を SDGs で染めるという挑戦が貴社を表している。

最近の出来事で一番自分らしいと思うエピソードを「ものがたり」として披露してください。タイトル〈30字〉

試験直前?!先輩の卒論の手伝いする?しない?

「!?」ではなく、「?!」とした点にこだわりや工夫を感じる。タイトルはアイキャッチ的要素と分かりやすさの両方を求められる。

詳細〈240字〉

この単位は絶対に落としたくない。そんな試験の前日夜 23 時に、A 先輩から LINE が来た。「卒論の統計分析を手伝ってくれないか。」卒論の締切は明後日。しかし、あまりお世話になっていない先輩だ。本音は嫌だ、と思いながらも頼られて嬉しかった私は、思わず「いいですよ」と返信していた。一抹の後悔。すぐに Zoom に参加し、分析の相談に乗った。すぐに抜けるつもりだったのに、私とは全く異なるタイプの先輩の話を聞くうちに、気が付けば 2 時間近く経っていた。嫌だ、という思いは霧散していた。

？ 自分らしさの伝え方に改善の余地がある。自分らしさをどう定義し、この話を書いたのか？

人生最大の失敗はなんですか。また、その失敗で迷惑をかけた人に対してどう対処、行動したかを教えてください。〈240字〉

中１の時に、締切を無断で破ったこと。文化祭で１番人気の係は、クラスの出し物係だった。私は、その人気の係を勝ち取り、生徒会に提出する書類の管理をしていた。提出書類に生徒部の先生の押印が必要で、締切一日遅れになって押印のお願いに行くと、先生は押印出来ないと言う。これはクラスの信頼に関わる問題で、裏切りだと。猛省した私は、クラスの皆、生徒会に提出期限を守らなかったことを謝罪して回り、生徒部の先生に何とか押印を頂くことが出来た。それ以降、期限は必ず守り、余裕を持って行動している。

一番信頼している人からあなたはどんな人だと言われますか。〈40字〉

石橋を叩いて叩いて叩き割る直前まで叩く人。心配性だが、作業の正確さは随一。

！ 自分なりに表現を工夫していて、こだわりや想いの強さを感じる。

今あなたがオススメしたい作品を、理由とともに教えてください。

興味関心の広さや深さ、表現する力を問われている。自分の行動範囲を広げ、感性を日々磨こう。

【ノンフィクション作品】

聖地巡礼　世界遺産からアニメの舞台まで

理由〈80字〉

大学１年生の時にこの本と出会い、研究対象として聖地巡礼に興味を持った。アニメ聖地巡礼が盛んになっている今、聖地巡礼という行為の面白さを多くの人に知って欲しい。

【文芸作品】

はなとゆめ

理由〈80字〉

清少納言が立体的に感じられ、歴史や古典に興味のない人にこそ読んでほしい。

【コミック作品】

のだめカンタービレ

理由〈80字〉

小学生の時、のだめに憧れて、吹奏楽でホルンを始めた。のだめと千秋、オタクとクラシック、普通ならば相容れない２つが融合し合い、クラシック音楽の愉快な入口になる。

【映像作品】

ヴァイオレット・エヴァーガーデン

理由〈80字〉

ヴァイオレットが側で手紙を書いているような、リアルな音と映像美に圧倒される。手紙を通じて依頼者の心に寄り添う彼女は、多くの人の心を揺さぶり、そして支えてくれる。

あなたが「仲良くなりたい著名人」は誰ですか？
「仲良くなりたい理由」と「仲良くなるためのアプローチ」とを合わせて教えてください。

サンシャイン池崎

理由〈80字〉

彼の飼い猫達は、保護猫が家に来ても、受け入れる懐の広さを持つ。本来縄張意識が強い猫を、彼がどの様に育てたのか興味深い。

アプローチ〈100字〉

私自身が保護猫の活動に参加し、彼が普段、猫達をどのように世話しているのか聞きつつ、距離感を縮めていく。私の大好きな猫の世話が、慈善活動にもなり、彼の人間性にも触れられるならば、一石三鳥だ。

> このような発想は重宝される。

想像でも構いません。あなたにとって「働く」とは？〈240字〉

自分と異なる考えを持つ人と多く関わり、好奇心を探究することである。学生時代は、関わる多くの人は同世代で、家庭環境も似通っていることが多く、考え方が似ていた。しかし、社会人になると、関わる人の年代は大きく変わり、会社から外へ一歩出ると、更に異なる考えを持っているだろう。その際に、自分とは違うからこそ、視野を広く持って受容し、学び、そして理解することが重要だと考える。様々な人と積極的に関わり、自分の世界を外へ、また深掘りして成長していく。それが「働く」ことだと考える。

> 抽象的な概念に対して考えや意見を述べよ、という設問は多い。特にこの問いは、設問がなくとも言語化しておく必要がある。「働く」の定義と志望動機のつながりを明確にしておこう。

あなたが想像する10年後の社会における出版社と、そこであなたが果たしている役割についてできるだけ具体的に書いてください。〈240字〉

10年後の出版社は、現在と同様に、社会において読者に物語や情報を届けるという役割は変わらないが、デジタル化や志向の多様化に伴って、その手段が多様化していると考える。例えば、漫画を紙・デジタル上のコミックやボイスコミックとして提供するだけでなく、メタバース空間の中で、物語を追体験できるようなアトラクションを提供しているかもしれない。私は、物語をどのような媒体で提供するとしても、一つ一つの作品の魅力について考え、物語をできる限り多くの人に届ける役割を果たしたい。

設問で聞かれていることを整理しつつ、自分が貢献できるということに言及している。実際の仕事内容を理解し、具体的に果たせる役割を明確にしておきたい。

講談社の作文課題

「世界の誰かを笑顔にする、『あざとい』自分」をテーマに、800字以内で書いてください。なお、必ずタイトルをつけ、本文中に以下の3語すべてを指定の表記のまま使うこと。
（デジタル　二十歳　ぽろぽろ）

タイトル：誕生日の作戦

私の誕生日は、必ず大阪の祖母の家で過ごす。
理由は簡単で、大晦日が誕生日だからだ。大晦日には、祖母の家に帰省し、ケーキと年越しそばを食べるのが、毎年の恒例行事である。
私が十五歳を迎えた頃から、祖母は、「私がお酒の呑み方教えてあげるからな」と言うのが恒例となっていた。私とお酒を呑むことをとても楽しみにしていてくれたのだ。
しかし、2020年、私が二十歳を迎える年に、コロナウイルスが流行。父は、「今年はやめとこう」と私に言った。それでも、一生に一度しかない二十歳の誕生日である。祖母も私もずっと楽しみにしていたこのチャンスを逃すのか？否！
その日から、私の綿密な作戦がスタートした。
祖母と私の共通の趣味は、携帯ゲームのツムツムだ。私は、ツムツムの新情報が出る度に、「今月強いツムツム来てるで」と、祖母とビデオ通話を繋いだ。しばらく続くと、祖母から「このアイテム、どうしたらいいん？」と、連絡が来るようになった。不定期の電話を重ねて、ビデオ通話の方法を覚えてくれたようだ。
そして、お酒のリサーチ。「ばあちゃんは普段どんなお酒飲むの？」と好みを遠回しに聞いた。父にもリサーチすると、「二十歳になってないのに、もうお酒飲んでんのか！」と怒られた。冤罪だ。
そして、2020年の大晦日。事前にお酒をふるさと納税で送り、準備はバッチリ。
祖母とビデオ通話を繋いだ私は、「お酒の呑み方、教えてや」とお酒を持ち上げた。祖母は、「ええで！」と笑った。お酒を呑みながら、祖母は、ぽろぽろと涙をこぼしていた。驚いた私がその理由を聞くと、ずっと夢だったのだ、と教えてくれた。例年のように会えなくとも、デジタルの世界で、祖母と一緒に、濃厚な時間を過ごした。
綿密な作戦を決行した私を見て、母はあざといな、と笑った。どんなにあざとくても、ずる賢くても、大事な人が笑ってくれるなら、それに勝るものはない。

！

3つのお題が違和感がなく使われている。人柄も表現できていていい。

出版社でよく出題される三題噺。限られた制限時間で書くために、事前準備が大切だ。過去の出題内容を確認し、どのくらい書けるかを試して、課題を明確にしよう。

講談社の
手書きエントリーシート

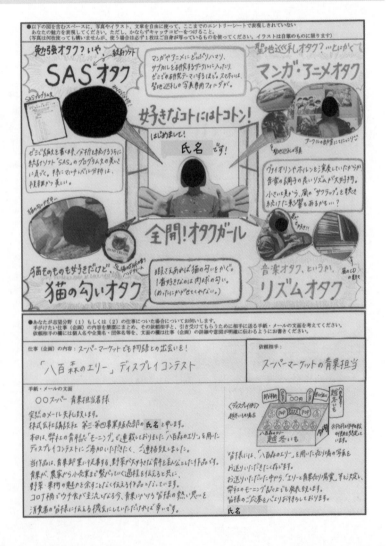

●以下の図を含むスペースに、写真やイラスト、文章を自由に使って、ここまでのエントリーシートで表現しきれていない
あなたの魅力を表現してください。ただし、かならずキャッチコピーをつけること。
（写真は何枚使っても構いませんが、使う場合は必ず１枚はご自身が写っているものを使ってください。イラストは自筆のものに限ります）

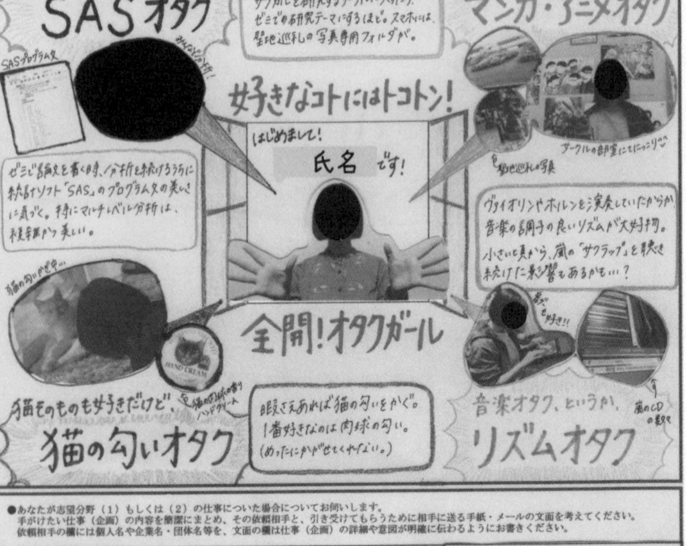

●あなたが志望分野（１）もしくは（２）の仕事についた場合についてお伺いします。
手がけたい仕事（企画）の内容を簡潔にまとめ、その依頼相手と、引き受けてもらうために相手に送る手紙・メールの文面を考えてください。
依頼相手の欄には個人名や企業名・団体名等を、文面の欄は仕事（企画）の詳細や意図が明確に伝わるようにお書きください。

仕事（企画）の内容：スーパーマーケットでも物語との出会いを！

「八百森のエリー」ディスプレイコンテスト

依頼相手：

スーパーマーケットの青果担当

手紙・メールの文面

〇〇スーパー 青果担当者様

突然のメール失礼致します。
株式会社講談社 第三・第四事業販売部の 氏名 と申します。
本日は、弊社の青年誌「モーニング」で連載しておりました「八百森のエリー」を用いたディスプレイコンテストにご参加いただきたく、ご連絡致しました。
当作品は、青果卸業に従事する、野菜が大好きな青年を主人公とした作品です。
青果が、農家から小売業まで繋がっていく過程を伝えると共に、野菜・果物の魅力を余すことなく伝える作品となっています。
コロナ禍でウチ食が主流となる今、青果にかける皆様の熱い思いを消費者の皆様に伝える機会にしていただければ幸いです。

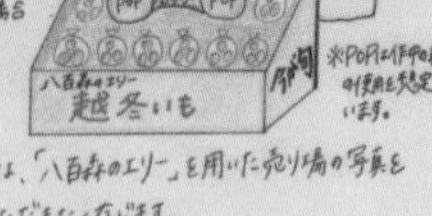

皆様には、「八百森のエリー」を用いた売り場の写真をお送りいただきたく存じます。
お送りいただいた中から、「エリーと青果売り場賞」等を決定し、弊社のモーニング誌上でも発表致します。
皆様のご応募を心よりお待ちしております。
氏名

【総評】

設問から、出版社ならではの求められる発想の多様性や難易度の高さを感じる。
読みやすさは当然として、読み手が引き込まれる仕掛けをどこまで工夫できるかが重要なところだ。言葉選びや表現方法、ストーリー展開など、付け焼き刃ではまず対応できない難しさがある。
自分を過度に飾ることなく、自分の言葉で自分のことを語れる自信と能力を持ち合わせており、活躍が期待できる文章になっている。

B to B メーカー

同じメーカーでも、B to B か B to C かで、営業のやり方が違うことに注意。B to B は世の中のトレンドに敏感かどうかが重視される。
前提として、マーケター、企画、工場生産管理、営業、バックオフィスなど、職種によって求める人物像がまったく違うことに注意。
海外売上比率を上げようとしている企業の場合、転勤が嫌という人に比べて、どんな場所でも楽しめることをアピールできる人にはチャンス。
その場合は現地の人を巻き込んで仕事ができる人間性の幅、多様性、リーダーシップなどが見られる。

B to B
メーカー

業界研究の徹底が勝負の分かれ目

素材メーカーや電気、機械などを扱う大手企業は、規模の大きい取引を担う仕事が多い。それだけに**関係者との調整能力が求められる**。自分の過去を振り返り、当てはまるものがあれば、積極的にアピールしよう。また、転勤が可能な場合はそれがアピールポイントにもなる。

・人間関係力

既存のクライアント、新規のクライアント、国内、国外、様々な人と信頼関係を築く力、パートナーシップを築く力が求められている。海外比率を上げようとしている企業で、海外駐在が前提の場合はなおさらだ。

・チームワーク力

社内外の利害関係のある人や組織と協働する力が求められている。仲間と信頼関係を築きながら、困難を乗り越える力があるか。その素地があるかどうかを見られている。

評価される志望動機作成に向けて、明確にすべきこと

その企業が扱っている商品の優位性はどこにあるのか。なぜそれを自分が扱っていきたいと思うのか。**志望企業が扱う商品を知り尽くした上で、世界中に売りに行く気概があるかを問われる。**

次に挙げる項目について、自分なりの答えを持った状態で志望動機を書こう。

□なぜその業界を志望するのか
□競合他社よりも、その企業を志望する理由は何か
□なぜその製品を扱うことを仕事にしようと思ったのか
□最近のその企業がおこなっているビジネスで、興味深いものとその理由
□その企業で挑戦してみたいことは何か
□入社後、自社の商材でどのような問題解決をしたいか

旭化成の
エントリーシート

1. 学生時代に力を入れたこと〈300字〉

【独自の接客術を考案し、売上300万円達成】
私は時計店アルバイトで売上300万円を目標に掲げました。しかし、知識も接客経験もないという問題点がありました。初めは、時計の本を読み込む等で知識を習得し、それら全てをお客様へ提供するという接客をしていましたが、思う程売り上げが伸びませんでした。原因を分析したところ、私の接客が自分よがりであることに気がつきました。そこで、「お客様が求めているものを深く追求し、それに応えるべく最善を尽くす」という接客に変えました。具体的には、使用シーンや服装など様々な視点からニーズを探り、1人1人に合う時計を提案していきました。その結果、半年で目標を達成することができました。

面接で深く聞かれる部分だ。採用担当者は仕事において再現性があるのか確かめたくなる。しっかりと準備しておこう。

❗ エピソードから社会人としてのポテンシャルを感じる。面接ではその原動力であるコアについて話せるようにしておく。

2. 9つのワードのうち3つ以上のワードを用いて自由に文章を作成してください。
(科学・輪・アプリ・挑戦・元素・能・人工・森・令和)〈200字〉

能に使われる能面は扮装の道具である以上に、能役者に一種のパワーを与えると言われています。一方で、貴社が有する科学技術も、化学素材やアフェレシスといった様々な分野のモノに形を変え、多くの人々の暮らしにパワーを与えてきました。そのため、令和以降の時代も、貴社の強みである科学技術をもって新しい世界に挑戦し続けることで、人々の生活をより明るくすることができるのではないかと考えています。

「パワーを与えるもの」という能面の役割と旭化成の強みをつなげていてよい。加えて、企業のことを理解していることが与えられたワードを使いながら伝えられている。論点を整理しながら文章を書けていて、思考力をアピールできている。

3. 就職活動あるいは日々の生活において大事にしている軸〈100字〉

私は活発な意見交換によって組織力が高まり、大きな成果が生まれると考えています。そのため、自分の考えを持ち発信することを日々大事にしており、就職活動においても、個々の主張を尊重する風土を軸にしています。

なぜこう思っているのだろうか？　企業選びをする際のアンテナの張り方や、どう意思決定しているのかを面接では聞いてみたい。

【総評】

与えられた字数が少ないため、ESに書ける内容は少ない。ゆえに面接で深掘りされると意識しておかなければならない。ESを書く段階で面接で話す内容まで見据えて、エピソードを整理しているかが非常に大事だ。少ない文字数でいかに自分の優れた点を言語化できているかも、もちろん重要である。

東レの
エントリーシート

■学生時代に、あなたが目標としてきたこと(していること)と、その取り組み結果(状況)を述べて下さい〈全角400字以内〉

■ 目標
学生に日本のものづくりの魅力を啓蒙する事
■ 動機
自分が将来社会に対して何が出来るのかについて考えた結果、自分を育ててくれた日本に恩返しがしたい、日本の強みを活かし、世界でのプレゼンスを高める為に貢献したいと想うに至った。日本の強みとは、緻密な作業や細かい気配りが出来る国民性であり、それらが最も反映されているのが製造業だと考えている。日本には未だ日の目を見ていない様々な最先端技術が眠っており、その魅力や将来性を可視化する事が、ものづくり大国復興の手がかりになるのではないかと考えた。
■ 活動
所属している団体では、「誰もが自分の言葉で日本の魅力について語れる社会にする」をミッションに様々なイベントを主催している。私達は製造業の将来性に着目し、「ものづくり」をテーマとした講演会を現在企画している。
〈400字〉

思いだけではなく実際に行動に移している。それも就職活動のまっただ中に。具体的な企画は面接で伝えればよい。

■今まで、一番困難と感じた状況(出来事)と、それをいかに乗り越えたか述べて下さい〈全角400字以内〉

【就職活動に失敗し、自信を失った経験】
■ 原因
夢を追いかけるつもりが、自分の視野を狭めてしまっていた。
■ 思考の切り換え
就職留年をする事で視野を広げ、新しい何かに挑戦するチャンスだと考えた。
■活動
日本の魅力を発信する為に活動を行っている学生団体にコンタクトを取った。彼らのミッションと、私が抱いていた「日本の強みを活かしたい」という想いに共通点を感じた為である。メンバーとして初めて参加したイベントでは、率先してゲスト出演依頼やスポンサーの窓口となる役職に就き、社会人との接点を多く作る事で視野を広げようと試みた。誠心誠意を込めて活動に取り組んだ結果、経産省からの後援を獲得し、団体活動の幅を広げる為に貢献する事が出来た。目上の方との接し方や、アイデアをまとめる作業が日々上達していくのを実感する事で、自信を取り戻した。より多くの経験を積み、一回り大きく成長出来たと今は確信している。〈400字〉

この部分の説明が足りない。原因が伝わらないので、「活動」の内容が効果的だったのかが読み手に伝わらない。せっかくいい経験をしているのにもったいない。

■あなたが東レというフィールドで成し遂げたいことを述べて下さい〈全角400字以内〉

【炭素繊維の汎用領域を拡大し、日本に貢献したい】
■ なぜ日本？
中学時代まで北米で過ごしたが、時に日本人である事を馬鹿にされ、悔しい想いをした。この経験から、将来は日本のプレゼンスを高める為に尽力したいと考えるようになった。
■ なぜ炭素繊維？
金属の代替品として普及すれば、環境保全や医療等、様々な課題に対する切り札となる。成長産業として日本を支え、世界での影響力を高める為に重要な素材だと考える。
■ 医療分野での汎用
従来、インプラントや人工関節の材料として金属が使用されていたが、アレルギーの発症や空港セキュリティでの手間等、弊害となる要素が絶えなかった。軽く、強く、患者への負担も少ない材料として今後CFRPの需要が高まると考える。顧客に合わせた製品受注を可能にし、医療分野に参入したい。
■ なぜ東レ？
炭素繊維技術を活かし、世界規模の課題に取り組もうという強い意志が感じられる為。
〈397文字〉

業界や技術についてよく調べているが、東レが第一志望であるということは、伝わらないまま終わってしまっている。それなりの志望理由を書いても、第一志望であることが伝わらなければ、内定は出ない。もったいない印象だ。

「コミットメント力」が伝わる。「日本の魅力を伝えたい」という思いが、すべての設問から伝わる。学生団体選びの基準からも伝わってくる。また、団体内でも実績を出している。自分がやると決めたことは、全力でがんばる人だということが伝わってくる。

【総評】

やってきたこと、乗り越えてきたこと、これから成し遂げたいこと。すべてにおいて、これまでの人生の文脈を踏まえて書くとよい。この学生は「人生を流れで伝えよう」という意識が見えるが、「北米で育ってきた」という生い立ちだけでなく、「大学で専攻してきたこと」なども絡めて書くと、さらに深みが増す。

三菱重工の
エントリーシート

設問1　大学入学以降の経験で、目標達成のためにあなたが主体的に考え・行動した経験について具体的に教えて下さい。また、その経験を今後あなたの人生にどのように活かしていきたいかについても教えて下さい。

概要〈30文字以内〉

「困難だったこと」を記載すると、プロジェクトの難易度が伝わる。

ガーナのNGO、現地住民と協力して食品販売事業を立ち上げた

詳細〈500文字以上～600文字以内〉

ガーナのNGOと協力して、国民的食品のSHITOというソースの販売事業を立ち上げた。材料の野菜を生産し、製造から販売を一貫して行うことで、市場価格より３割安く提供できることから商機が見込めると考え提案し、土地の開拓から事業を始めた。私が中心となって事業を進めた。しかし、当初は現地の人々の理解や協力を得ることができず、計画が遅々として進まなかった。そこで私は、一方的に自分の意見を主張するのではなく、彼らの価値観の理解、信頼関係の構築に努めた。そのために、憩いの場である教会の集会に参加した。ガーナ人は独特かつ熱狂的に祈りを捧げる国民性であることから、集会は現地の人以外からは敬遠される場であった。しかし、彼らの生活の中心である場に参加しないと、分かり合うことはできないと考えた私は、週４日必ず参加した。積極的に発言し、運営の手伝いも行うことで、できるだけ対話の機会を増やした。その結果、徐々に私の話に耳を傾けてもらえるようになり、多くの人々から資金や情報等の協力を頂き、デモ販売を完売することができ、900万円の利益が見込めるようになった。この経験を通じて、「未知の環境において、考え方が異なる人々をまとめ、物事を成し遂げる力」を得たと考えている。今後は、この経験で得られた私の強みを活かして、国籍・世代が異なる多くの人々と協力することで、途上国に豊かさを創造する業務に携わりたいと考えている。

設問2　あなたが企業を選ぶ際に最も大切にしている基準は何ですか。また、その上で、あなたが三菱重工（三菱日立パワーシステムズを含む。以下同様）を志望する理由を、志望する事業・製品・職種を踏まえて具体的に教えて下さい。

タイトル　〈15文字以内〉

研究内容と志望動機を書いている。勉強してきたことと「やりたいこと」に関連性があると、より説得力が増す。

創造できる企業であるかどうか

詳細〈500文字以上～600文字以内〉

上記のガーナの経験や、バックパックでの経験を通じて、途上国の人々は、バイタリティはあるが、生活的余裕のなさから、可能性を活かせていない現状に歯がゆさを感じた。そこで私は現地に社会インフラを構築することで、豊かさを供給し、「挑戦できる」環境を創造したい。そこで私が企業を選ぶ際の基準は、「人々の生活に豊かさを創造できる企業であるかどうか」である。途上国の生活に豊かさを創造することで、世界人口の８割を占める途上国の人々が何かに「挑戦できる」環境を供給したい。その後、彼らが何かの分野で成長し、意見・考えを世界に発信していくことが、人類の地球規模の成長につながると思う。

志望動機

貴社において、発電事業に携わりたいと考えている。電気は生活に不可欠であると同時に、新たなことに挑戦する際にも重要である点に魅力を感じている。私はエネルギー問題の解決には再生可能エネルギーの普及は不可欠と考え、学部・大学院において、「半導体技術の基礎研究」、「再生可能エネルギーの大量導入時の対策立案、経済性評価」について研究している。しかし、再生可能エネルギーのみではエネルギー需要を満たすことは不可能であり、在来型発電との協調運用が必要であると学んだ。そこで、各々の発電技術に、高い技術を持つ貴社において、総合的に再生可能エネルギーと在来型発電を組み合わせた電力システムを世界に広めていきたいと考えている。

設問3　三菱重工は、社会や産業の基盤を支えるメーカーとして世界で戦っていくため、「事業規模5兆円の高収益企業」を目指しています。三菱重工が今後「真のグローバル企業」となるために、あなたが必要だと思うことを、あなた自身の言葉で教えて下さい。
タイトル〈15文字以内〉

現地の人と共に成長する

詳細〈500文字以上～600文字以内〉

これまで研究や事業立ち上げの際に、異なる国籍の人々と共に物事に挑戦し、成し遂げてきた。考え方が異なることから、話し合いが円滑に進まず、トラブルも数多くあったが、日本人の私には考えもできなかったアイデアが出てくることもあり、予想以上の成果を得ることもできた。また、自分の意見を論理的に伝えたとしても、外国人同士では上手く理解されず、拒絶されたこともあった。その際に私は、言葉ではなく行動で信頼関係を構築した後に、自分の意見を理解してもらうことを心がけた。私は、価値観の異なる人々と何かに挑戦する際に、論理性も重要であるが、相手に伝える情熱が必要であると思う。以上の経験から、貴社が「真のグローバル企業」となるためには、現地の人々を受け入れ、共に成長してゆくことが必要であると考える。今後海外からの売上を70%にすることを目標に掲げる貴社は、必然的にこれまでより多くの外国人と接することになる。上記目標を達成するためには、単なる雇用関係ではなく、現地に根ざした企業になることが必要であると思う。現地に根ざした企業になることで、現地の人々の価値観や考え方が理解できるようになり、事業の効率化が見込めるようになると思う。また、現地の生の情報を素早く入手できることから、より多くの案件の受注の機会が増えると考える。

？「単なる雇用関係」というフレーズは、上から目線過ぎないか。日本を代表するグローバル企業だ、きみの経験してきたことは、はるか前に経験しているはず。批判的な表現を使う前に事実を確認しよう。

設問4　あなたをより深く知るために、当社に伝えたいことを自由にご記入下さい。(任意)
タイトル〈15文字以内〉

雑草魂

自分のダメだった頃のことが書かれている。それは乗り越えた人にしか書けない。採用担当者は、面接で具体的な乗り越え方を聞いてくるだろう。

詳細〈200文字以内〉

大学進学まで部活動・受験と辛いことから常に逃げ、怠惰な人生を歩んできた。大学で人々との出会いを通じて、自分の貴重な時間を無駄にし、可能性を潰してきたことを深く後悔した。これまでの過ちを繰り返さないために、私は何か物事に取り組む時にはどんな困難に遭遇しても絶対に逃げずに最後までやり抜き、成長し続けることを決心した。それからは様々な物事への挑戦を通じて、絶対に逃げないという強みを培ってきた。

【総評】**事業創造をする力がある。ソース工場の立ち上げのプロセスが、各設問で詳細に語られているので、事業を生み出す力がある人であることが伝わってくる。また、収益と途上国の発展支援のバランスもいい。**

三菱マテリアルの
エントリーシート

ゼミ・研究室のテーマ概要、興味を持って取り組んだ専門科目名、卒論予定の内容などをお書き下さい。〈全角350文字以内〉

中国語です。中国の友人に上海を一週間案内してもらった際、中国の発展というのを間近で感じた。今後も中国経済は伸びると予測したため、中国語を学ぼうと思いました。
北京大学への語学留学中は、北京大学以外の語学学校にも通いました。また、値段交渉をしてから商品を買うようにするといったことで中国語を話す機会を増やし、積極的に学んでいました。現在も中国語を話せるサークルの友人達との交流を通して、私の既存の語学力を伸ばしています。また、最近では英語の勉強にも力を入れています。それは、今後世界中の人達と共に仕事をしていくためには、英語力の取得が欠かせないと思っているからです。今後は短期の語学留学や、英語を話せるサークルの友人達との交流を通して、私の既存の語学力をさらに伸ばしていこうと思っています。

北京大学は中国 No.1 の大学だ。そこで学ぶだけで満足せず、さらなる成長を目指している点がとてもよい。

当社を志望した理由〈全角300文字以内〉

海外に日本製品を広げていける機会が多いと思うからです。
中国留学を経験する中で、周囲の人々との慣習や考え方の違いから、日本人としてのアイデンティティを意識するようになりました。そして、仕事をする上では日本の良いものを世界に広め、世界における日本のプレゼンスを上げたいと思うようになりました。私は、海外メーカーとのやりとりも多い素材メーカーである貴社ならばそれが叶うと思っています。また、素材メーカーの中でも貴社は日本一の非鉄メーカーであり、海外と関わって仕事ができるチャンスが多いと思うため、志望しています。常に挑戦しており、私の性格と合うと思うため志望します。

！ 勉強のテーマで「No.1」や「挑戦」にこだわる姿勢が伝わっているので、志望動機にも説得力がある。

よく見るフレーズなので自分なりに定義しておきたい。

学生時代に団体活動の中で「辛かった、苦労したけれど乗り越えた経験」〈全角500文字以内〉

留学先の北京大学、学園祭で中国人学生と日本人学生との混成メンバー計30名を率い、ソーラン節を発表したことです。日本の伝統的な良いものを現地の人にも知ってもらうことで、日中友好の一助にしたいと思って始めました。練習過程では一部の中国人学生が突如練習に来なくなるという問題が発生しました。日中友好の一助にしたいと思って始めたため、メンバー内から離脱者を出したくないと思いました。そこで彼らと話す場を設け、理由を聞く機会を設けました。彼らと話す中で、1.海外の大学院進学に向けて英語に力を入れて勉強している2.日本語学科の宿題が多いという２点から、ソーラン節に参加する時間がないと分かりました。私はこの問題に対し、1.英語圏から留学に来ていた友人を紹介し、2.彼らの宿題を手伝うようにするということで対処しました。この結果、彼らに時間の余裕ができ、練習に参加してくれるようになりました。私はこの経験から相手に一方的にこちらの要望を伝えるのではなく、まずは相手の問題を考え、対処することで信頼関係を築くことを学びました。

！ 他者を巻き込んだ成功事例から、入社後の成功を感じさせられる。

その他、アピールしたいことなどあれば教えて下さい〈全角100文字以内〉

私の強みは「自ら考え、行動する」ことです。大学では入学当初に「新しいことに挑戦し、自らの幅を広げる」ということを目標として掲げ、毎年新たな挑戦を行ってきました。

挑戦への意欲を感じる。自分にとっての挑戦を定義し、志望動機とつなげて伝えたい。

【総評】

「人間関係力」が伝わる。日中の留学生の混成メンバーということで、まとめることの難しさが伝わってくる。結果的に、彼らの要望を引き出し、それを満たしているところからも、社会に出てからもそのように仕事を進めてくれるのではないかと期待できる。また、志望動機で「海外に日本の良いものを伝える」と語っているが、まさにそのような体験ができている。一貫性のある記載内容なのでアピール度が高い。

京セラのエントリーシート

1.弊社への応募の「きっかけ」を踏まえて、志望理由を教えてください。部門別採用コースにて応募の方は第1希望/第2希望部門の志望理由をご記入ください。(400字)

応募のきっかけは京セラフィロソフィーへの共感だ。私の12年間の野球人生や海外での営業経験を通じて得た学びや考え方と共通することばかりで、入社後に同じ価値観を持って仕事が出来る点に惹かれたからだ。さらに、提案型営業を通じて様々な要望を実現出来るという実際の業務内容にも魅力を感じたため志望するに至った。これは、大学時代に営業をした際、お客様のニーズに対して案件毎に最適なソリューションを提供し要望を実現する事にやりがいを感じたことが理由だ。そして半導体部品有機材料事業部門の志望理由は、私の夢である「デジタル社会実現」に貢献出来ると考えるからだ。日々情報収集を行う中でデジタル化による社会変革の重要性、手段である情報通信、電子機器等の高性能化の必要性を強く認識した。そこで、情報通信社会の実現を根底から支える製品を多数有するこの部門で、お客様のニーズに合わせた製品提供を行いデジタル社会実現に貢献したい。

面接までに、このエピソードを１分以内で端的に語れるように準備しておく。

自分の夢や、やりたいことは全身全霊で語ろう。

価値観が共通する部分について、面接では具体的な説明が求められる。

2.学生時代に力を入れたことについて教えてください。(400字)

高校時代、野球部に所属し指導者と約100名の選手を巻き込み甲子園初出場を果たした。当初、各選手はチームが抱える課題に問題意識が一切無かった。そこでチーム課題への意識を高め、解決策を議論すべく週1回の選手ミーティングを導入したが、導入に反発する人や不真面目な人が8割もいた。私は相手の考えを尊重し受け入れた上でミーティングの重要性を力説すると同時に、甲子園に懸ける想いを全員に再確認させた。すると徐々に皆が本気で議論し始め意識統一に成功。さらに議論の結果が練習内容に反映されるよう、指導者が考える各練習の意図を考慮しつつ、選手立案の練習メニューの提案を指導者へ10回程度繰り返し、両者の落とし所を探っていった。結果、提案した練習メニューは着実に反映され、課題も克服して一体感が生まれ甲子園出場を果たした。人を巻き込む上では相手と本気で向き合い、方向性を提示しつつ熱意を持って働きかけることが大切だと学んだ。

反対者が多いにもかかわらず、なぜ実践しようと思ったのかぜひ聞いてみたい。

！ うまくまとめられているので読みやすく、分かりやすい。文章の内容とまとめが一致していないケースが多い。自分の文章を確認してみよう。

3.あなたにとって1番の試練・挫折は何でしたか。また、それをどのように乗り越えたかを具体的に教えてください。(400字)

大学3年時に半年間シンガポールで飲食店向けの広告営業を英語で行った際、18件の新規契約受注を目標に掲げたが、前半3ヶ月で4件しか受注できなかった事だ。具体的には、外国人との商談では、本心を正確に汲み取りながら互いの認識を一致させるはとても難しく、全く相手にされないことも多々あった。その際、「自分には出来ないのかな」とも思ったが、多くの逆境を跳ね返してきた過去を想起して自信に変え、努力を重ねて絶対に成果を出す事を決意した。その上で、相手の考えを尊重し共感を心掛け傾聴に徹し、常に相手の真意や認識に対する仮説を立て、会話のキャッチボールを増やして検証していった。結果、徐々に相手は本音を話し始め、潜在的ニーズが把握出来た。その上で現状の課題解決に加え、中長期的なマーケティング施策も含めた提案を行った。要望を実現するために、相手と二人三脚で共創することを大切にしたことで、後半3ヶ月で10件受注出来た。

経験を抽象化し、アピールポイントにできるかが重要だ。入社後に活躍するイメージを感じさせよう。

面接では、提案した内容やそれがどう成果につながったのかも聞いてみたい。

4.あなたと京セラの考え方の共通点を、上記経験を踏まえて具体的に教えてください。(400字)

共通点は2つあり、1つ目は「渦の中心になれ」である。高校時代、野球部で甲子園出場に貢献した経験では、私は90名の選手の渦の中心となり組織の目標達成に導いた。最初は選手ミーティングの導入に反発する人等が8割もいたが、リーダーとして組織のビジョンやミーティングの目的を示し、さらに熱意を持って相手と向き合っていく事に徹して意識統一を実現した。自ら渦の中心となり周囲に方向性を提示して熱意を持って働きかけ、巻き込んでいく考え方は共通している。2つ目は「お客様第一主義を貫く」である。海外での営業経験において、お客様に寄り添い潜在的ニーズを把握し、要望の実現に貢献した。私は営業を行う際、お客様の実現したい事を尊重して共感を心掛け傾聴し、多様なニーズに対して最適なソリューションの提供を行った。相手の事を自分事として考え、当事者意識を持ち、常にお客様の願いの実現に全力を注ぐ事を大切にする考え方は共通している。

実体験から業務の適性を感じられていい。

? 他の設問と答えが重複している。他に書けることはないだろうか？　伝えるエピソードの量と質は最大化したい。

【総評】

全体がまとまっており、自ら考えて主体的に行動できる人柄が伝わってくる。成果を残してきているので、書類通過の時点では高いレベルの人材であると評価されるだろう。そういった学生は、面接でESのエピソードに対してあえて厳しい、否定的な質問をされ、揺さぶりをかけられる可能性がある。この彼はそれさえも理解し、自らの経験を徹底的に言語化、深掘りして内定を総取りした。

B to C メーカー

B to Cメーカーは顧客ニーズの理解度が重要なので、消費者、お客様をよく見ること。化粧品メーカーなら、百貨店やドラッグストアのどこで何が売られ、どんな人が買っているか、食品メーカーなら、スーパーでどういう棚の陳列をしていて、誰が何を買っているかを見る。食品メーカーで、「冷凍食品の売り方」をプレゼンさせるところもあった。
企業研究をしっかりして、他人がやっていないことをやれば差別化できる。扱うことになる商材への愛情も重要。「この商品はださい」「何か違う」と思いながら売るのはきつい。

B to C
メーカー

商品を実際に使って企業研究の成果を自分なりに言語化する

メーカーの中でもB to Cビジネスを中心に展開している、家電、自動車、化粧品、食品、などを目指す人は、次の力に当てはまるものがあれば積極的にアピールしよう。また実際に売り場に足を運んで、お客様や棚の陳列などを観察し、どういう売り方をしているか、どんな客層なのかもチェックして、**自分なりの改善提案ができるといい**。商材への愛情も欠かせない。

・コミットメント力

現場を知るためにも、まずは営業に配属されるケースが多い。その中で、精いっぱいがんばれそうか、結果が出せそうかを見られている。

・人間関係力、チームワーク力

社内外の多様な人との関係構築と協働する力があるかどうかを、見られている。

・課題解決力

量販店が顧客となることが多い。組織や店舗などの課題を見つけ、提案する力があるだろうか。店側と購買者にメリットのある提案ができそうか、その力を見られている。

評価される志望動機作成に向けて、明確にすべきこと

企業の商品を実際に使ったり、手に取ったり、体験することができるのが、この業界の特徴だ。志望するのであれば、当然**すべてのサービスを利用した上で業界研究、企業研究を徹底しておきたい。**

次に挙げる項目について、自分なりの答えを持った状態で志望動機を書こう。

- □**なぜその業界を志望するのか**
- □**競合他社よりも、その企業を志望する理由は何か**
- □**その企業の製品は使ったり体験したりしたか。いい点と改善点は何か**
- □**その企業で何に挑戦したいか、自分のどのような強みが活きるか**
- □**第一志望の部署に配属されなかった場合どうするか**
- □**志望企業の商品をより多くの人に届けるアイデアはあるか**

トヨタ自動車のエントリーシート

テーマ1　大学で専攻しているテーマ及びその内容について教えて下さい。

(1) 指導教官〈15文字〉

(2) テーマ〈50文字〉

再生可能エネルギー大量導入時の対策立案と経済性評価

(3) 具体的な内容について〈200文字〉

風力発電、太陽光発電の急激な出力変化が発生した場合には、大規模停電や発電機の故障が起こり得る。米国では発電所の運用方法の変更によって出力変化に対応することを検討している。本研究では日本で実現可能性のある対策方法を調査し、シミュレーションを通じて導入可能性・経済性を評価する。最終的には、いくつかの対策案を比較、検討した後に全体のコストが最適な対策案を、経済産業省に提案したいと考えている。

? なぜ自動車メーカーを志望しているのか。研究内容と志望企業のつながりを感じさせる内容を、最後の1行でもいいので入れよう。

テーマ2　大学時代に最も力を入れて取り組んできたことについて教えて下さい。

(1) 活動内容〈15文字〉

外国人の研究者との共同研究

(2) 期間

(3) 具体的な内容について〈400文字〉

太陽電池を研究対象としていた。再生可能エネルギーを普及させ、環境問題の解決に貢献したいと考え、さまざまな国籍の研究者と研究を行った。しかし、装置の故障によって研究が中止になりかけた。先生からは、諦めて別のテーマで研究するよう言われた。しかし、何としても研究を成功させたかった私は、装置を修理し、研究を続けることを決意した。周囲は研究テーマを変更しようと考え、修理には消極的だった。私は研究の有意性を伝え、協力を仰いだ。手探りの状態から修理し、一つ一つマニュアルに照らし合わせながら行った。率先して修理を行う姿勢を見て、徐々に研究者が助けてくれるようになった。その結果、多くの人からの協力を得ることができ、卒業論文を書き上げることができ、研究テーマが国際会議で発表された。この経験から、「外国人と物怖じせずに議論する度胸、意見を調整する力」、「問題に対して一つ一つ原因を解明する思考方法」を得た。

テーマ3　大学時代にチームを巻き込んで成果を出したエピソードを教えて下さい。

(1) 活動内容〈15文字〉

ガーナでの食品事業の立ち上げ

(2) 期間

2013年8月～現在

(3) チーム内での役割〈15文字〉

NGOチームのまとめ役

(4) 具体的な内容について〈400文字〉

ガーナのNGOと協力して国民的食品であるSHITOというソースの販売事業を立ち上げた。NGOが持て余す土地を活用し、材料の生産から販売を一貫して行うことで、市場価格より3割安く提供できることから商機が見込めると考え提案し、荒地の開拓から事業を始めた。当初は突然現れた日本人に対して、現地の人々の信頼や協力を得ることができず、計画が遅々として進まなかった。そこで私は、一方的に意見を主張するのではなく、彼らとの信頼関係の構築に努めた。そのために、人々の心の拠り所である教会の集会に参加した。ガーナ人は独特かつ熱狂的に祈りを捧げる国民性であることから、教会は現地の人以外からは敬遠される場であった。そのような中、週4日必ず参加することで、徐々に人々から理解を示してもらえるようになった。その結果、900万円の利益が見込める事業にすることができた。この経験を通じて、「未知の環境において、考え方が異なる人々と協力して、物事を成し遂げる力」を得た。

テーマ4　トヨタの志望理由とやりたい仕事について教えて下さい。
トヨタの志望理由とやりたい仕事〈400文字〉

> ? トヨタの志望理由になっていない。

途上国での生活を通じて、新興国の人々は、バイタリティはあるが、生活的余裕のなさから、可能性を活かせていない現状に歯がゆさを感じた。そこで私は、貴社において、現地に車という生活に豊かさを創造できるものを供給したい。生活に豊かさがあることで、何かに「挑戦しよう」と考えることができると思う。世界人口の8割を占める新興国の人々が何かに挑戦し、彼らの意見・考えを世界に向けて発信してゆくことで、多様性があり、より面白味のある世界の実現に貢献したい。

そこで私はこれまで培ってきた「人を受け入れ、共にやり遂げる力」、「全体を俯瞰し、原因を解明する力」をもって、途上国に豊かさを供給したい。希望する職種は企画業務である。国によって車に対する需要は異なることを感じてきた。そこで企画業務に携わることで、その国の人々が心から「乗ってみたい」と思う車を提案することで、人々の生活に豊かさ・楽しさを提供したい。

テーマ5　身近な人から、あなたはどのような人だと言われますか。またそのように言われる理由を具体的に教えて下さい。

(1) どのような人だと言われるか〈30文字〉

頼りがいがあり、包容力がある人

> やや自分を絶賛し過ぎの点が気になる。理由も「包容力」しか伝わってこない。

(2) そのように言われる理由〈150文字〉

私は自分が最大限の努力をすれば、良い結果を出せると考えていた。しかし、人々と協力作業を通じて、他の人には、自分にはない良さが多くあり、人の能力を自分の狭い価値観で評価することは、失礼であると考えるようになった。そこで人を否定せず、その人と対話し、その人の価値観・良さを理解することを心がけている。

［総評］

「チームワーク力」が伝わってくる。研究もアフリカでの起業も、最初は周囲の協力が得られていない。それでも最終的には、彼の取り組む姿勢によって、協力を得られている。仕事の場面でも、周囲の力を借りながらプロジェクトを進める姿が想像できる。

パナソニックの
エントリーシート

営業・マーケティング
第1希望の職種を選択した理由をご記入下さい。〈300文字〉

私は7年の海外経験から培われたコミュニケーション能力と語学力を活かして、貴社でより多くの人に影響を与えられるソリューション営業を行いたいです。なぜなら、私がレストランのアルバイトで行っている業務と近いからです。私はアルバイト先でただ料理の注文を受けるだけではなく、お客様と会話をし、それぞれのお客様の好みやその日の気分、体調を伺い、それに合った料理を提案しています。この方法はお客様からも大変好評で、お店の売り上げにも貢献できているので、やりがいを感じています。私は貴社のコミュニケーションやソリューションという価値をつける営業スタイルを通して人々を幸せにし、世の中に貢献していきたいです。

? 海外経験からグローバルで活躍する素地があることが分かる。接客の話からも、営業向きなのが伝わる。しかし、なぜ「メーカー」なのか。その記述がないのが残念だ。

1.学生時代(大学・大学院)に主に取り組んだことを3つまであげて下さい。
取り組んだこと(1)〈60文字〉

レストランのアルバイトで、一人ひとりのお客様とコミュニケーションをとり、一人ひとりに合ったお料理の提供をしていること。

取り組んだこと(2)〈60文字〉

学校の授業だけではついていけない難しい法律の勉強を、後輩に法律修得会というサークルで根気強く教えたことです。

学業に触れているのがよい。「海外」「アルバイト」に「学業」が加わることによって、人としての「幅」が伝わる。

取り組んだこと(3)〈60文字〉

レストランのホールのアルバイトで、効率重視ではなく接客重視をし、カスタマーサービスの向上に力を入れました。

2.パナソニックが求める人材要件のうち、あなたにとって最も該当すると思う項目を選択して下さい。

①世界で戦える尖った強みを持った人
2. 大きな夢と高い志を持ちチャレンジし続ける人
3. 新たな価値を創造し変革を起こせる人

上記の項目を選んだ理由を、具体的エピソードを含めてご記入下さい。〈300文字〉

私の世界で戦える尖った強みは「程よい図々しさ」です。7年の海外経験から、私は外国人らしい性格と日本人らしい性格の両方が培われました。外国人らしい性格とは、しっかりと自分を主張することができる性格。ストレートに自分が思っていることをはっきりと伝え、表裏がなく人と接することができます。日本人らしい性格とは、協調性があり、周りの空気を読み、気遣うことができることです。グローバルな視点で考えると、日本の社員と海外の現地の人と仕事をする際に、貴社ではこの性格の面で時に衝突が起きると思います。しかし、私は両方の気持ちが分かるので間に立つことができます。この強みで貴社を通し世界という舞台で活躍したいです。

！ このように「生い立ち」から自分の性格を語っていると、説得力がある。現場でどう役立つかにも触れよう。

【総評】 「コミットメント力」が伝わってくる。アルバイト、ゼミともに、やるとなったら徹底的に行動しているのが分かる。伝わってこないのがチームワーク力だ。「接客」や「勉強を教える」という行為は、1対1に近い。チームではない。「周囲を巻き込み、成果を出した経験」が書かれていると理想的だ。

JTの
エントリーシート

学生時代に一番力を注いで取り組んだこと・達成したことについて教えてください。JTを受けようと思ったきっかけは何でしたか？ 実際エントリーをしようと決めた経緯も含めて教えてください。
〈200文字以内〉

JT Winter Internship に参加したことがきっかけです。タバコの、社会的圧力やマイナスイメージを克服し顧客に価値を届ける姿が、自分の未熟さを克服しながら成長を重ねてきた生き方と重なり愛着が湧きました。また、国境や事業分野をまたいで生き生きと働く多様性溢れる社員の方々に出会い、自分も一員になりたいと感じたこともきっかけになっています。

! インターンに参加し、企業の理解を深めた上で、自分の人生と重ねてアピールしている点が素晴らしい！ 面接では何がどう「生き方と重なった」のか、より具体的に聞いてみたい。

JTに入社して、あなたは「JTが提供しようとしている価値」を、どのように実現したいですか？　選択した業務分野と関連づけて、お答えください。
〈300文字以内〉

最終的には、JT の柱となる新事業として人材等のライフスタイル領域の事業を打ち立てたいです。まず、自分が考える「JT が提供しようとしている価値」は、株主や社員、顧客など様々ある中で、お客様に「タバコを吸う」という行為を通し、自身を客観視するひとときを与えることだと思っています。また、社会的圧力やマイナスイメージを克服し、お客様に喜びを届けるタバコの姿は、単純な善悪では片づかない二項対立の問題を社会に問いかけており、複雑で、人間の人生にひもづいている商材です。そのような自己を客観視することの価値観や、複雑な哲学を JT の採用活動に反映し、それを他社にも横展開できる人材事業として確立したいと思います。

JT の仕事の内容を表面的なものではなく、社会的な視点からとらえ、それを一度抽象化し、「人材事業」という形で具体化している。企業に対しての理解とJTの社会的な意義を踏まえて、実現可能性のある事業提案ができている。

あなたが仕事を通して実現したいこと・挑戦したいことについて教えてください。生まれてから今までの人生を振り返り、(初めはとうてい無理だと思ったが)「がんばれた」と思う経験とその理由について教えてください。
〈200文字以内〉

高校3年時、学年360人中最下位の状態から猛勉強し、東京大学に現役合格した経験です。がんばれたのは、周りに無理だと言われたことで自分の学力に対するコンプレックスが爆発し、そのコンプレックスを克服するために必死になったからだと思います。私は人生を通じて、自分の未熟さや拙さを克服し成長することを、常にモチベーションにしてきました。だからこそ不利な状況であればあるほど、やる気がわいてきます。

学生のバイタリティを知りたいという企業からの質問に対して、期待に応えるには十分なエピソードを披露している。また、経験や能力を過去の「一点」として語るのではなく、未来につながるような再現性のあるものとしてまとめている。会社に入ってからも同様のパフォーマンスが出せる人物であることが分かる。

?　言い切れるようにしたい。我究をして自らの過去に向き合い、堂々と自分を語れるようになろう。

【総評】
自分の能力や人間性・価値観のみならず、企業への理解や社会への情報感度など、様々な角度から「優秀な学生」というイメージを与えている点が素晴らしい。面接でより詳細に聞かれる可能性があるので、ESよりも具体的に説明できるよう、しっかり準備しておく必要がある。
また、自身の「コミットメントカ」を受験の大逆転エピソードで語っていて、難しい状況を打開できる力強さが伝わってくる点もいい。

NECの
エントリーシート

これまでの経験で、自身で最も"挑戦した"と思えることは何ですか?
※周囲を巻き込んだ・チームで取り組んだことがあれば優先してお聞かせください〈400文字以下〉

1年間で2500回架電し30回の商談化に成功した法人向けインサイドセールスである。2年生から長期インターンを始め、営業チームの一員として主に電話営業を行った。週に1件のアポイント獲得が目標だったが、入社した初めの月は1件も取れなかったため何が足りないのかを分析した。その結果、ヒアリングのノウハウを十分に理解していないことに気づいた。そして、他のインターン生にも同様の課題があると感じた。そこで自ら社員にお願いして、社員3人・インターン生5人の計8名で、週1でロープレ大会を開催した。社員に様々な顧客の役を演じてもらい、架電のフィードバックをもらった。以降はインターン生全員が業種や職種によって異なる相手の潜在課題を引き出すことを心掛けるようになった。結果、半年後にはそれぞれが週に1件以上のペースでアポイントを取れるようになった。チームの課題に気づき、自らの働きかけが起因となって成果を最大化できた。

目標や成果は、できる限り数字を書いておくとよい。

設問に対して適切に回答できている。

営業職に応募した理由とその職種を通じて当社入社後に実現したいこと、期待することをご記入ください。〈400文字以下〉

営業職に応募した理由は、私の強みである「気づき・考え・行動する」ことと、長期インターンで培った、相手にあわせた最適な提案ができる力を活かせるからだ。この2つを活かして、お客様自身でも気づかない課題を発見し解決していきたい。そして、営業職として「災害時に溢れる情報を整理し、必要な情報を届けられる自治体を創ること」を実現したい。具体的には、避難所や交通インフラの状況をリアルタイムで市民や職員に届けることを実現したい。このように思ったきっかけは、長期インターンで法人向けの営業を行った際に、自治体のBCP対策の遅れを実感したことだ。例えば、とある自治体では地震が起きた際に、各避難所に散らばった職員に必要な情報が届かず、自ら情報収集をする必要があったと聞いた。貴社の持つ「群衆行動解析技術」のような最先端のAI技術を利用し、「災害時に溢れる情報を整理し、必要な情報を届けられる自治体を創ること」を実現したい。

自分の能力と経験を踏まえた志望理由が冒頭にまとめられていて、分かりやすい。

社会課題を企業の技術によってどう解決するか、具体的に述べられていていい。配属リスクも考慮し、この仕事ができなかった場合についても事前に検討、準備しておく必要がある。

最終学歴　研究内容
※研究が進んでいればご記入ください。ない場合には「なし」とご記入ください〈200文字以下〉

環境法を扱うゼミに所属し、海洋プラスチック汚染対策について研究している。具体的には、海洋プラスチック汚染に対する国内・国外の法規制や企業努力を調べ、卒論としてまとめる予定だ。この研究を始めるにあたり、まずは第一人者の意見を聞こうと考えた。そこで、環境省の水・大気環境局海洋プラスチック汚染対策室の室長の方にアポイントをとり、お話をお聞きした。

?
全体的にやや稚拙な文章だ。研究内容に関する設問には、次の3つを考えてから書く。
①何を研究しているのか
②研究の動機は何か(他の設問と一貫性はあるか)
③入社後に、研究内容や培った能力が役立つか

【総評】
経験に基づいた志望動機が書けていていい。企業は一緒に働きたい人を探している。自分が当てはまる人材であると、事実とともに伝えるのが大切だ。加えて、これまで養ってきた能力と社会に対する問題意識、そして企業が持っている解決策のつながりを整理して書けば、説得力のある文章になる。

P&Gの
エントリーシート

1. 第一志望職種（Sales職）を志望する理由を入力してください。

学生での経験で得た強みを生かせる職種がSales職であると考えたためである。特に、大学で所属するチアリーディングチームでの経験を生かしていけると考える。具体的に、運営課題の要因を数字に落とし込み論理的に説明する／運営サポート班を立ち上げる／大会キャプテンとしてチームの信頼関係を構築するなどの経験である。これらの経験で得た強みを生かして、消費者と店舗に近い立場で売り上げに貢献していきたいと考える。

！ これを自信をもって書けるかが重要。我究と社究によって、自分の「やりたいし、できる」を言語化していこう。

2. あるグループに参加し、全体を率いて、必要なサポートを獲得し、卓越した結果を実現した実例を説明してください。

大学で所属するチアリーディングチームで、年間目標の達成率を1年間で約25％上げるという成果を出すことに貢献した。まず、昨年度に年間目標が達成されなかった原因を究明するために、全部員に対しアンケートを行った。これより、以下の2点が原因として考えられた。1点目は、幹部が中心になって運営をするため、下級生の運営内容への理解が浅いということである。2点目は、目標を達成できていないことを認識しているが、下級生という立場で行動できていないということである。2点より、"全部員が運営内容を理解する体制を整えること"と"下級生の行動変革を起こす"ことが必要だと考えた。具体的に以下の2点を考えた。1点目は、幹部の先輩方に月間目標の設定を提案することである。2点目は、運営サポート班の設立である。運営サポート班とは、複数名の下級生メンバーで構成され、月間目標についてのアンケートの実施／アンケート結果の分析／結果の共有／新しい取り組みの提案を行う班である。学年関係なく1人1人が主体的に行動する体制を整え、短期間の目標達成を積み重ねることで、年間目標の達成に近づけると考えたからである。以下の3つの道筋で施策を実行した。まず、下級生が主体となる制度を取り入れている団体に運営方法を聞き、実際に自チームが運営する方法を具体的に検討した。次に、最終判断をする幹部の先輩方に、運営サポート班を設立する意図や実際の運営方法について説明し、運営サポート班を設立することへ承認を得た。最後に、下級生監督の同期と、下級生に向けて運営サポート班の必要性／活動内容について説明し、運営に関わる下級生5人を集めた。実際に実行した翌年、年間目標を達成したかの評価項目の全てが前年度より上回り、全体として約25％達成率を上げた。

アンケートの目的と内容、実施のタイミングや方法、その結果からどのように原因を見出したのかを説明できるようにしておきたい。

？ 課題解決のプロセス自体は理解できるが、25％の達成率向上についての詳細がよくわからない。

3．他者とともに仕事をする上で、見解の相違があっても生産的な関係を作り、保つことができたときについて説明してください。

アルバイト先のカフェで、私と社員Aの間で見解の相違があっても生産的な関係を作り、保つことができた経験をした。私と社員Aの間で、コロナ禍において自店舗の売上向上の道筋について見解の違いがあった。社員Aは売上向上のためには、客単価向上が必要だとし、どの客に対しても店舗で１番高いドリンクと食事のセットを提案していた。しかし、私は客のニーズに合わせない一方的な提案ではなく、客のニーズに合わせた提案で客単価を上げるべきだと考えていた。コロナ禍で来店者数を増やすことは難しいので、社員Aの売上向上のためには客単価向上が必要であるという意見には納得できる。そこで、最新３ヶ月の売り上げ資料より売上現状を分析した。最新３ヶ月でリピーター客の約15%・売上の約25%の減少が分かった。そこで、私は売り上げが減少している要因は「リピーター客が減っていること」だと考え、社員Aと話し合った。社員Aに対し、現状の売上分析結果／リピーター客が現状より20%増えた時にどれくらい売上が向上するかのシミュレーション資料を示すことで、リピーター客を減らさない／増やすための施策を考えることの必要性を説いた。また、売上向上のためには客単価向上が必要であるという意見に同意であることを示したことで、社員Aに納得してもらった。次に、最終目的のために客のニーズに合わせた提案方法の確立について提案した。具体的には、リピーター客に向けては普段頼まれているドリンクに合うカスタマイズ→食事という２段階を踏まえた提案方法、新規客に向けては好み→ドリンク→食事という３段階を踏まえた提案方法である。この提案方法を自店舗で取り入れるために、社員Aとともに新しい提案方法を実践し、実行に移せた。導入後、リピーター客を増やし自店舗売上は約50%上がった。

一時的なものなのか、継続的なものなのかを説明できるようにしておきたい。

「コロナ禍による来店者数の減少」に対しても、解決のアイデアを持っておきたい。多角的に考える力が必要になる。

事実を整理し、建設的に議論したことで意見の相違を乗り越えた点や、解決策のシミュレーションをした点が素晴らしい。

4．あなたがプロジェクトの方向を変え、その結果、時間やコストが削減された例を説明してください。

所属しているチアリーディングチームで、大会キャプテンを務め、全員でチームの練習計画を把握できる体制を整えること／個人で練習計画を管理する制度を導入することで、大会演技を完成させるまでの時間を削減し、大会本番の点数を上げることに貢献した。毎年チームの大会の課題として、大会の数日前まで演技を完成させられず、大会本番の点数が低いことが挙げられていた。
今回の大会では、この課題を解決する体制を整えることを決意した。
まず、大会本番で前年度より20点高い点数を出すことを目標に、全員でチームの練習計画を把握できる体制を整えること／個人で練習計画を管理する制度を導入することをチームに提案した。今までの大会運営について分析すると、大会キャプテンだけが練習計画を管理し、他のメンバーが管理できていないことで練習メニューが進まないことが判明した。この課題を解決するため、以下の２つを実行した。１点目は、当番制で週毎の練習スケジュール／チーム目標を連絡ツールでチームに共有する制度を導入することである。全員に１週間のスケジュールを立て、大会までに自分・チームが何をやるべきかを意識し行動する機会を設けることで、練習メニューを効率良く進められた。２点目は、個人で練習計画を管理する制度の導入である。具体的な内容としては、スプレッドシートで個人が目標・プラン・振り返り（技の成功率）を毎回記入する。各々が毎回の最終目標に沿って、残りの期間で成功率をどれくらい上げるべきかを意識し、練習時間を最大限活用することができた。
以上より、練習を効率良く進め、計画よりも早く大会演技を完成させ、本番直前まで完成度を高める時間を増やすことができた。結果、前年度の大会よりも52点高い点数を出すことができた。

具体的な数字が明記されていると、より効果的な施策を実施した印象になる。

この設問では、ここを述べることが重要だ。実行した内容を少し削ってでも、説明を足したい。

？ 練習を改善したことは理解できる。しかし、「時間やコストの削減事例」という設問に沿っていない。

この背景にあるものを聞きたい。なぜがんばろうと決意したのだろうか？

【総評】

結果や成果を点で語っているESは多い。仕事をする上では、売上や利益を上げる継続した成果や仕組みづくりがより大事である（そして評価される）ことを忘れないでほしい。このESも、さまざまな実行策が組織として定着したかどうか、継続的にポジティブな変化を起こせたかを面接で確認したい。面接で聞かれる内容を想定しながらESの準備を進めよう。

資生堂の
エントリーシート

設問1
卒業された高等学校名（もしくは高等専門学校名）をご記入下さい。
※大学検定の場合は大検とご記入下さい。〈20文字以内〉

設問2
(1) 卒業見込み、または卒業された大学名と学部、学科名をご記入下さい。〈100文字以内〉

(2) 在籍状況をご記入下さい。

(3) 学士課程が6年制の方のみチェックを入れて下さい。

設問3
(1) 大学院の修士課程を修了見込み、または修了された方は、大学院名と専攻をご記入下さい。〈100文字以内〉

オックスフォード大学

(2) 在籍状況をご記入下さい。

設問4
(1) 大学院の博士課程を修了見込み、または修了された方は、大学院名と専攻をご記入下さい。〈100文字以内〉

(2) 在籍状況をご記入下さい。

設問5
(1) 就業経験がある方は、チェックを入れて下さい。（アルバイト、パート、インターンシップは除く）

就業経験あり

(2) 就業経験がある方は、現在の就業状況をお選び下さい。

就業していない

(3) 就業経験がある方は、現在までの概要をご記入下さい。

設問6
大学生活の間、部活やサークルに所属していた場合は、その名称と活動内容についてご記入下さい。
(1) 部活名・サークル名　〈20文字以内〉

大学のティーチングアシスタント

(2) 活動内容　〈20文字以内〉

担当授業の補習や課題・試験対策

商社
メガバンク
金融
外資系金融
コンサル
デベロッパー
GAFAM・他
IT
通信
広告・マスコミ
BtoBメーカー
BtoCメーカー
運輸・インフラ
人材

設問7
得意なスポーツや趣味をご記入下さい。〈20文字以内〉

自然に触れること。美しいものが好きです。

設問8
ゼミ・研究室に所属している場合は専攻・ゼミ名と指導教官をご記入下さい。〈20文字以内〉

設問9
大学の成績について、優、良、可（またはA・B・C、または80点以上・70点以上・60点以上）の構成比（パーセント）をご記入下さい。
（既卒の方または大学院に在籍されている方は卒業時のもの、在学中の方はわかる範囲でご記入下さい）
［記入例］優60%　良20%　可20%　〈30文字以内〉

優93% 良6.9% 可0.1%

設問10
大学・大学院での学業（学部・学科の専攻、研究室等）を通じて、もっとも力を入れて勉強したテーマ・内容をご記入下さい。
〈50文字以内〉

「日本の戦争記憶」という題目で広島原爆資料館を取材し、同館における戦争体験の描写を検証しました。

設問11
（1）今までに取り組まれた語学がありましたら、語学レベルを以下の中からお選び下さい。

英語：レベルA

設問12
語学以外で今までに取得された資格がありましたら、資格名と資格取得年月をご記入下さい。

小笠原流礼法　初伝　○○○○年３月取得

設問13
（1）10ヶ月以上の、留学もしくは海外生活の経験の有無を選択して下さい。

有

（2）（1）で「有」と回答した方は、滞在時年齢、国名、都市名、期間をご記入下さい。通学されていた方は、それぞれ現地校か日本人学校のどちらであったかご記入下さい。（何度かにまたがっている方につきましては、それぞれご記入下さい）

16歳～24歳：アメリカ（ハワイ）現地高校・大学８年 24歳～26歳：イギリス（オックスフォード）現地大学院２年

設問14
（1）日本で就労するにあたり、在留資格の取得の必要性の有無を選択して下さい。
※外国籍で永住者の方は「在留資格の必要はない（永住者）」を選択して下さい。

在留資格の取得は必要ない

(2) 現在、在留資格を取得し就労されている方は、在留資格名をご記入下さい。

設問15
資生堂を志望する理由を、ご自身の強みや価値観と絡めてご記入下さい。
※改行せずにご記入下さい。〈300文字以内〉

私の夢は「日の丸を背負って仕事をすること」です。留学中に、勉学を通して海外で認められた経験から、世界を相手に切磋琢磨し、少しでも日本の存在感の一端を担うことに喜びを感じてきました。この本懐を次は仕事で達成したいです。化粧品ビジネスは、製品の物理的な提供に留まらず、美という国境関係なく心を彩る価値観を、日本から世界へ送り出すことができます。これは、日本のものづくりという強みで世界と勝負するだけでなく、製品に宿る日本の美徳を世界に広めていくことにもつながります。世界の競合と肩を並べるべく邁進する貴社でおもてなしの心を体現する製品を発信し、世界でルージュの日の丸を咲かせるような仕事がしたいです。

!

レベルの高い場所で切磋琢磨してきただけに説得力がある。

キャッチコピー的な表現で、ラフな印象を与える可能性がある。企業のカルチャーに合わせて使いたい。

設問16
あなたがここ2～3年で、何かに挑戦し成果をあげたことと、その成果をあげるためにとった行動についてお聞かせ下さい。

場面例：学業、ゼミ、部活、サークル、アルバイト、留学、ボランティア活動等々

(1) 何への挑戦でしたか。※あなたにとってどの程度の難易度だったのか具体的に記入して下さい※改行せずにご記入下さい。〈100文字以内〉

「英会話初心者から全米トップへの挑戦」高校からハワイへ留学した私は、英語ができない人は認められないという現実に直面しました。悔しかった私は英語に代わる交流の手段として勉学で一番になることを志しました。

(2) 成果は何でしたか。〈50文字以内〉

「異国で認められる」大学を成績トップの全米優等学生友愛会員として卒業し、大学院で奨学生になりました。

(3) 成果を出すための具体的行動を教えて下さい。※改行せずにご記入下さい。〈200文字以内〉

「自分にできる努力はすべて実践」予習復習から授業態度の追求まで試行錯誤で勉強に励みました。勉強が誰よりもできれば、流暢な英語は話せなくても、授業中困っていそうな生徒にCan I help you?と話しかけ、筆談で示せば交流ができると考えたからです。この姿勢を授業、宿題、共同課題すべてで発揮しました。また、先生方とも勉強の質問を通じて交流を持つよう心がけました。上述の成果が出るまで８年、現地大学でも同様の努力を続けました。

設問17

あなたはA社の営業担当をしています。担当店で大規模なセールを企画しました。お店の売場担当者と事前にしっかりと打ち合せを行ったつもりでしたが、お店側の準備は予定と大きく違っていました。結果として設定していた目標の半分にも届きませんでした。お店の売場担当者は、すべてあなたの責任であるかのように言っています。あなたならどうしますか。
※改行せずにご記入下さい。〈200文字以内〉

まずは売場担当者と意思疎通不足であったことと、お店側の準備実態を把握していなかったことを反省し、謝罪します。そして再発を防ぐため、売り場担当者に、次回から自分もお店の一員のつもりで協力させて欲しい旨、報連相を密にとる協力を依頼し信頼回復に努めます。また、信頼できる先輩・上司にこの件について他にできることがないか助言を仰ぎ実行します。何よりも次こそはお客様に足を運んで頂けるような企画を練ります。

再発防止策がいくつも書かれてある。仕事とは、失敗と改善の繰り返しだ。それが理解できている。

設問18

あなたはあるアパレル企業のA店で働いています。スタッフ全員懸命にがんばっているものの、ここ数ヶ月、店全体の売り上げは低迷し、このままでは存続さえ危ぶまれます。そんな折、店長から「とにかく売上を上げろ」と指示がありました。あなたならどうしますか。※改行せずにご記入下さい。〈200文字以内〉

スタッフの懸命な努力にもかかわらず成果が出ていないことから、努力の方向が間違っている、特にお客様のニーズと合致していないのでは、と判断します。お客様の要望にお応えできていれば売上はついてくるはず。共に努力してきたスタッフに敬意を表した上で、お客様にご満足頂けることを第一に、接客や展示を考え直そうと提案します。店長には以上を踏まえた反省と今後の方針を報告し、店長の視点から気づいた点はないか伺います。

設問19

これまで培ってきた強みや専門性を資生堂でどのように活かし、何を実現していきたいですか。※改行せずにご記入下さい。〈200文字以内〉

「資生堂を美の世界共通語に」私には、徹底的な努力が結果へつながる、という信条があります。私は幼い頃から決して器用ではありませんでしたが、何事も自分にできる努力はすべて行う気概で取り組み、前進してきました。私のこの信条を、勤勉さと利他的精神が要求される営業職で発揮することで、店頭での資生堂の存在感に貢献し、そのノウハウと海外経験を活かし、いずれは海外営業として資生堂を世界の美の代名詞にしたいです。

！ 生い立ちや性格に触れつつ、端的に述べている。

設問20

自由に自己アピールして下さい。

※改行せずにご記入下さい。〈100文字以内〉

私は努力のエキスパートです。例え最初から突出した技能はなくとも、私は努力によって英語の習得や勉学等多くの夢を達成してきました。ぜひお会いして、私の資生堂を世界へ広めるという夢をお話できればと思います。

［総評］

「コミットメント力」が伝わる。書いてある通り、努力のエキスパートであることが伝わる。結果への執着心は素晴らしい。あとは懸念点がひとつ。海外生活が長い人は、日本人の仕事の進め方を嫌う場合がある。日本企業の多くは「協調性」や「チームワーク」をとりわけ重視する。自分は受容できるか、難しいかを見極めてから、企業選びをすることをおすすめする。

味の素のエントリーシート

主な課外活動について以下に最大3つまでご入力下さい。〈15文字以内〉

主な課外活動(1)	主な課外活動(2)	主な課外活動(3)
高級日本料理店でのアルバイト	テニスサークルで企画長を勤めたこと	留学先での日本料理パーティの企画

組織の全体を見て物事を進められる力をアピールできている。

他者からの評価を入れることにより、「接客の質」を上げられた話の説得力が増している。

あなたが学生時代に最も力を入れて取り組んだテーマを記述して下さい。

※力を入れた度合いの高いテーマから順に、3つ記述下さい
※一つの活動中の取り組みテーマを、複数記述いただいても結構です。
例：アルバイト「だしカフェ」での売り上げアップの工夫、テニスサークル「味のもと」の会計係での活動、ゼミ「食料経済」でのコミュニケーション強化など

取り組んだ(1)のテーマ〈35文字以内〉

高級日本料理店のアルバイト全員で一流の接客を目指す

取り組んだ(2)のテーマ〈35文字以内〉

100名のサークル員全員が楽しめることを目的とした企画作り

取り組んだ(3)のテーマ〈35文字以内〉

留学先の日本料理パーティで「記憶に残る日本料理」を目指した企画作り

学生時代に最も力を入れて取り組んだ(1)のテーマについてお伺いします。
上記(1)のテーマの中で、あなたが具体的に取り組んだ課題(1)を記述して下さい。〈100文字以内〉

アルバイト先の日本料理店で学生アルバイトの接客の質を高めることに取り組みました。ベテランの仲居さんが多い職場で、接客に求められる質も高く、学生アルバイトが定着せず、数ヶ月で辞めてしまう状態でした。

上記の課題（1）を解決するために、あなた自身が取り組んだことを具体的に記述して下さい。〈350文字以内〉

学生アルバイト６名の中で、３ヶ月以上勤務を継続できた人は私を含め２名のみでした。定着しない理由は、制服となる着物を自分で着付けなければならないことや接客における礼儀マナーを厳しく求められるため、負担に思う学生が多かったことです。せっかく始めたアルバイトを短期で辞めてしまうこともったいないし、何よりお店にとっても良くないことだと考え、下記２点のことに取り組みました。1.早めに出勤し着付けを手伝う2.料理の説明文やお得意様ごとの接客の心得などを資料でまとめSNSでアルバイトに共有する。などを行いました。結果早期退職者がゼロになり、情報共有が円滑に進むことによって接客の質を上げることができました。ベテランの仲居さんに「今の学生はしっかりしているわね」と言っていただけたことがとても嬉しいです。

学生時代に最も力を入れて取り組んだ（2）のテーマについてお伺いします。
上記（2）のテーマの中で、あなたが具体的に取り組んだ課題（2）を記述して下さい。（100文字以内）〈300文字以内〉

私の所属するテニスサークルでは、経験者よりも未経験者が多く、経験者の満足度が低く、未経験者も経験者に遠慮をしてしまい仲もあまり良くなく、学内のサークル対抗戦でも最下位の状態が続いていました。

上記の課題（2）を解決するために、あなた自身が取り組んだことを具体的に記述して下さい。（350文字以内）〈300文字以内〉

私は企画長として、同期の仲間３名と後輩４名を巻き込み“絆”をテーマにサークル員全員が参加できる「運動会」を企画しました。テニスから離れ、まったく関係のない種目で、経験者も未経験者も、学年も混合のチームを作り競うことをしました。ムカデ競争や綱引きなど、チームワークが求められる種目を設けることで、徐々にチームごと真剣に語り合い本気で運動会に参加をしてくれました。その姿を見て、私たちのサークルに欠けていたものはコミュニケーションなのだということに気づくことができました。その日を境に、サークル内に変化があり、練習時間に未経験用の集中レッスンタイムができ、経験者と未経験者の交流が活発になりました。そして私がサークルに入って３年目に始めて学内対抗戦で９チーム中３位入賞することができました。

あなたが当社にエントリーする理由を記述して下さい。〈200文字以内〉

「うまみ」を世界中の人に届けたい。それが私の貴社で挑戦したいことです。母の家庭料理からアルバイト先の高級日本料理店に至るまで、貴社はとても身近な存在でした。しかし、世界に目を向けてみると、美味しくかつ健康的な食事を摂れていない人々が圧倒的多数です。私はその現状を、貴社を通して変えていきたいと考えております。食事は毎日のことです。世界中の人の毎日を支えることができる営業に、私はなりたいです。

［総評］

アルバイト、サークルの経験から「課題解決力」が伝わる。主体的に組織に働きかけ、課題を解決している。また、アルバイトを辞めていく人への思いやりや、サークルの「絆」を大切にしているところから、仲間を大切にする人柄が伝わってくる。

日清食品（ビジネスイノベーションコース・セールス）のエントリーシート

希望する職種を選択した理由を教えてください。

担当する小売店舗から「日清といえば＝冷凍，チルド」という概念を消費者に浸透させたい。これは、貴社のセールスでしか実現できない。私を貴社の商品で例えるならば“チルド，冷凍”である。なぜなら、即席麺のようにNO.1にいる人間ではないが、泥臭い努力を重ねて成長していく人間だからである。私は、自分のような貴社の冷凍,チルド商品を、多くの消費者に手に取ってもらえる戦略を実現したい。また、地元のスーパーで“消費者が貴社の商品をどう手に取るか”を観察した結果、貴社のチルド,冷凍商品を手に取る消費者は少なかった。私は、冷凍，チルド商品の見せ方において、即席麺コーナー以上の“エンタメ性”を出していきたい。

“エンタメ性”のある販売戦略とは何か、聞いてみたくなる。面接では、このESで与えた期待値を超える提案を求められるので準備が必要だ。

1行目でグッと引きつけられる。

あなたが今まで一番勝つまでやめない執念をもって取り組んだことを教えてください。

競技チアリーディングチームで、最大の挫折を味わった直後に“大会キャプテンという立場で困難な目標を達成したこと”である。私は、同期で自分だけがＢチームになるという挫折を経験した。その悔しさをバネに「置かれた場所で必ず咲いて入賞する!」と決意した。Ｂチームは新入生が多く“入賞”というのは困難な目標であった。これを達成するために、①大会までの期間を細分化して、短期目標の達成でチームの成功経験を積むこと、②メンバー１人１人が各々の強みを踏まえた役職を担い、全員が当事者意識を持って練習に取り組むことを実施した。結果、半年後の大会で入賞することができ、最大の挫折から最大の歓喜の瞬間にすることができた。

分かりやすく、表現にもこだわりを感じられていい。がんばれたモチベーションは「悔しい」思いだけだったのだろうか？　他の要因もないか考えておく。

なぜこうなったのかも聞いてみたい。

人とは違うUniqueさを活かして物事に取り組んだ経験を教えてください。

「私でもできる!」と誰もが自己肯定感を上げられるアイデアで"20人以上の新入生が入部する"という成果を出したことである。私は、競技チアリーディングチームで新入生勧誘責任者という役職に就き"コロナ禍でも20人の新入生に入部してもらうこと"を目標に掲げた。そこで、運動初心者だった部員で「運動初心者のドジエピ公開中♡」という企画を実施した。具体的に、運動初心者だった部員の入部後の成長を、動画・エピソードで新入生に伝える企画である。この目的は、多くの新入生からの声「運動経験がなく不安」に対し不安を払拭させることと、他のチアリーディング団体との差別化を図ることだった。結果、目標以上の成果を出せた。

? 新入生を集めたい想いとそのための工夫は伝わるが、自分ならではのUniqueさにまで言及できていない。

あなたのCreativeさを象徴するエピソードを教えてください。

私のCreativeさは「失敗しても挑戦し続ける"バイタリティの塊"であること」だ。具体的には、競技チアリーディング・長期インターンシップ・アルバイト・ビジネスコンテストと、様々なことを同時期に全力で取り組んだ。上記で述べたことは一見関係がなさそうだが、全てに全力で取り組むことで、経験と経験が線と線で結ばれ、自分を成長させてきた。例えば、貴社のインターンシップでは"自分の主体性"が課題となり悔しかった。この失敗から"自分の主体性"を高めてきた。具体的に、①大会キャプテンとしてチームを引っ張ること、②自分がリーダーのビジネスコンテスト(どん兵衛班のメンバー参戦)で決勝進出を果たしたことである。

? どうCreativeさを定義したかにもよるが、納得しづらい。バイタリティをもっていることを理解することはできるが、自分が話したいことを強引に書いている印象だ。

趣味

趣味はサウナ巡りである。サウナで「普段は考えないことを永遠に考えること」にハマっている。汗をダラダラ出しながら、普段は考えないことを考え、ふと良いアイデアが思いつくことは醍醐味である。

仕事にも役立ちそうでいい。

特技

特技は、スターバックスのコーヒーの匂いを嗅ぐだけでコーヒーの種類を当てられることである。コーヒーの匂いを嗅ぐだけでそのコーヒーの生産地やキーワードが頭の中に浮かぶほど、スタバのコーヒーオタクになった。

! 思わず聞いてみたくなる。趣味や特技の話で面接の場を和ませられると、自分のペースで進めることができる。

研究会の活動

主な活動としては、年に2回のビジネスコンテストである。具体的には、企業・地方都市が出題するテーマについて、研究会内で6チームに分かれて考える。最新のビジネスコンテストでは、伊万里市役所から「伊万里市の関係人口を創出する施策×デジタルマーケティング」というテーマを与えられ、半年間チームの5人で取り組んだ。実際に、伊万里市の現状分析→ターゲット選定→インサイト→施策→展望の順に考えた。最終的に、私たちはオンラインコミュニティの案を提案した。伊万里市役所からは、他のチームが考えられていなかった〝私たちの施策を通して伊万里市が他の地方都市のリーダー的存在に繋がる〟という点を評価された。

! 事実と結果を分かりやすく併記していていい。この学びが入社後にどう活かされるのかにも言及したい。

[総評]

大学のチアリーディング部での活動やアルバイト、ビジネスコンテストなど、様々な側面からバイタリティの高さと入社後に活躍する可能性を感じる。加えて、スーパーを回って自分なりに課題と戦略を考えたことは、採用担当者の印象に残るはずだ。実際に行動力とバイタリティが評価され、選考を通過している。

サントリー（デジタル＆テクノロジー）のエントリーシート

エントリーシート

今のあなた自身を作り上げたエピソードを5つ教えて下さい。
（努力・熱中したこと、成功・失敗経験、ターニングポイントなど）
※「いつ」のエピソードかが分かるよう記載ください。

①小学校４年生の時に校内のマラソン大会で初めてライバルに惨敗。自分の負けず嫌いな面を知る。
②中学２年時に全治８カ月の骨折。多くの人に励ましてもらい、様々な人に支えられていたことに気づく。
③大学進学を機に東京へ上京。その後５カ国へ渡航。様々な価値観やバックグランドを持つ人と出会う。
④都内最大の学生団体に入団。組織をよくするためには思い切った挑戦が必要であることを実感。
⑤サークルを引退し日本各地に旅行。日本酒の魅力に気づき、独自で日本酒のサービスを企画・実装。

！　５つのエピソードが時間軸を意識して書かれており、行動範囲やできることのレベルに明らかな変化が感じられる。今後の成長に期待できる。

あなたがサントリーというフィールドで成し遂げたいことを教えてください。

私は仕事をするうえで多くの人の心を動かす体験を提供したいと考えており、より多くの人々に「おいしさのワクワク」を届けたい。「飲み会の雰囲気は好きだけど、お酒は嫌い。美味しくない。」と言っていた私を貴社の「こだわり酒場のレモンサワー」が変えた。「やってみなはれ」という挑戦的な環境に加え、多様な商品や事業規模の大きい貴社のフィールドを活かして、まだ価値が届いていない商品をより多くの人に届けたい。

自分自身の経験がベースになっていて、分かりやすい。それだけでなく、経験とこれからやりたいことを、どう実現していくのかを説明できるように考えておきたい。

文字数の都合上、抽象的に書くのは悪いことではない。自分の経験や知見がどう貢献できるかという仮説を明確に持っているかが大事である。

ヒアリングシート(最終面談前に記入)

現時点でのサントリーに対する想い(志望理由)を聞かせてください

私は将来多くの人の心を動かす体験や環境を提供したいと考えており、より多くの人々に「おいしさのワクワク」を届けたい。「飲み会の雰囲気は好きだけど、お酒は嫌い。美味しくない。」と言っていた私を貴社の「こだわり酒場のレモンサワー」が変えた。このように消費者のニーズは様々であり、ひょっとした体験や出会いから新しい好みに出会うことがある。私は、テクノロジーを活用することで、消費者のニーズを的確に捉え、潜在的なニーズを掘り起こし、より多くの人に心が動く体験を提供したい。そのためには、挑戦し続ける環境と熱い思いを持った仲間が必要であると考え、まさに貴社のような環境下で働く社員さんと共に夢を実現したい。

? 思いを詰め込みたくなる気持ちは分かるが、直前の文章との論理性を欠いている。

■ 学んできたことを書けば差別化できる。

今までの経験を活かしてサントリーで発揮できるあなたの強みを教えてください

私が発揮できる強みは行動力である。「挑戦を続けて変化し続ける」を自身の行動の指針としており、この価値観があるからこそこれまで、自身の研究活動の他に、営業の長期インターンシップやプログラミングスクールのメンターに挑戦し、様々な知見やスキルを吸収することができた。また、これらの活動においても、持ち前の主体性を発揮して、自ら戦略を構想し、誰よりも行動し続けることで目標達成に導くことに大きなやりがいを感じてきた。貴社に入社後は、これまで学んできたデータ分析や様々な専門スキル以外に、持ち前の主体性を発揮して、既存の当たり前に捉われない新しい価値を生み続けていきたいと思う。

他者と差別化できる一文。今まで学んできたことと経験から培われた人間性をセットで書けるようにしたい。

! 自分の行動指針(抽象)を述べ、その指針に基づいた行動事例(具体)を書けていていい。具体と抽象を整理しながら語るために我究は必須である。

あなたが大切にしている価値観を一言で表してください

挑戦を続けて変化し続けること

> 価値観の言語化は非常に大切だ。自分にとって大切な価値観を過去・現在・未来の視点で書けるようにしたい。未来の部分と志望動機がリンクしていることも大事である。

上記の理由を教えてください

幼少期に保育士から経営者になった母親の姿を見て育ち、常に挑戦を続けて変化し続けることこそが自分や周りの人の可能性を切り開いていくことだと実感した。そんなリーダーでありたいという思いから、これまでの学生生活でも、部活動、学生団体、長期インターンシップ等で自ら戦略を構想し、誰よりも主体的に行動し続けることで目標達成に導くことに大きなやりがいを感じてきた。今後もこの価値観を行動の指標にしていきたい。

【総評】

「やりたいし、できる」をいかに納得感を持って語れるかが、ESを書く際には大切。このESでは、自分の価値観や行動指針に基づく経験とともに、企業研究の結果から「やりたい」を書いている。加えて、研究や課外活動を通して養われた力から「できる」を書いている。
自分のことを点ではなく複数の事実や長い時間軸を通して線で語っていて再現性が感じられ、入社後に活躍する可能性を予感させている点が素晴らしい。

バンダイのエントリーシート

■これまでの学生生活を振り返り、最もアピールしたいエピソードを教えてください。

関西大会まで進出した中学時代のサッカーチームでの2年間をアピールしたい。帰国後に途中入団した街クラブで、『チーム目標の「3年の県大会優勝」に、レギュラーとして貢献すること』を目標にした。排他的雰囲気漂うクラブで、目標に向けて、「他の選手と心の距離を縮めること」と「自身の技術・体力向上」が、Bチームにいた私の課題だった。まず、浮いた私がチームに溶け込むため、練習中に率先して選手と改善点を話し合った。意見の衝突や長期合宿などを経た深い相互理解の結果、私はチームに馴染むことができた。また、監督が呆れる水準だった技術力と、「走れない奴はコートのゴミ」と父に評された体力向上のため、中学サッカー部と駅伝部に所属し、クラブの仲間よりも練習量を確保した。結果、主力を担う技術力と絶対に攣らない、チーム1の体力を手に入れた。そしてチームは県大会優勝と関西大会進出を果たし、私はレギュラーとして全5試合に出場して役割を果たした。目標への努力を愚直に続けて結果を残したこの成功体験は、自身の核となりその後の自信に繋がった。

なぜその目標にしたのだろうか？　技術も体力も低いうえに、人間関係までもが難しいなかで努力し続けたモチベーションの根源を、面接で語れるように言語化してほしい。

！ 再現性を感じるまとめ方だ。他のエピソードも聞いてみたい。

■あなたの強みや個性を教えてください。

サッカーで培った「目標に向けた愚直な行動力」という強みを活かし、ALL ENGLISHのゼミで英語力を向上し、ゼミ長として学びの質を高めた。「世界で活躍する」という目標に向けて「語学力」と「リーダーシップ力」が課題だった。そのため、「仕事レベルの英語力」と「リーダーとしての組織貢献」を目標にした。英語は多国籍な学生と磨いた(TOEIC670→920)。ゼミ長としては、授業外の自主ゼミで英語使用率が低いことに課題を感じたため、賛同者と共に全ゼミ生と話し合い、英語使用のルールを定めて学びの質を高めた。強みを活かし、組織の目標達成に愚直な行動力を以て貢献したい。

きみにとっての、この言葉の定義を聞きたい。それと志望動機が関連しているか確認される。

目標と成果が具体的で分かりやすい。

■入社後にチャレンジしたいこととその理由を教えてください。

①グローバルに活躍したい
様々な価値観を持つ人との協働で、世界市場における貴社及び日本のキャラクターの浸透をさらに進めたいからだ。思いの背景にはタイ在住中の異文化との交流経験が刺激的だったこと、ゼミで「海外における商品適応戦略」をチームで策定した経験がある。大学での学びを活かし、多様な関係者と協力しながら、今後成長が見込まれる地域（特にインド）で商品の適応と拡販を実現したい。

②オリジナルIPを創出したい
新しいモノを人々に届けることで、彼らに夢を与えたいからだ。思いの背景には、園児に手作り駒を贈ったこと、高校で文化祭衣装、大学でユニフォームをデザインしたことなどの「0→1」による価値提供に充実感を得た経験がある。自由な発想をもとにオリジナルIPを創出し、その関連玩具を人々に届けることで思いを実現したい。

?

タイトルとして平凡すぎる。内容はおもしろいのにもったいない。こういったところにも、最後までこだわろう。

?

この表現はやや飛躍していないだろうか。自分の価値観に合う言葉を厳選しよう。

面接で具体的な内容を語れるかどうかで、本気度を問われる。

【総評】

このESは実際には手書き形式で、枠が大きくないため書ける文字数が少ない。その制限の中で、簡潔に情報がまとめられている。しかし、エピソードがすべて中学生時代という点は企業側にとって不安要素になるだろう。面接では高校生以降の経験についても聞かれるはず。高校や大学時代のエピソードも準備しておくべきだ。
また、入社後にチャレンジしたいことは面接で深掘りされる。ESでは文字数の制約により、具体的な内容を盛り込むのが難しい。ゆえに「具体的に何がしたいのか？　その理由は何か」と聞かれるはずだ。この点を踏まえて面接に向けて準備するといい。

武田薬品工業の
エントリーシート

自己PR〈400文字以内〉

私の強みは「考動力」です。常にプロセスを振り返りながら、やり抜くことで目標を達成しました。大学時代尽力した「競技ダンス部」において初心者から始めた私は、入部当初、非選抜チームに入れられました。そんな私が全国大会で活躍する選抜チームに入るためには、「自ら考えながら技術を磨いていく姿勢」が必要でした。そのために（1）練習以外の時間でも個人的に個人指導教室へ通い、他大学の成績優秀者から直接指導を仰ぎました。（2）年複数回ある「選抜試験」の場で常に現段階より「難易度の高いステップ」に挑戦することを目標に掲げ、自身を成長させてきました。結果、次年度に選抜チームに配属され、全国大会で好成績を収めることが出来ました。この「考動力」を活かし、貴社でも活躍していきたいと思います。

面接では、なぜこの力が養われたのか聞いてみたい。

! 自己PRと志望動機を関連させて述べられている。

【総評】「コミットメントカ」が伝わる。「やるからにはトップを目指す」姿勢が素晴らしい。素人から始めて1年で、全国で通用するレベルまで成長を遂げている。どんな仕事でも、取り組み始めたら結果が出るまで努力してくれそうだ。

運輸・インフラ

大きな組織なので、チームの中で動ける人を求めている。その企業の10年後の姿などについて問われることが多く、企業の未来像に対して自分なりの意見を持っているか、同時に社会問題や環境問題への認識度合いもチェックされる。
航空の客室乗務員は、サービスについての設問が多い。「サービスとは何か」というテーマについて、自分なりに解像度を上げておく。コロナ禍を経て新しい販路を見つけられる力、＋αでお客様に意味のあるサービスを考え、実行できる力が重要になっており、ESでもそのあたりが問われている。

運輸・インフラ

人気の業界だからこそ「自分だけの志望動機」を

「日常の当たり前」を高い水準で守ってくれる業界。**ミスなく確実に日々の業務を遂行することが求められる。**

・長期的な視点と社会・環境への目配り

企業の未来像について自分なりの意見を持つこと。

・課題解決力

起こり得る課題を洗い出し、できる限り回避するリスク管理能力が求められる。起きてしまった問題への対応や、解決に向けて動く、問題解決力も必要。航空の客室乗務員志望の場合は、自分にとってサービスとは何かを言語化し、新しい販路の開拓や、既存のサービスに付加価値をつけたサービスを提案できるか、また、どのように実行できるかも見られている。

・チームワーク力

取り組む仕事が大きい分、非常に多くの利害関係者がいる。調整業務をおこないつつ、その人たちとなんとしても結果を出せるかどうかを見られている。

評価される志望動機作成に向けて、明確にすべきこと

運輸・インフラ業界は、既存のビジネスモデルをいかに改善し、発展させていくかが重要になる。**超少子高齢化による内需の縮小に対し、どのような手を打っていくべきか。企業研究とともに、自身の考えや意見も持っておきたい。**

次に挙げる項目について、自分なりの答えを持った状態で志望動機を書こう。

- □**なぜこの業界で働きたいのか**
- □**なぜ競合他社ではなく、志望企業なのか**
- □**この業界の10年後は、どのようになっていると思うか**
- □**その時に、どんな仕事に携わっていたいか**
- □**興味のあるプロジェクトは何か。なぜそれに興味を持ったのか**
- □**（客室乗務員の場合）自分にとっての最高のサービスとは何か。既存のサービスに付加価値をつけるとしたら何ができるか**

JALの
エントリーシート

あなたが大学入学以降に最も力を注いだ事柄を具体的に３つ挙げて下さい。

A　２回に及ぶ中国北京市・上海市への語学留学
B　アメリカへの交換留学を最大活用
C　ファミリーレストランでのアルバイト

上記A～Cのうち一つを選択し、「なぜ力を注いだのか（理由）」「どのように挑戦したのか（行動）」、「何を実現したのか（結果）」の順で記述して下さい。

B:
〈理由〉幼い頃から、世界を席巻している言語である英語を学ぶことで多くの価値観に触れたいと感じていた為、アメリカへの交換留学という機会を最大限に活用することに尽力した。
〈行動〉語学力の問題から、自ら学びの環境を作り出す必要性を感じ、以下２点の事に挑戦した。1.現地のクラブ活動に参加し、多様な国籍の学生と発表会にむけて毎日意見交換をし合った。2.勉強面でクラスメイトに頼み勉強会に参加し、わからない点をその都度解消した。
〈結果〉粘り強く努力を続けた結果、最終学期ではGPA4.0を取得し、学内の新聞に載った。

！「4.0」はすごい。「行動」に書かれている２点の出来事の、説得力が増す。「本当によくがんばったのだな」と伝わってくる。

仕事をする上で、あなたが大切だと思うことを記入して下さい。

周囲と常に意見交換することで常に改善し前進し続ける姿勢であると考える。ファミリーレストランでアルバイトをしていた際、アルバイト仲間の入れ替わりが激しい状況であった。その事実を問題視していた私たちは、「改善ノート」を作ることを提案し、店長や仲間達と相談しながら、毎回反省点や本音を共有することで、問題点をその都度解消した。その結果、仲間同士のチームとしての意識は高まり、長く仕事をする人が増えた。

就職活動をしているとよく聞かれる重要な質問だ。自分の言葉で自信を持って語れるように我究しよう。

？こう考える背景にあるコアが一行でも書いてあると説得力が増す。

あなたがJALの業務企画職（地上職　事務系）を志望した理由と、JALで何を実現したいかを、具体的に記入して下さい。

私は日本と世界をつなぐ仕事に就きたいと考えている。米国留学中、現地の学生に日本語を教えるボランティアをする中、学生達が日本語を勉強したいという意欲があるにも関わらず、学んだ日本語を活かせる場がないという話を耳にした。そこで私は他の留学生の協力を得て、日本の文化に触れることのできるイベントを企画した。その後、学生達の日本に対する興味は強まり、日本人留学生とも積極的に交流するようになった。この経験から、ニーズに応えようと企画することで生まれる交流や学びの素晴らしさを知った。私は世界と日本をつなぐ仕事をされている空輸の中でも、貴社の破綻後に社員一丸となり果敢に上を目指されている姿勢に大変共感した。私は貴社のマーケティング職につき「顧客満足度No.1」を実現すべく、留学経験で培った粘り強さを活かして、商品企画に携わることでお客様の様々なニーズに応えていきたいと考える。

？ 世界のニーズに応える仕事がしたいのは分かる。しかし、なぜ空輸なのか。商社やメーカーでも実現できるのではないか。

【総評】「課題解決力」が伝わる。「改善ノート」を使って、チームを団結させていくプロセスが目に浮かぶ。このような取り組みは「すべて私がやりました」と書く人が多い。それでは傲慢な印象だ。彼女は、「私たちは」や「店長や仲間たちと」など、仲間とつくり上げたこととして伝えている。謙虚な人柄が好印象だ。

ANA（グローバルスタッフ職 事務）のエントリーシート

写真を選んだ理由と、あなた自身について紹介してください。〈250文字〉
※複数名で写っている場合には、必ずご本人が特定できるように注記してください。

右から3番目が私です。
私は、サークルの仲間と過ごす時間が長かったので、サークルの仲間と一緒にいる時が自分らしさを一番表現できると考えました。この写真は、私が所属していたテニスサークルの同期と撮った写真です。テニスサークルの活動は私が大学時代、最も力を入れて取り組んだことの１つです。性格や考えが異なる仲間が集い、時には熱い議論を交わし、各々の長所を活かして短所を補いつつ懸命にサークルを運営しました。共に苦難を乗り越え、絆を深めることができた友人たちは、私の一番大切な財産だと考えています。

！ チームワークが求められる職場で必要とされるものは何か、しっかり理解できている。その上で、自身のアピールポイントを的確に表現している。

ピンチに直面したときに大切なことは何だと思いますか。
ご自身のエピソードとともに記載してください。〈400文字〉

「優先順位をつけること」だと考えています。私は大学2年生の時に、自然気胸で緊急入院したことがあります。原因は痩せすぎでした。当時は実験や実習があり、授業を休んではならない状況の中で2週間入院したことで、突然留年の危機に立たされてしまいました。焦った私は、何をすべきかわからなくなり、混乱してしまいました。すると担当の医師より「そういうときは、いったん冷静になって状況を整理したほうがいい」と助言をいただきました。そこで私は、大学の先生方や友人に連絡し、やるべきことを書き出して物事に優先順位をつけ、優先度の高いことから取り組みました。その結果、すべての単位を取得することができ、大学内で上位15%以内という好成績までもおさめることができました。今後も、困難な状況にあっても諦めることなく、優先順位をつけて前向きに努力することで、ピンチを乗り越えていくことができると考えています。

本当に苦難を乗り越え、ピンチをチャンスに変えることができたエピソードであり、会社に入ってからも活躍する可能性が感じられる。

ANAが将来目指すべき企業像はどのようなものだと思いますか。
その中であなたはどのように活躍できると考えていますか。〈400文字〉

貴社が発展途上国で航空機運航のリーダーを担うことができると、私は考えています。現在、発展途上国では、交通インフラの整備が進んでいない国が多くありますが、人口の増加に伴い、人の流出入や物流量が増加し、飛行機の需要は高まることが予想されます。一方、近年アジアを中心に飛行機事故が多発しています。事故の多くは、需要に対しての人手不足や、現場社員の技量不足から生じるヒューマンエラーであると言われています。このような現状の中、発展途上国で飛行機の需要が高まることは、同様の事故が多発する可能性も示唆していると考えます。そこで、貴社が中心となり、発展途上国で会社経営や航空機運航のノウハウを伝承することにより、発展途上国の空の安全を守っていけると考えます。ヘリコプター２機から力強く成長してきた貴社だからこそ、発展途上国であっても各国の航空会社に寄り添い、共感を得ながら成長をサポートできると考えます。

？ 最後の一文に、やや論理の飛躍を感じる。面接に向けて、補足できるような説明を準備するか、文章構成の再検討が必要である。

社会的なニーズと課題からビジネスチャンスがあるのではないかという仮説を立てられている点がいい。

20年後、あなたはどのような自分でありたいか、自由に記載してください。〈400文字〉

「世界中の人が、いつでも、どこへでも行ける社会」を実現し、「路線の〇〇」と言わるようになりたいです。私自身、青森から上京したときや、初めて海外に行ったときに、新たな環境や文化に胸が高鳴り感動した記憶があり、自分が体感した喜びを多くの人に提供したいと考えています。そのために以下３点に注力し、路線を拡大していきたいです。１点目は、国内外におけるブランド力の向上です。現在は空港以外で「ＡＮＡ」を意識する機会が少ないと感じるため、国内外の飲食業や物流業とタイアップし、街中で「ＡＮＡ」を感じられる機会を増やしたいです。２点目は、ネットワーク網の拡充です。新規就航と国際提携を拡充し、全世界にＡＮＡのネットワーク網を築きたいです。３点目は、収益構造の強化です。路線を増設しても収益を損なわないよう、深層学習等を用いて座席分配や機材繰りの精度を上げ、座席利用率を高めることで、収益の最適化を実現したいです。

！ 自分が学んできたことが、会社にどのような価値をもたらすのか。具体的に明言できている点が素晴らしい！

［総評］
航空業界やANAが抱える課題についての理解に加え、自身の人間性や能力を存分にアピールできている点がいい。また、「チームワーク力」をアピールできている点も重要である。
ESを書く上で、自己分析と企業研究・業界研究をどのレベルまで高めないといけないのか。この内容から伝わるだろう。

JR東海のエントリーシート

大学での研究・ゼミ・授業等で学んだ内容について記入して下さい。

地方行政に興味を持ち、行政学のゼミに所属しています。メインテーマは、「地方自治体における歳入と歳出の自治」です。

当社への志望理由を記入して下さい。

私は人々の生活を支える仕事に魅力を感じております。高齢化及び過疎の進む地方都市に生まれ、危機感を感じながら高校まで過ごしました。しかし大学進学と同時に上京し、都会を知ることで、地方の素晴らしさや可能性に気づくことができました。貴社の鉄道事業やその他関連事業を通じて地方の一過性ではない活性化を図ることができると考え志望しています。

? 生い立ちから語られているので説得力がある。なぜ鉄道事業なら「一過性ではない活性化」ができると思ったのか、その説明があるとなおよかった。

学生時代に最も打ち込んだことなど、自由に自己PRして下さい。

大学1年より続けている、高齢者福祉施設でのアルバイトに打ちこんでいます。私は高校時代、サッカー部で靭帯断裂という大けがをして選手生命を断つ経験をしました。思うように動けず 、当時はとても苦しかったことを覚えています。その経験から、大学進学後は、少しでも困っている人の役に立ちたいと考え、高齢者のデイサービスの送り迎えや食事の補助のアルバイトをしています。働いてみて気がついたことは、人手が圧倒的に足りないことと社会の高齢者への無関心でした。少しでも現状を変えたいと考え、大学内に福祉サークルを立ち上げ、「すき間時間で福祉活動」をコンセプトにアルバイトを増やすことを行っています。今後の日本に重くのしかかってくる高齢者問題や福祉を、重く捉えるのではなく、身近で手を差し伸べられることと、人々の意識を変えることに全力を尽くしています。

他者と一緒に何かを成し遂げるプロセスの話はぜひ聞いてみたい。

【総評】

高齢化社会と本気で向き合おうとしている。志望理由と、大学時代のアルバイト、サークル活動のすべてが一貫しているので、読み手にそれを感じさせられる。このように、すべての設問から、同じ価値観(コア)が伝わるESは評価が高い。

日本郵船の
エントリーシート

これまでの大学生活の中でご自身が最も力を入れて取り組んできた事例を記載してください。事例は、550〜600字以内で作成してください。

◆最終的な結果のアピールだけではなく、その過程（プロセス）における具体的な行動・工夫を記載するようにしてください。
※「私の強みはXX力である」「XX力を活かしてXXに貢献します」といった直接的な記載は不要です
◆コンマ（,）、ピリオド（.）は使用せず、てん（、）、まる（。）の句読点でご表記ください。
◆ご自身独自の経験をベースに記載ください。一定確率でインターネット上の定型文である可能性を発見する技術を適用しています。

派遣型マジシャン団体を友人と立ち上げた中で、営業未経験から飲食店経営者との営業交渉を行った事だ。未知なる挑戦を行うべく３人で立ち上げたマジシャン団体「●●●●●●●」は、２年目で収益目標を年間1000万円と掲げていた。その中でマジックを披露する店舗（飲食店）を増やすべく、私は営業未経験から半年で１→６店舗の開拓に挑戦した。当初２か月は右も左も分からない中で、50件のお店に足を運んだが、厄介者扱いをされ続け、１件も契約を結べない悔しい日々を送っていた。しかし「絶対にマジックで笑顔を作る」という思いや、団体を立ち上げた使命感から、まずは相手目線で考える事で課題を模索した。その結果契約が結べない焦りから、団体の良さばかりを押し売りしていると気づいた。そこで飲食店経営者との対話を重ねながら、相手にとって最適な提案は何か半年間改善を考え続けた。まずは積極的に店舗に出向き、信頼を頂けるように「礼儀」「誠実」など基本的な所から見直した。その後に店舗の席数や客単価から見積り書を作成し、マジシャンと活動する利益的なメリットを提案する事に注力した。
半年間毎週交渉機会を作り、約200回以上にわたって継続的に交渉を重ねた結果、１→６店の開拓に成功した。特に始めは門前払いされた中国人オーナーの方には、対話を重ねる中で認めて頂き現在では「あなたと活動できて、幸せだ」と言ってもらえるような、良きパートナーになる事が出来た。
さらに飲食店にとって「欠かせない存在」になれたことに強いやりがいを感じる経験となった。

人間性と能力との両方が言及されており、仕事を任せられる一緒に働きたい人である可能性を感じる。

使える文字数を最大限活用し、エピソードを入れてより具体的に理解できるようになっている。

設問の意図を踏まえ、どのような思いで困難に向き合い、成果につなげていったのかを面接で深く聞いてみたい。

数字があることで、３人で多くの困難を乗り越えてきたと想像できる。

挑戦したい理由があると、目的意識やその人のコアをより理解しやすくなる。

当社の事業活動の中で最も興味があるものを選び、その事業においてどの様なことを実現してみたいか、そのように考える理由と併せて具体的に300～350字以内で記載してください。

貴社の自動車輸送本部にて、変革期にある自動車産業と共に発展することで、クリーンな世界を実現したい。私はマジシャン団体において、コロナウイルス下の飲食店経営者から「いつも店舗を盛り上げてくれて有難う」と言って頂いた時に、辛い経営状況でも「助けとなる存在」になれたことに強いやりがいを感じた。この経験から、常にお客様と寄り添って物流という不可欠な役割を担う海運業界を志望している。特に世界１位の自動車船保有会社として、環境に優しい車を世界中に届けることで、自動車業界と共にクリーンな世界の実現を成し遂げていきたい。また私の「相手目線で考える」強みを活かし、常に最適なパートナーとして信頼関係を築くことで利害関係を調整し、1970年から続く自動車輸送の新たな歴史を作っていきたい。

！ 自分が現場で活かせるであろう能力と、志望企業の歴史と未来に触れることによって、無機質ではない熱量のある文章になっていて評価できる。

1問目の最後とリンクしていて説得力がある。「やりたいし、できる」を表現することが重要なので、経験や能力と、入社後にやりたいことや可能性にも言及したい。

【総評】

1つの設問につき600字程度だと、学生時代がんばったことを具体的な事例とともに書ける。そのときは、次の要素を盛り込もう。
①それをがんばろうと思った理由②ぶつかった困難とその乗り越え方③大変なときにがんばり続けようと思えた理由④その成果と嬉しかったこと⑤将来仕事をする上で役立ちそうな点。
このESはこれらが整理されており、かつ志望動機にも関連づけて書けている。ここから「学生時代にマジシャン団体の経験を通じて、どんな相手にも熱意をもって活動していた彼なら、海運業の仕事に使命感を持って働いてくれるのでは」と想起させられる。
面接では、実際に海運業界で働くビジネスイメージを調べておき、働きたい思いをどれだけ熱く具体的に面接官へ伝えられるかが鍵になる。

電源開発（J-POWER）のエントリーシート

大学・大学院で履修した授業（ゼミや研究室を除く）の中で特に印象に残っている科目についてご記入ください。〈150文字以下〉

国際法の授業である。普段ニュースで見る当たり前の事件の背景には、国際法という法律に基づいているという事を知れた為である。また、国際ジャーナリズムの授業も大変記憶に残っている。ジャーナリストによって明らかになる問題がいかに大きく、深刻であるかという事を学べたためである。

学業以外の活動についてご記入ください。（趣味・特技・クラブ・サークル・アルバイト等）〈150文字以下〉

大学では、応援部吹奏楽団に所属し、大学から吹奏楽を始めた。また、アルバイトでは塾のチューターや個別教師、神社の巫女を行っていた。特技は15年続けたエレクトーン演奏である。趣味は歴史を学ぶことで、史跡巡りが好きである。

TOEIC®またはTOEFL®の受検経験がある方は、スコアを数値でご記入ください。
TOEIC®・TOEFL®両方のスコアを保持している方は、どちらか一方を選んでご記入ください。

TOEIC　800点

留学・海外在住の経験がある場合は、滞在先の国名をご記入ください。海外出身で、日本に留学・滞在の経験がある場合は国名を日本とご記入ください。

カナダ

留学・海外在住期間をご記入ください。

1ヶ月

希望する職種をお選びください。

事務系グローバル社員

【事務系グローバル社員を志望する場合は必ずご選択ください】
興味のある業務をお選びください。（3つ以下）

国内の発電所の建設・運営（経理、渉外、安全、燃料等）　海外プロジェクトの企画・管理　総務・法務

自分自身について自覚している性格を教えてください。〈200文字以下〉

長所は、挑戦したことを最後までやり遂げる力と、温厚さである。大学で始めた部活動を最後までやり切ったためであり、「話しやすい」「優しい」といわれる事が多く、私も常に人に誠実でありたいと考えている為である。一方、短所は思いが先行し計画立てて行動できない所と、相手の事を考えるあまり、意思決定が慎重になる所である。その為、全員の意見を聞いた上で優先順位を考えながら行動し、常に修正する事を意識している。〈198字〉

抽象的なアピールと具体的な事例が入っていて分かりやすい。

？ この部分は前の文章と論理的につながっていない。

短所について自分なりの対処法が書けていることは素晴らしい。

学生時代に力を入れて取り組んできたことは何ですか。
なぜそれに力を入れたのか、どのように取り組んできたのか、その結果などについて具体的に教えてください。〈500文字以下〉

私は応援部での活動に力を入れ、その中でも特に、２日間で３万人が来場する○○戦の観客誘導の責任者として観客の待ち時間を２時間短縮し、苦情を半減させる事に力を入れた。私は、下級生の時から観客が待ち時間の長さに関する不満を耳にしており、改善させたいと考えていた。そして、観客を誘導する時に野球場の中と外での連絡が取りにくい事が課題であると考えた為、連絡手段を従来のトランシーバーからLINEに変更する事を提案した。しかし、最終的な決定権を持つ先輩やOBには従来の方法で十分だと反対された。そこで、部門のメンバー10名で話し合い、相手の意見を受け入れつつ、トランシーバーとLINEを併用する折衷案を提唱する事にした。そして、部内の決まりよりも、観客の事を第一に考えるべきであるとし、連絡手段の併用が有効だとOBやコーチの方１名１名に説明し続けた。その結果、LINEの導入が認められ、部員間の連携が取り易くなった事で、観客の待ち時間を２時間減らし、苦情を半減させる事に成功した。この事から、物事を変えづらい環境であっても、相手の意見を取り入れる工夫をしながら、課題を克服していく推進力が必要だと学んだ。〈494字〉

！ 反対意見に対して、改善策や折衷案を提案する力は仕事をする上でも大切である。しっかりとアピールできていて素晴らしい。

長所として挙げた、「挑戦したことを最後までやり遂げる力」とここに示されている「目標達成のために泥臭く努力できる」ことが関連していていい。

就職先の企業を選ぶ上で最も重視していることを教えてください。〈200文字以下〉

1つは、「支える」ということだ。私は聖歌隊、ボランティア、応援部といった団体に所属し、自分の行動によって人や組織を「支える」ことを大事にしてきた為だ。そして、自らの成果のみならず、チームのために自らが貢献できることを探し出し、協力して達成することにやりがいを感じてきた。もう1つは、「信念をもって常に努力し続ける」環境である。自分にとっての挑戦も、信念をもってやり切ることで成長したい為である。〈197字〉

！

過去の様々な経験を通して再現性を感じられて、納得感がある。

J-POWERを志望する理由、及び入社後に実現したいことと、そのために必要だと思う業務経験について具体的に教えてください。〈400文字以下〉

電力の安定供給という使命を通して、「人の生活を支え、より良くする」事に貢献したいと考えた為だ。私は大学で応援部に所属し、音の力で選手やチームを支える事で、一体感や感動を分かちあう事に喜びややりがいを感じてきた。電気は自分が人々の生活に直接役に立っていると感じる事が出来る。その為、私は電力の力で社会を根底から支えることに貢献したい。貴社は、従来の電源のみならず、新エネルギーという多様な形で国内外での電力供給に携わっている。その中で私は、将来的には新興国でのプロジェクトの遂行に関わりたいと考えている。その為、まずは国内の現場や、事業全体を俯瞰できる事業企画部や法務部などで、私の応援部で多様な人の意見を調整してきた強みを活かし、経験を積みたい。そして、将来的により多様な人と関わる海外プロジェクトで貴社の持つノウハウを新興国にも届け、エネルギーの安定供給に貢献したいという目標に繋げたい。〈395字〉

！

具体的な業務内容と自分の強みを絡めてアピールできていて素晴らしい。

［総評］

「支える」というキーワードとその他の経験から、自身の価値観や強みと志望動機を語っているので非常に分かりやすい。このように、自分を物語る一貫したキーワードを見つけられるといい。

人材

求職者ではなく、採用する企業の側からお金をもらっているというビジネスモデルを理解し、クライアントである企業側に貢献しながら、求職者にも喜んでもらえるような能力や営業力を磨くというのが的確なアピール。営業なので数字にコミットすることが評価される。逆に、就職活動での経験だけをもとにしたイメージで入社すると、ミスマッチにつながる。
HR テックという部門もあるので、職種によってアプローチは違ってくる。

人材

イメージと現実のギャップに注意 強力な営業力も必要とされる業界

ミスマッチが多い業界だ。基本的には企業からお金をもらって、人材を探して企業に紹介する。「人に寄り添う」ことと営業力が問われる。人に寄り添いたいという思いだけで入社すると、イメージとのギャップに悩むことになる。

- **コミットメント力**

目の前のタスクや数値目標にコミットし、高いパフォーマンスを出すことが求められる。何かひとつのことに没頭した経験から、それが再現性の高い能力であることもアピールしたい。

- **課題解決力**

人材不足に悩む業界の課題を把握し、それに対する解決策を持っているか。

- **人間関係力**

好き嫌いなく多様な人々と信頼関係を構築できるか。特に人間性が問われる業界、きみの人間的な魅力が伝わるように書こう。

評価される志望動機作成に向けて、明確にすべきこと

サービスへの対価を支払っているのは採用する側の企業である。**ビジネスモデルを理解し、企業に対してどう価値提供できるのかを明確にすべきだ。**

人材というテーマで、企業の課題解決をして売り上げを立てつつ、求職者の自己実現のために何ができるかを考えておこう。人材業界は急成長しているが、競合企業が多い。きみはその会社で何を実現したいのか。自分なりの答えを持った状態で志望動機を書こう。

□この業界でがんばれると思う理由、がんばりたい理由は何か
□業界は今後、どうなっていくと思うか
□業界が抱えている課題は何か
□志望企業の戦略はどういうものか、今後の戦略はどうあるべきか
□自分はその中で、どのように貢献できると思っているのか

リクルート(ビジネスコース)のエントリーシート

これまでの人生で成果を出した経験のテーマの詳細を教えてください。〈100文字以下〉

営業インターンで「個人」と「チーム」ともに契約率を上昇させた。

成果を教えてください。〈200文字以下〉

「個人」としてはインターン生歴代1位の57%の契約率を達成。「チーム」としても従前の契約率から15%上昇させることができた。

！ 「個人」だけでなく「チーム」全体も勝たせているところが素晴らしい。組織に入るということはチームに入るということ。全体の成果を追求できる人物が求められているのだ。

役割やポジションを教えてください。〈100文字以下〉

3名のメンバーをまとめるリーダー。

背景とこだわりを教えてください〈400文字以下〉

インターン先では、観光業の経営者へWEB予約システムの電話営業を行っていた。私は3名のチームをまとめるリーダーとして、ただ受注を目指すのではなく「経営者の悩みを見出すこと」にこだわった。最初に担当したダイビング業界の経営課題を明確にするために、電話しているだけでは見えないことがあると思い、20名の消費者と10名の経営者に聞き取り調査をチームで協力して実施し、情報収集を行った。結果、「ダイビングは一度経験するとリピーターに繋がる傾向が高いが①競合企業の増加②初期費用の高さ③サービスの専門性の高さ、の影響で現状は新規顧客獲得が難しい」という課題を見出した。そして、解決するための提案をメンバーで複数まとめた。その提案を基に、営業を継続したところ最終的に前述の成果を出すことができた。この経験から実際のビジネスの現場で、周囲と協力し他者の悩みを見出す成功体験を得た。

自分が成果を上げる以前に、顧客の課題に寄り添う姿勢は素晴らしい。なぜ、このこだわりをもったのかを面接で聞きたくなる。

【総評】
「コミットメントカ」が伝わる。聞き取り調査も合計30名に実施するなど、やるからには徹底的にやっているところから、入社後の努力と成長を期待できる。具体的にはどのような提案をおこなったのか、そしてその提案は経営者の課題解決につながったのかを面接では聞かれるだろう。

レバレジーズの
エントリーシート

1. 人生で頑張ったことBEST3（目標を達成したエピソードを選ぶ）

1. 顧客が求めるパンを正確に提案できるパンソムリエ的になるまで知識を習得したこと
2. 500名規模のイベントにおいて、ボランティアリーダーとしてイベントを円滑に進めたこと
3. 研究活動において、失敗を恐れず取り組んだ結果、学会で最優秀発表賞をいただいたこと

2. 最も頑張ったことの内容〈300字以内〉

パン屋でのアルバイトにおいて、顧客が求めるパンを正確に提案できるパンソムリエ的な存在になるまで知識を習得しました。お客様の要望に添わないパンを提供してしまったことによる悔しさがきっかけで、お客様の食事時間を豊かにできるパンの提案をしたいと思うようになりました。そこで次の３つに取り組みました。①パンの材料・製造方法・アレンジを調べ、パンの食感に説得性をもたせる。②お客様との対話を通してニーズを獲得し、ニーズに合う食感のパンを振り分ける。③得られた食感やニーズをもとに、店舗スタッフと提案の仕方や宣伝方法、新商品の開発に取り組みました。その結果、お客様に自信をもってパンを提供できるようになりました。

この終わり方はもったいない。自分の主張したいことがより明確に書けるとなおよい。

【総評】

想いを持って、自ら主体的に課題解決しようとしている姿勢が見られることは素晴らしい。入社後もどんな想いをもって、目の前の課題に向き合い、価値提供し、利益を得ていくかが問われる。なので、その素養を感じられることは大事だ。ただ、最後の文章からはそれが感じられないことがもったいない。この点は改善が必要である。

おわりに

「いくら素晴らしいものをつくっても、伝えなければ、ないのと同じ」

これは、アップルの共同創業者であるスティーブ・ジョブズがスピーチで語った言葉です。

就職活動を通して自分自身と向き合ってきた皆さんは今、この人生をどう生きたいのか、何を手に入れたいのか、そして何を社会に残したいのか、というアツイ思いが込み上げているのではないでしょうか。

しかし、いくら思いが強くても、企業との最初の接点であるＥＳでうまく伝えることができなければ、その思いはないのと同じなのです。

ＥＳはよく、「企業へのラブレター」と表現されますが、私は「自分の分身」だと思っています。自分の代わりとなって、企業に熱烈な思いを伝え、魂を込めたプレゼンまでおこなう自分の分身です。